Blu Doppe und Daniel Holtermann (Hg.)

Vom Scheitern, Zweifeln und Ändern

UNRAST

Würden alle Männer danach streben
mehr Gefühl und Empfindsamkeit in ihrem Leben zuzulassen
anstatt nach Macht durch Dominanz
dann würde sich die Welt
zum Besseren verändern.

Frei nach bell hooks, The will to change

Ich bin nicht auf die Idee gekommen,
dass ich das könnte,
bis ich es gesehen habe.

Rae Spoon, goodbye gender

Blu Doppe und Daniel Holtermann (Hg.)

Vom Scheitern, Zweifeln und Ändern

Kritische Reflexionen von Männlichkeiten

UNRAST

Bibliografische Information der Deutschen Bibliothek
Die Deutsche Bibliothek verzeichnet diese Publikation in der Deutschen Nationalbibliografie; detaillierte bibliografische Daten sind im Internet über https://www.dnb.de abrufbar.

Blu Doppe, Daniel Holtermann (Hg.)
Vom Scheitern, Zweifeln und Ändern
2. Auflage, November 2021
ISBN 978-3-89771-083-2

www.unrast-verlag.de – kontakt@unrast-verlag.de
Mitglied in der assoziation Linker Verlage (aLiVe)

Umschlag: cuore.de
Satz: Andreas Hollender, Köln
Druck: Multiprint, Kostinbrod

Zur Sprache

In diesem Sammelband verwenden wir das Gender-Sternchen*. Dieses * soll Platz schaffen für alle Geschlechtsidentitäten, die sich weder als männlich noch weiblich, teils männlich oder weiblich oder über diese Binarität hinausgehend identifizieren. Wir tun dies, um darauf hinzuweisen, dass Geschlecht, Geschlechtsidentitäten und die damit verbundenen Machtverhältnisse gesellschaftlich konstruiert sind, was die von ihnen ausgehende Wirkmächtigkeit und Gewalt jedoch nicht schmälert. Das bedeutet unter anderem, dass nicht alle Personen, die als Jungen, Männer, Frauen oder Mädchen wahrgenommen werden, sich auch als solche identifizieren. Das * zeigt die Offenheit der Geschlechtsidentitäten an und betont, dass es sich bei ihnen um nicht abgeschlossene Prozesse handelt. Wenn also von Jungen oder Männern die Rede ist, sind alle die gemeint, die sich als solche identifizieren. Die Autor*innen haben z.T. unterschiedliche geschlechtersensible Sprachen gewählt.

Inhalt

Einleitung

Vorüberlegungen

Die Notwendigkeit der kritischen Perspektive auf Männlichkeiten

Warum setzen sich eigentlich so wenige Männer[1] für die Gleichberechtigung aller Geschlechter ein, wenn doch die Ungerechtigkeiten so offensichtlich sind? Die derzeitigen Ausformungen der Männlichkeiten[2] spielen eine zentrale Rolle bei der Entstehung wie auch der Beständigkeit von Patriarchat, → Sexismus[3] und geschlechtlichen Ungleichheiten auf strukturellen Ebenen. Aber ebenso üben sie Einfluss auf der individuellen Ebene aus: Ein Großteil der alltäglichen Gewalt gegenüber Frauen, Lesben, → inter*, nicht-binären und → trans* Personen (→ FLINT*) geht von cis Männern aus, und die individuellen Freiheiten und Entwicklungsmöglichkeiten von allen Geschlechtern werden durch Männlichkeiten eingeschränkt. Die Aufzählung der negativen Auswirkungen auf den verschiedenen Ebenen ließe sich beliebig fortführen.

In der Öffentlichkeit ist das Thema Männlichkeiten aktueller denn je und es findet wieder eine (kritische)[4] Beschäftigung damit statt. In journa-

---

1 In dieser Einleitung wird der Begriff Männer benutzt, wenn alle Männer gemeint sind. Wenn spezifisch cis Männer oder trans* Männer gemeint sind, wird dem Wort das entsprechende Adjektiv vorangestellt. Wenn cis in Klammern benutzt wird, sind alle Männer gemeint, aber cis Männer in dieser Situation ein bisschen mehr als trans* Männer. Dann wird (cis) Mann mit Klammern geschrieben, weil davon ausgegangen wird, dass die meisten trans* Männer als cis Männer wahrgenommen werden. Ob diese Wahrnehmung der Realität entspricht, kann nicht gesagt werden. Es handelt sich wie so häufig um einen sprachlichen Versuch. Die Inspiration dazu kommt von Gabriel_Nox Koenig.

2 Männlichkeiten wird in diesem Buch im Plural benutzt. Es gibt nicht die *eine* Form von Männlichkeit, sondern eine Vielzahl von Männlichkeiten. Diese Vielfalt spiegelt sich in der Verwendung des Plurals wider.

3 Alle mit einem → gekennzeichneten Begriffe werden im Glossar erläutert.

4 Das ›kritische‹ Moment ist unserer Meinung nach die Berücksichtigung von feministischen Werten, gesellschaftlichen Machtverhältnissen und -strukturen sowie – im Idealfall – von intersektionalen Verschränkungen.

listischen und wissenschaftlichen Artikeln oder in politischen Kampagnen wie *#Aufschrei* oder *#metoo* wird diskutiert, was Männlichkeiten mit Sexismus, Rechtsruck oder dem Klimawandel zu tun haben (könnten). Zudem wird das Thema Männlichkeiten immer wieder mit den Begriffen ›fragil‹ oder ›toxisch‹[5] in Verbindung gebracht. Es wird von der ›Verunsicherung des Mannes‹ oder der Männlichkeit geschrieben und sich nach ›Traditionellem‹ und ›Stabilität‹ gesehnt. Gleichzeitig nehmen die vielfältigen Darstellungen und Lebensweisen von Männlichkeiten, die durch → feministische, queere, antirassistische und andere emanzipative Bewegungen und Errungenschaften erst möglich geworden sind, zu. Es kommt zum gleichzeitigen Zerren und Streben – vor- und rückwärts. Die öffentliche Beschäftigung ist dabei mal mehr meist jedoch weniger kritisch, weil sie in der Regel die gesellschaftlichen Machtverhältnisse und -strukturen nicht mitbetrachtet.

Im Vergleich zu der öffentlichen Beschäftigung sehen wir in den Auseinandersetzungen, die in linken Kreisen stattfindet, vereinfacht dargestellt zwei Herangehensweisen: Einerseits jene, die sich analytisch-abstrakt dem Thema nähern, historisch forschend vorgehen und Strukturen offenlegen. Andererseits jene, die sich dem Thema Männlichkeiten mit einer biografisch-persönlichen Perspektive nähern. In kritischen Männerkreisen gibt es eine deutliche Tendenz zu letzterem Zugang – das gilt auch für uns Herausgebende. Doch dieser Zugang birgt die Gefahr, dass zentrale Aspekte außer Acht gelassen werden, da sich gesellschaftliche Strukturen und die sich in ihnen befindlichen Subjekte nicht voneinander trennen lassen. Daher halten wir es für sinnvoll, Wechselbeziehungen zu betrachten und aufzuzeigen, wie beispielsweise die Ökonomie (z.B. der Arbeitsmarkt), das Private (z.B. die Familie) und das Geschlecht (z.B. die Kategorisierung als männlich oder weiblich) miteinander interagieren und sich gegenseitig bedingen. Positionen der Ungleichheit, → Privilegierungen und → Diskriminierungswiderfahrnisse sind keine individualisierten, persönlichen Umstände, sondern Konsequenzen struktureller Machtbeziehungen, die den Status quo mittels juristischer, institutioneller, symbolischer, kultureller und relationaler Mechanismen aufrechterhalten. Wer diese Wechselbeziehungen nicht eingehend untersucht, läuft Gefahr, die patriarchale und

5 Giftig.

→ heteronormative Trennung in ›privat‹ und ›öffentlich‹ fortzuschreiben. Für uns sind alle diese Bereiche als politisch zu verstehen.

Wir versuchen in dem vorliegenden Sammelband, eine Brücke zwischen diesen Ansätzen zu schlagen: Die Texte haben zugleich und wechselwirkend das Biografisch-Persönliche als auch das Analytische-Abstrakte im Fokus. Inspiration für diese kombinierten Herangehensweisen war für uns unter anderem Andreas Hechlers Artikel »Im Zweifel für den Zweifel«[6].

Kaum Motivation für Veränderungen

Dass sich cis Männer mit Männlichkeiten in Praxis oder in Textform beschäftigen, ist ein Phänomen, welches über die Zeit immer wieder auftaucht und verschwindet. Ein großer Teil der aktuelleren Texte ist von FLINT* verfasst worden. Für cis Männer scheint oft keine Motivation vorzuliegen, sich kritisch mit Männlichkeiten auseinanderzusetzen. Die Verwunderung über die eigene Motivationslosigkeit hält sich jedoch in Grenzen, müssten sich die cis Männer doch ansonsten zwangsläufig mit der eigenen Privilegierung und der von ihnen ausgehenden (strukturellen) Gewalt und Macht beschäftigen.

Falls sich cis Männer für Selbstreflexion und ein Handeln gegen Sexismus und Patriarchat entscheiden, sehen wir typischerweise zwei Motivationslinien: Zum einen erkennen cis Männer ihr eigenes Leid und ihre Nachteile im Patriarchat, zum anderen erkennen sie das Leiden von anderen/Nicht-cis-Männern und leiten daraus eine Handlungsbereitschaft ab, die häufig an Werte wie Gerechtigkeit, Freiheit oder Solidarität gekoppelt ist. Beide Motivationslinien beinhalten Risiken:

Die Thematisierung eigener Nachteile und eigenen Leids ist wichtig, richtig und legitim – es geht um ein gutes Leben für alle Menschen – und zugleich läuft sie immer Gefahr, sich nicht adäquat ins Verhältnis zum Leiden und der Diskriminierung anderer Geschlechter zu setzen. Wenn sie ihr eigenes Leiden nicht in Relation setzen, ist die Gefahr groß, dass cis Männer aus dieser Motivation heraus in antifeministischen und maskulinistischen Milieus landen. Andere, wie linke, emanzipatorische und feministische Herangehensweisen, stellen diese Verbindung her.

Auch die andere idealtypische Motivationslinie, sich aus einer privilegierten Position heraus mit Menschen und deren emanzipativen Kämpfen

6 Der Artikel ist hier zu finden: https://ficko-magazin.de/den-zweifel-naehren/.

verbünden zu wollen, hält einige Fallstricke parat. Sie scheint unserer Ansicht nach oft in Paternalismus oder zur Passivität verdammten Selbstgeißelung zu verfallen. Auch kann die eigene Position des Verbündeten als Abwehrstrategie gegen berechtigte Kritik genutzt werden oder darin münden, dass sich immer wieder in Konkurrenzspielen mit anderen Privilegierten verloren wird, die um die Frage »Wer ist die beste privilegierte Person?« kreisen. Diese Mechanismen können dazu führen, dass die gemeinsamen Ressourcen, Verstrickungen, Widersprüche und eigentlichen Ziele aus den Augen verloren werden. Zudem zeigen sie die widersprüchliche Komplexität bei der kritischen Reflexion von Männlichkeiten auf.

Privilegien und Nachteile

Sich als cis Mann mit den eigenen Privilegien zu beschäftigen, ist eine Ausnahme, allerdings essenziell für Veränderungen und Emanzipation. Mit Privilegien geht meistens eine aus der ansozialisierten Position entspringende Ignoranz und entsprechende Wahrnehmungsschwierigkeiten für die Nachteile anderer und die eigenen Vorteile, welche aus den gesellschaftlichen Machtstrukturen entstehen, einher. Positiver formuliert mangelt es in der höchstprivilegierten Position[7] an Reflexionsressourcen: Es fehlt ein Bewusstsein dafür, an welcher Stelle → Männlichkeitsanforderungen Männer und andere Geschlechter einschränken und ihnen schaden. Sich aus einer privilegierten, männlichen Position in die Situation und Position von deprivilegierten Personen zu versetzen, ermöglicht es, zu verstehen, welches Leid durch Männlichkeiten ausgelöst wird. Ein größeres Verständnis, vor allem auf der emotionalen Ebene, für die unterschiedlichen Situationen, in denen Menschen leben, hat ein großes emanzipatives Potenzial.

Für uns ist es von großer Bedeutung Privilegien und Nachteile zu differenzieren: Höchstprivilegierte cis Männer haben Nachteile, werden aber nicht diskriminiert. Ihre Nachteile entspringen der hierarchisierenden Geschlechterordnung, an deren Aufrechterhaltung sie maßgeblich selbst beteiligt sind. Insofern, könnte mensch etwas lakonisch sagen, sind Männer Unterdrückte ihrer selbst. Dies wird in antifeministischen und maskulinistischen Szenen absichtlich nicht oder falsch dargestellt und angenommen.

7 Mit dem Begriff höchstprivilegiert beschreiben wir eine Person oder Position, die in vielen oder den meisten gesellschaftlichen Positionierungen mehrfach privilegiert ist, z.B. *weiß*, ableisiert, Mittelklasse, deutsche Staatsbürger*innenschaft, atheistisch oder christlich sozialisiert, heterosexuell, cis-geschlechtlich.

Frauen, Lesben inter*, nicht-binäre und trans* Personen haben nichts von den Nachteilen, die cis Männer im Patriarchat erleben. Sie ziehen keine Vorteile daraus, dass cis Männer statistisch früher sterben oder dass sie Opferwiderfahrnisse nicht zeigen können. Weder verschärft dies die Konkurrenz um begehrte Plätze in der Gesellschaft oder andere Zugänge zu Ressourcen, noch werden autoritäre Kontrollbedürfnisse befriedigt. Im Kampf gegen Sexismus geht es nicht darum, dass FLINT* Macht über cis Männer haben oder bekommen, sondern um eine Infragestellung, Verflachung und schlussendliche Aufhebung der bestehenden Hierarchie. Es ist also immer wieder eine Gratwanderung, Nachteile und Betroffenheiten von höchstprivilegierten cis Männern zu thematisieren, ohne ins Sexistische und Antifeministische abzugleiten.

Rahmenbedingungen für eine kritische Auseinandersetzung

Scheitern, Zweifeln und Ändern sind im Normalfall nicht die ersten Assoziationen, die mit Männlichkeiten in Verbindung gebracht werden. Für eine konstante Reflexion von Männlichkeiten sind sie jedoch notwendige Bestandteile, sowohl auf der subjektiven als auch auf der gesellschaftlichen Ebene.

Es handelt sich also um eine Suchbewegung, die fragend voranschreitet und die »im Zweifel für den Zweifel« ist, die also Männlichkeiten niemals als etwas Selbstzufriedenes, in Stein Gemeißeltes versteht oder zu dem vermeintlich ›Ursprünglichen‹ und ›Guten‹ zurück will, die das Unabgeschlossene, das Uneindeutige und die damit verbundenen Widersprüchlichkeiten wertschätzt. Durch eine solche Vorgehensweise wird das Verhältnis von Identität und Vergeschlechtlichung offen und beweglich gehalten. Außerdem fördert sie eine Verantwortungsübernahme von cis Männern für die Arten und Weisen, wie Männlichkeiten und die damit verbundenen Machtverhältnisse konstruiert und reproduziert werden, und für die Handlungen, die daraus entstehen. In der eigenen Beschäftigung stoßen wir immer wieder an Grenzen, aus der sich die folgenden Fragen ableiten:

- Wie sieht ein guter Rahmen aus, in dem vor allem cis Männer → Geschlechtsanforderungen reflektieren können?
- Wie lässt sich Platz schaffen für wohlwollende, kritische Auseinandersetzungen mit dem eigenen Verhalten, Leid, Schmerz und der eigenen Trauer.

- Wie kann dabei sowohl mit den eigenen Privilegien und der Kritik an ihnen umgegangen, als auch Verunsicherung zugelassen werden, während die eigene Handlungsfähigkeit bestehen bleibt?
- Wie kann die Beschäftigung zu nachhaltigen Veränderungen führen, die zur eigenen Emanzipation und den emanzipativen Kämpfen anderer gegen Marginalisierung und Diskriminierung beitragen und diese unterstützen?
- Wie kann sich der Vision der Entgeschlechtlichung von menschlichen Eigenschaften genähert werden, in der Vielfältigkeit gelebt werden kann, ohne dafür sanktioniert zu werden, und gleichzeitig die Grenzen anderer gewahrt werden?

Als Herausgebende haben wir nach Antworten auf diese Fragen gesucht und diesen Sammelband zusammengestellt. Dabei wollen wir aufzeigen, welche Möglichkeiten und Fallstricke es geben kann, wenn sich (cis) Männer, alleine oder kollektiv, mehr oder weniger kritisch mit Männlichkeiten beschäftigen.[8]

Zum Sammelband

Erweiterung der Perspektiven

Die Beiträge in diesem Sammelband zielen darauf ab, vor allem (cis) Männern (aber auch allen anderen), Anregungen, Fragen, Zweifel, Hilfestellungen, Unterstützungen, neue Perspektiven und Herangehensweisen für eine persönliche Auseinandersetzung an die Hand zu geben. Dabei wollen wir gegensätzliche Herangehensweisen und Perspektiven zu den Mainstreammedien und konservativen, maskulinistischen und antifeministischen Kreisen aufzeigen, da deren Beschäftigungen mit dem Thema immer wieder auf eine Zementierung traditioneller Geschlechterrollen abzielen.

Wir wollen mit unserem Buch dazu beitragen, Reflexionen und Perspektivenverschiebungen anzustoßen. Unsere Absicht ist, aus unterschiedlichen Perspektiven das Thema zu beleuchten, weg von einer ausschließlich binären, cis-männlich, → *weißen* Herangehensweise hin zu multidimensionalen und → intersektionalen Diskussions-, Dialogs- und Veränderungsperspek-

8 Das Streitgespräch von Kim Posster und Blu Doppe hat dieses Thema im Fokus.

tiven und -handlungen. Wir nähern uns dem Thema aus verschiedenen Richtungen, mit verschiedenen Foki und einer möglichst großen Perspektivenvielfalt. Wir haben Geschlecht als eine der vielen und hier nahliegenden Differenzlinien aufgegriffen und nach dieser Autor*innen ausgewählt: Die eine Hälfte unserer Beiträge ist von Menschen geschrieben, die sich zurzeit als cis-männlich identifizieren, während die andere Hälfte von Personen verfasst wurde, die sich zurzeit als FLINT* identifizieren.

Auf diese Weise kommen verschiedene Perspektiven zusammen und ihre Widersprüchlichkeiten, Tragiken und Spannungsfelder werden in der Auseinandersetzung mit Männlichkeiten betrachtet. Es ist uns dabei wichtig, Widersprüchlichkeiten nicht einseitig aufzulösen. Vielmehr soll deutlich werden, dass die kollektive wie individuelle Beschäftigung mit Männlichkeiten vom Aushalten und Aushandeln dieser Ambivalenzen lebt. Der Ton der Beiträge ist aus diesem Grund einerseits einfühlsam fragend und neugierig forschend, während andererseits eine klare, kritische, → pro-feministische Haltung eingenommen wird.

Der Sammelband hat neben der gesellschaftlichen Kontextualisierung vor allem das subjektive und verletzliche Erleben der Autor*innen im Fokus. In der Betrachtung von Männlichkeiten ist dieser Zugang wichtig, da dieser meist durch Männlichkeitsanforderungen erschwert und somit nicht gewählt wird. Männlichkeitsanforderungen und (cis-) männliche Sozialisation führen meist zu einem kognitiven und rationalen Zugang zum eigenen Selbst und anderen Personen, während die emotionale Dimension keine oder nur eine untergeordnete Rolle spielt.

Die subjektiven Sichtweisen der Autor*innen haben selbstverständlich keinen Anspruch auf Allgemeingültigkeit, sondern sind vor dem Hintergrund ihrer individuellen Erfahrungen und gesellschaftlichen Positionierungen zu lesen. Die Blickrichtungen und Positionierungen der Autor*innen und unsere Auswahl der Texte ermöglichen viele Perspektiven auf das Thema, jedoch zeigt sich auch, dass bestimmte Themenfelder nicht oder nur wenig betrachtet werden konnten: So gibt es keine Artikel, die sich explizit mit rechten bzw. rechtsextremen Männern oder Strukturen sowie mit den Themen Be_Hinderung[9], Religion, materialistischer Feminismus,

9 Diese Schreibweise legt vor allem den Fokus auf das Hindernis, welches die Gesellschaft Menschen in den Weg stellt, sie dazu zwingt, dieses zu überwinden oder nicht vollständig teilhaben zu können.

Alter, Täterschaft aus einer cis-männlichen Perspektive und der Auseinandersetzung mit sexualisierter Gewalt beschäftigen.

Der Aufbau des Buches

Das Buch ist in die drei Rubriken Scheitern, Zweifeln und Ändern gegliedert. Wie in vielen Artikeln beschrieben wird, scheitern Menschen stetig an (männlichen) Geschlechtsanforderungen und anderen gesellschaftlichen Anforderungen, die an sie gestellt werden. Das geschieht manchmal bewusst, aber oft auch unbewusst. Das Scheitern ist daher ein zentraler Bestandteil in der Reflexion von Männlichkeiten. Das Nichterfüllen der Anforderungen verdeutlicht diese und kann zum Verständnis ihrer Funktions- und Konstruktionsweise beitragen. Dieses Verständnis ermöglicht neue Handlungsmöglichkeiten und Perspektiven im Umgang mit diesen Anforderungen.

Ein zweiter Teil der Auseinandersetzung sollte stets das Zweifeln sein. Die Bewusstheit über Männlichkeitsanforderungen reicht alleine nicht aus. Für Veränderungen bedarf es einer kritischen Position bzw. eines ›Erschreckens‹ über die Geschlechtsanforderungen und deren individuellen und gesellschaftlichen Konsequenzen. Kern des Zweifelns ist das Hinterfragen von ›Gegebenem‹ oder ›Selbstverständlichem‹. Dieser kritische Blick unterstützt eine konstante Reflexion, die nicht nur einmal geführt und damit abgeschlossen wird, sondern sich in jedem Moment die Frage stellt, ob und wie das eigene Verhalten Männlichkeiten reproduziert.

Den dritten Teil bilden Artikel, die auf Veränderungen und Veränderungspotenziale von Männlichkeiten zusteuern. Welche Veränderungen sind vor dem Hintergrund des Scheiterns und Zweifelns an Männlichkeiten möglich? Wie können sie aussehen und für alle Beteiligten bereichernd und zufriedenstellend umgesetzt werden?

In den meisten Beiträgen kommen sowohl Scheitern als auch Zweifeln und Ändern als Themen vor. Die Einordnung in eine dieser drei Rubriken erfolgt anhand der Gewichtung innerhalb der Artikel.

Teil eins: Scheitern

Im dem Beitrag »Herumreflektieren reicht nicht« interviewt Daniel Holtermann Kim Posster und Blu Doppe, die die Schwierigkeiten und das Für und Wider pro_feministischer Praxis am Beispiel der *Pro_feministischen Akademie* betrachten. Weitere Themen des Gesprächs sind die immer wieder aufkommenden Leerstellen pro_feministischer Politiken, wie z.B. die Auseinandersetzung um sexualisierte/sexuelle Gewalt und die Frage: »Wo soll es eigentlich (gemeinsam) hingehen und wo stehen ›wir‹ mit der männlichkeitskritischen Praxis gerade?«.

Gabriel_Nox Koenig beschreibt im Beitrag »Vom Versuch, sich verbündet zu zeigen und eigene männliche Performance und männliche Privilegien zu sabotieren«, wie sich durch Geschlechternormen Macht im Leben von Menschen manifestiert. Gabriel_Nox gibt aber auch konkrete Hinweise für den Alltag, wie Männlichkeitsnormen gezielt sabotiert werden können.

Sebastian Schädler veranschaulicht in »n(ich)t ... oder auch zu den Versuchen, sich als ›Mann‹ nicht ›vermännlichen‹ zu lassen« die jahrzehntelange Auseinandersetzung seines widersprüchlichen Strebens nach der (Nicht-)Existenz als männliches Subjekt. Dabei berücksichtigt er die persönliche, politische und pädagogische Dimension.

In »1001 Annahmen, die nicht meine waren« reflektiert Fikri Anıl Altıntaş aus einer biografischen cis-hetero Perspektive über die Anforderungen an Männlichkeit und das Zusammenspiel orientalistisch-rassistischer Erwartungshaltungen der *weißen* Mehrheitsgesellschaft sowie patriarchaler Gesellschaftsmuster, Vorstellungen von Intimität, Sexualität und Körperwahrnehmungen. Anhand persönlicher Erlebnisse zeigt er exemplarisch auf, durch welche Faktoren (Familie, Umfeld, Lebensabschnitt) Ansprüche an Sexualität einerseits und die Art und Weise, als Mann Frauen anzusprechen andererseits, verändert und reflektiert werden.

Kim Möhrs beschreibt in dem autobiografischen Beitrag »Geboren als ein Mensch, der zum Mann wird? Sexualität und Männlichkeit(en)* aus einer nicht-binären Perspektive« die Zusammenhänge zwischen Männlichkeitsanforderungen, Sexualität und eigenen sexualisierten Gewalterfahrungen. Der Artikel zeigt die Gewaltförmigkeit von Männlichkeitsanforderungen auf, Kims individuellen Umgang damit sowie gesellschaftliche Veränderungsbedarfe, um dieser Gewalt zu begegnen.

Teil zwei: Zweifeln

Der Beitrag von Blu Doppe »Wie, du trinkst nicht? Der Alkohol-(Nicht-)Konsum meines Lebens« fokussiert die Betrachtung von Alkohol als gesellschaftlich-kulturell-prägendem Bestandteil von Blus Leben und nimmt die Leser*innenschaft mit zu wichtigen Lebensstationen, die immer wieder verschränkt sind mit Alkohol und Männlichkeit(-sanforderungen).

In ihrem Artikel »Depression, who cares? Oder wie ich anfing meine Depression und Männlichkeit zusammenzudenken« spürt Ricci Eggemann den Zusammenhängen von Depression und Männlichkeitsanforderungen nach. Ausgehend von ihren eigenen Erfahrungen, analysiert sie Depression im Geflecht von neoliberalen Selbstoptimierungsverhältnissen und ihre Verschränkung mit gesellschaftlichen Macht- und Herrschaftsstrukturen. Im Vordergrund steht die Frage nach einem kollektiven, ent-individualisierten und ent-stigmatisierten[10] Umgang mit Depression.

Gustavo Hernández beschreibt in seinem Beitrag »Im Stuttgarter Schlossgarten: Schnittstelle von zwei Marginalisierungen« die Gleichzeitigkeit von zwei Diskriminierungsformen: Rassismus und → Homofeindlichkeit. Am eigenen und dem Beispiel Aládars verdeutlicht er, welchen Einfluss die doppelte Marginalisierung auf das Leben der beiden hat, und entwickelt Vorschläge zur Unterstützung von mehrfachdiskriminierten Menschen.

Das Thema von Hubert Gotz's Beitrag »Gewaltbetroffenheit und Privilegien: (Un)mögliche Gleichzeitigkeiten?« sind männliche Privilegien und die gleichzeitige Betroffenheit von partnerschaftlicher Gewalt. Der Artikel zeichnet auf persönlicher Ebene den Aufarbeitungsprozess nach und beschreibt dabei die Herausforderungen sowie Lösungsansätze, die sich aufgrund einer kritischen Reflexion von Männlichkeiten gezeigt haben.

Bilke Schnibbe schreibt in dem Beitrag »Sprachlosigkeit – vom Streiten und Nicht-Streiten mit Männern, die gute Verbündete sein wollen« über die ambivalenten Auseinandersetzungen mit dem besten Freund und anderen Männern, die versuchen, das ›Richtige‹ zu machen, dabei aber immer wieder in die gleichen (schmerzhaften) Dynamiken verfallen und an ihren eigenen Ansprüchen scheitern.

Teil drei: Ändern

Ulla Wittenzellner nähert sich in ihrem Beitrag »Boy meets Girl – kritisches Vorwärtsstolpern in Heterobeziehungen« der Frage, welche Rolle (moderne) Männlichkeit und Weiblichkeit in Liebesbeziehungen spielen. Welche (neuen und gar nicht so neuen) Probleme und Spannungsverhält-

10 Mit dieser Schreibweise soll verdeutlicht werden, dass es sich sowohl um einen ent-indivualisierten und entstigmatisierten als auch um einen individualisierten und stigmatisierten Umgang mit Depression handelt.

nisse ergeben sich aus ihnen? Und wie geht sie nun, die moderne, gleichberechtigte Beziehung?

In »Keine Sondertörtchen für Männlichkeit – Gedanken zu unseren Erfahrungen aus der transformativen Arbeit mit sexualisierter Gewalt ausübenden cis Männern« schreibt die Gruppe *besser als nix* über ihre Erfahrungen, die sie in drei Jahren transformativer Arbeit mit einem sexuell übergriffigen Mann gemacht hat. *Besser als nix* bezieht sich auf die Konzepte *Community Accountability* und *Transformative Justice*, beschreibt die Ebenen transformativer Arbeit, wertet ihren Prozess aus und versucht, diesen gesellschaftspolitisch einzuordnen, insbesondere in Bezug auf Männlichkeiten.

In dem Beitrag »Anti-patriarchale Lockerungsübungen – Ein Dialog zwischen zwei Aktiven der Theatergruppe Masculinities Lab (Berlin)« sprechen Till Baumann und Andreas Spading über ihre Erfahrungen in der patriarchatskritischen Forumtheatergruppe *Masculinities Lab* aus Berlin. Dabei beleuchten sie eigene Lernprozesse, schauen auf Dynamiken im Gruppenprozess und berichten von Ambivalenzen und Fragen, die ihnen bei der Arbeit auf der Bühne und in der Diskussion mit dem Publikum begegnet sind.

Sascha Verlan zeigt in »Ich sorge, also bin ich! – Care-Biografien fördern und wertschätzen, für alle Geschlechter« aus einer sehr persönlichen Perspektive die Ursachen für die ungleiche Verteilung von Sorgearbeit auf. Dieser Prozess beginnt bereits in der Kindheit. Er zeigt, dass es für eine Veränderung vor allem Männer braucht, die bereit sind, ihren Teil der Sorgeverantwortung zu übernehmen.

In »Wenn man sich gegen herrschende Normen verändern will, braucht man Unterstützung« interviewt Inga Zimprich Andreas Hechler. Dabei geht es um seine Auseinandersetzung mit Männlichkeitsanforderungen sowie seine Erfahrungen mit *Männer Radikale Therapie*, Männerbewegung, den Männerrundbriefen und vielem mehr.

Den Abschluss des Sammelbandes bilden das Glossar und ein Verzeichnis der Autor*innen und Beteiligten.

Für die Unterstützungen, Anregungen, Diskussionen, Hinweise und Inspirationen während des Entstehungsprozesses des Sammelbandes möchten wir uns bei Jana Haskamp, Andreas Hechler, Yannik Markhof, Arvid Peschel, Bilke Schnibbe und Olaf Stuve von Herzen bedanken.

Wir wünschen euch viel Spaß bei der Lektüre und freuen uns auf Kritik, Reflexionen und anregende Diskussionen.

Blu Doppe und Daniel Holtermann (Berlin, Januar 2021)

Teil eins: **Scheitern**

Daniel Holtermann

»Herumreflektieren reicht nicht«

Gespräch mit Blu Doppe und Kim Posster über das Scheitern pro_feministischer Praxis

Blu Doppe beschäftigt sich seit neun Jahren mit dem Thema kritische Männlichkeiten und der Geschichte der → pro_feministischen[1] Männerbewegung, war Teil einer ›Kritischen Männlichkeiten‹ Gruppe, die sich fünf Jahre traf, und verdient den Lebensunterhalt u.a. mit (Online-)Workshops zu diesem Thema.

Kim Posster publiziert seit drei Jahren zur Notwendigkeit und den Fallstricken von pro_feministischer Politik, war an mehreren Versuchen der organisierten (Selbst-)Reflexion von Männlichkeiten beteiligt, die er mittlerweile als gescheitert bewertet, und unterhält mit anderen zusammen einen Blog zu »organisierter Männlichkeitskritik«.[2]

Beide trafen sich 2017 auf den selbstorganisierten Bildungstagen *Pro_feministische Akademie* und waren die folgenden Jahre Teil der Vorbereitungs-Gruppe.[3] Wegen inhaltlicher Differenzen stieg Kim 2019 aus der Organisation aus. Das Gespräch dreht sich um das Scheitern pro_feministischer Praxis am Beispiel der *Pro_feministischen Akademie* und wurde im April 2020 geführt und von Daniel Holtermann begleitet.

Daniel: Blu und Kim, ihr habt lange bei der Vorbereitung und Durchführung der *Pro_feministischen Akademie* mitgewirkt. Bevor wir zu der kritischen Auseinandersetzung mit der pro_feministischen Praxis dort kommen, brauchen wir noch ein paar Informationen über die Akademie. Blu kannst du das Konzept der *Pro_feministischen Akademie* umreißen?

1 Alle mit einem → gekennzeichneten Begriffe werden im Glossar erläutert.
2 Auf Kims Blog finden sich viele seiner bisherigen Veröffentlichung zu Männlichkeitskritik: https://kimposster.blackblogs.org
3 http://profeministischeakademie.blogsport.de/.

Blu: Das Konzept der *Pro_feministischen Akademie* beinhaltet, dass Menschen sich ein paar Tage lang treffen und miteinander arbeiten. Dies findet meistens an Orten statt, die ein bisschen außerhalb liegen, also nicht in irgendwelchen Großstädten. Die Teilnehmenden verbringen die gesamte Zeit, meistens fünf Tage, zusammen und setzen sich mit feministischen und pro_feministischen Themen auseinander. Ursprünglich ist die Akademie aus einem gescheiterten Versuch einer Männergruppen-Gründung in Leipzig entstanden. Die Idee für so eine Form der Akademie ist angelehnt an Bildungsakademien aus der kurdischen Befreiungsbewegung. Es wird sehr viel in Kleingruppen miteinander gearbeitet und dann werden sogenannte Puzzleteile durchgeführt. Klassischerweise heißt das, dass ein Text zusammen gelesen und darüber anhand von Fragen diskutiert wird. Es gibt auch andere Auseinandersetzungsformen, wie zum Beispiel Körperarbeit, Open Spaces oder Großgruppendiskussionen. Es sind also selbstorganisierte Bildungstage. Das Besondere an dieser Akademie, die sich mit pro_feministischen Themen auseinandersetzt, ist, dass der Großteil der Teilnehmer →cis-männlich ist.

Daniel: Welche Themen spielen in der *Pro_feministischen Akademie* eine Rolle?

Blu: Es gibt Puzzleteile zu verschiedensten Themen. Das Spektrum ist recht breit, damit die Teilnehmenden eine gute Auswahl haben und das machen können, was sie interessiert. Viele dieser Themen drehen sich explizit um Männlichkeiten. Es gibt Puzzleteile zu Emotionen und Maskulinität, zu Alkohol und Drogenkonsum, zur Auseinandersetzung um intime und sexuelle Gewalt[4], zu Trans*-Verbündetenschaft, zu verschiedenen Konzepten von Geschlecht, zu Sexualität, zu Beziehungsarbeit, zur Oberkörperfrei-Debatte, zu Elternschaft, auch ein Puzzleteil zu pro_feministischen Männergruppen. Am Anfang gibt es Einführungspuzzleteile, in denen die

4 Im Interview wird sowohl von ›sexueller Gewalt‹ als auch von ›sexualisierter Gewalt‹ gesprochen. Der Begriff ›sexualisierte Gewalt‹ fokussiert, dass Machtausübung und Unterwerfung zentral sind, nicht sexuelle Bedürfnisbefriedigung. Anderseits kann so aus dem Blick geraten, dass (männliche) Sexualität im Patriarchat gewaltvoll zugerichtet wird und deshalb Übergriffe den Ausübenden auch Lust bereiten. Diese Aspekte berücksichtigt der Begriff ›sexuelle Gewalt‹. Vgl. auch: Roock, M. (2012). ›Der Mann, der immer kann?‹: kritische Anmerkungen zum Begriff der sexualisierten Gewalt aus politisch-psychologischer Perspektive. GENDER – Zeitschrift für Geschlecht, Kultur und Gesellschaft, 4(2), 116-128. https://nbn-resolving.org/urn:nbn:de:0168-ssoar-396030.

Teilnehmenden sich kennenlernen, ihre Arbeitsweise festlegen und sich politisch und gesellschaftlich positionieren.

Daniel: Sind die Themen der *Pro_feministischen Akademie* vorher festgelegt?

Blu: Die Themen sind eigentlich fest. Es gibt außerdem Open Spaces, in denen die Teilnehmenden natürlich ihre eigenen Themen einbringen können, was aber auch in der Freizeit zwischendurch passiert. Die Kleingruppen werden am Anfang anhand bestimmter Kriterien zusammengestellt und diese können auch die Themen sein, die sie bearbeiten wollen.

Daniel: Wie lange gibt es die *Pro_feministischen Akademie*?

Blu: Letztes Mal war es die sechste Akademie. 2015 wurde die erste durchgeführt. 2020 wäre also die siebte gewesen, die haben wir aber um ein Jahr wegen der Corona-Pandemie verschoben.

Daniel: Blu, auf der Akademie hast du Kim kennengelernt?

Blu: Ja. Bei meiner ersten Akademie 2017. Damals gab es unter anderem ein Workshop-Angebot von mir zum Zustimmungsprinzip. Ich gebe Workshops zu verschiedenen queer_feministischen Themen und ich habe dort einen zum Zustimmungsprinzip gegeben. Danach habe ich in einer Kleingruppe mitgemacht und Kim kennengelernt, was sehr sehr schön war. Die Erfahrungen in der Kleingruppe waren sehr intensiv, bereichernd, aber auch herausfordernd für mich. Als queere, nicht-binäre trans* Person war es für mich recht schwierig auf der Akademie, weil z.B. auf Pronomen nicht so viel wert gelegt und ich immer wieder in die Gruppe der Männer eingemeindet wurde. Ich mochte das Konzept, allerdings wollte ich auch gerne Dinge daran verändern. Kim hatte ebenso einige neue und spannende Ideen. So haben wir uns schon während der Akademie dazu entschieden, bei der nächsten Vorbereitung mitzuwirken.

Daniel: Kim wie bist du zur *Pro_feministischen Akademie* gekommen?

Kim: Ich hatte 2017 angefangen, mich intensiver mit Männerpolitik zu beschäftigen, und bin von einer Genossin angehauen worden, was darüber zu schreiben. Ich hatte zu dem Zeitpunkt bereits einiges gelesen und mit anderen diskutiert, wie man an die Selbsterfahrungspraxis der zweiten Frauenbewegung aus männlicher Perspektive anschließen könnte und wo genau da Widersprüche lauern. Von der *Pro_feministischen Akademie* haben mir Genossinnen also Frauen, mit denen ich in einer politischen Gruppe war, erzählt.

Als ich Blu dort kennengelernt habe, war das für mich ein sehr aufregendes und schönes Erlebnis, weil ich damals das Gefühl hatte, dass es nur sehr wenige Leute gibt, die sich mit Pro_Feminismus tiefer beschäftigen, vor allem mit seiner Bewegungsgeschichte. Mit Blu hatte ich eine Person gefunden, die sich genau wie ich nicht nur für die Vergangenheit, sondern auch die mögliche Zukunft von dieser Art Politik interessiert.

Daniel: Wann bist du bei der *Pro_feministischen Akademie* ausgestiegen?

Kim: Ich hab die letzte noch mit vorbereitet und bin danach raus.

Daniel: Was hat dich dazu bewegt?

Kim: Es geht für mich eher nicht darum, dass die *Pro_feministischen Akademie* als Einzelaktion alles falsch macht, sondern eher allgemeiner darum, die problematischen Tendenzen in dem ganzen Feld zu kritisieren, die die Akademie entweder reproduziert oder denen sie nicht viel entgegensetzen kann.

Ich beschäftige mich jetzt seit zweieinhalb bis drei Jahren ganz spezifisch mit pro_feministischer Politik und hab auch versucht, sie zu betreiben. Ich hatte z.B. zweieinhalb Jahre eine Gruppe in Leipzig mit ausschließlich Männern, am Anfang nur cis später dann auch trans* Männer, die auch mit Selbsterfahrungsbezug zum Thema Männlichkeit gearbeitet haben. Und in dieser Zeit habe ich nicht nur viele Erfahrungen der Frustration und des Scheiterns gemacht, sondern mich auch theoretisch weiter mit dem Thema auseinandergesetzt. Dabei sind die enormen Leerstellen und Probleme beim Thema Männlichkeit und Feminismus für mich schmerzhaft offensichtlich geworden und die sehe ich eben auch auf der Akademie.

Daniel: Welche Leerstellen bzw. problematischen Tendenzen sind das?

Kim: Mit das größte Problem bei pro_feministischer Politik ist, dass sie in der Form identitär und im Effekt männlichkeitsstabilisierend wirkt. Das heißt, dass Männer sich meistens eher für die Frage interessieren, wie sie noch Männer sein können, obwohl es feministische Kritik an Männlichkeit gibt, und nicht für die eigentliche Frage, wie sie an feministischer Kritik und Bewegung teilhaben und diese unterstützen können, obwohl sie Männer sind. Ich meine, wie sonst kommt man auf so einen Unfug wie das Label ›Kritische Männlichkeit‹ für die eigenen Ansätze?! In der Regel kreisen Männer im schlechten Sinne um sich selbst und versuchen eher, an ihrer alternativ-männlichen Identität herumzubasteln, als die eigene Gewordenheit in ihre politische Auseinandersetzung miteinzubeziehen und männliche Vergeschlechtlichung mit ihrer Analyse und Praxis zu vermitteln. So bleibt alles erstens individualistisch und läuft zweitens eher auf Reformismus oder sogar männliche Resouveränisierung als radikale Kritik raus. Das ist mir alles auch an mir und meiner eigenen Praxis in Leipzig aufgefallen. In meiner Gruppe z.B. haben wir unfassbar lange in uns und ›der Auseinandersetzung an sich‹ herumgestochert und sind meistens sehr unkonkret geblieben. Wir haben uns viel zu lang keine Rechenschaft darüber ablegt, warum wir überhaupt was, wie machen und haben nie kritisch genug gefragt, was uns da eigentlich so ins Schwimmen bringt.

Für all diese Tendenzen bietet die *Pro_feministische Akademie* viel zu viele Einfallstore. Konkreter: Männer können durchaus auf die Akademie kommen und diese so als Selbsterfahrungs- und Reflexionsurlaub nutzen, wo sie relativ konsequenzlos und breit in sich und verschiedenen Themen rumstochern. Und im schlimmsten Fall gehen sie am Ende mit dem Gefühl raus, dass sie zu ›den Guten‹ gehören und immunisieren sich so gegen wirkliche Kritik.

Daniel: Welche Rolle spielt denn dann männliche Identität für die Auseinandersetzung und siehst du da Unterschiede, z.B. zwischen trans* und cis Männern?

Kim: Ich werfe niemandem vor, ein Mann geworden zu sein. Trans* Männer haben sich das genauso wenig ausgesucht wie ich und andere cis Typen. Trotzdem ist das Begehren, ein Mann zu sein, unhintergehbar patriarchal. Die Differenzen zwischen Männern anzuerkennen und sich mit Männern zu solidarisieren, die als z.B. schwul und/oder trans* diskriminiert werden, steht in keinem Widerspruch zu dieser Erkenntnis. Männer sind trotz aller Unterschiede zwischen ihnen auch einfach Männer und müssen auch als solche zur Kritik stehen. Für Pro_Feminismus, wie ich ihn verstehe, heißt das: wenn Männer sich nur darauf einlassen, wenn ihre männliche Identität darin erhalten oder sogar gestärkt wird, kann das nichts werden.

Männliche Identität als nicht nur biografischer, sondern auch gesellschaftlicher Skandal – sollte stattdessen kritisch zum Anstoß für eine Auseinandersetzung genommen werden, statt damit seinen Frieden zu schließen. Dieses individualistische ›Ich und meine Männlichkeit‹ hat ja auch was mit einem spätkapitalistischen Herrschaftsmodus zu tun, der ebenfalls kritisiert gehört. Dass die Subjekte tief in sich drin nach sich selbst suchen sollen, um sich zu verwirklichen, betrifft mittlerweile auch Männer. Jeder soll seine eigene Version von Männlichkeit entwickeln. Linke machen das dann halt vermeintlich diskriminierungssensibel hin zu einer ›kritischen‹ oder ›nicht-toxischen‹ Männlichkeit. Das hat bestimmt nicht immer nur schlechte Effekte, aber mit radikaler Kritik am Patriarchat und seiner Männlichkeit hat das wenig zu tun.

Selbsterfahrungsprozesse z.B. werden dann nicht mehr wie in der zweiten Frauenbewegung als Teil von Theoriebildung gesehen, wo es einerseits zwar darum geht, eigene Erfahrungen zu betrachten und diese als Besonderes ernst zu nehmen, was Typen eher selten tun, aber andererseits auch darum, von der Erfahrung auch zu abstrahieren und sie mit Gesellschaftskritik zu vermitteln. Beides passiert nicht, wenn Theorie ausschließlich als biographisches Deutungsmuster für das eigene Verhalten gebraucht wird. Wenn das so unvermittelt bleibt, wird es furchtbar innerlicher Selbstverwirklichungsquatsch, der praktisch oft konsequenzlos bleibt und Männlichkeit nicht kritisiert, sondern sogar stabilisieren kann.

Daniel: Blu, kannst du die Kritik teilen oder hast du eine andere Position dazu?

Blu: Ich kann die Kritik nachvollziehen und ich kenne sie ja bereits. Die Kritik ist für mich quasi ein alter Hut. Ich ziehe daraus aber andere Schlüsse. Und das ist dann das, woran Kim und ich uns so reiben. Wir haben uns länger sowohl in vielen Gesprächen zu zweit aber auch in der Vorbereitungsgruppe damit auseinandergesetzt. Für mich überwiegen trotz der Kritik die positiven Aspekte der Akademie, weshalb ich weiter an der Vorbereitung mitwirke. Ich sehe, dass dort viele verschiedene Menschen hinkommen, die sich erstmal sehr individuell in diesen Kleingruppen auseinandersetzen. Das gibt das Konzept so vor. Diese Auseinandersetzung findet allerdings nicht alleine statt, sondern im Kollektiv. Die Akademie sticht für mich in den Angeboten der linken Szene als etwas heraus, was ich erhalten möchte, weil sich Menschen hier nicht nur zwei Stunden während eines Vortrags oder Ähnlichem mit diesen Themen auseinandersetzen, sondern fünf Tage lang am Stück. Für mich stellt das eine nachhaltige, intensive Auseinandersetzung dar, die tiefgreifende Auswirkungen auf die Teilnehmenden haben kann, wenn sie wieder in ihren Alltag zurückkehren. Wir haben beispielsweise Kritik-Runden und eine Emo-Care-Gruppe etabliert, weil wir diese Aspekte neben anderen als sehr wichtig erachten. Und wir probieren, den verschiedenen individualistischen Tendenzen, die wir beobachtet haben, entgegenzutreten und sie anzusprechen. Ich sehe es so: Auch wenn da Männer hinkommen und nur an ihrer Identität arbeiten, sich reflektieren und dadurch ein bisschen weniger Scheiß passiert, sehe ich es als einen guten Schritt an.

Wir sind immer wieder daran gescheitert, dass sich die Teilnehmenden vernetzen. Vielleicht ist es auch das falsche Konzept, wenn Menschen aus ganz Deutschland zusammenkommen. Ich sehe allerdings, dass daraus lokale Strukturen, die sich vielleicht ebenfalls wieder kritisieren lassen, entstanden sind. Viele Männer sind sonst mit diesen Themen oft vereinzelt und finden hier dann andere Vereinzelte. Wir werden in der nächsten Akademie bestimmte Kritikpunkte aufgreifen, die in der Auseinandersetzung immer wieder aufgekommen sind. Es soll zum Beispiel einen Vortrag von Kim geben, der gerade diese individualistischen Tendenzen und Konstruktionen von alternativen Männlichkeiten kritisiert. Wir versuchen also, aus der Kritik zu lernen.

Daniel: Blu, würdest du sagen, dass durch die *Pro_feministische Akademie* männliche Identität verstärkt wird?

Blu: Hmm. Teilweise. Es gibt oft ein Suchen unter Männern nach alternativen Formen oder Identitäten von Männlichkeiten. Das ist etwas Spannendes bei der kritischen Auseinandersetzung um Männlichkeiten. Diese Suchbewegung gibt es bei allen möglichen Privilegierten, wenn sie sich mit Diskriminierungs- und Herrschaftsverhältnissen auseinandersetzen. Die Suche nach der ›guten‹, privilegierten Position. Diese verschiedene alternative Männlichkeiten gibt es zuhauf und die werden auch in der Linken aufgerufen. Wobei es dort um andere Idealtypen und Erwartungen geht, und um die Konkurrenz welche besser oder schlechter sind. Das beobachten wir auch auf der Akademie. Meines Erachtens lässt es sich nicht verhindern. Das ist durchaus schon kritisiert worden. Wir arbeiten daran und kritisieren es kontinuierlich. Die Fragen sind doch: Warum versammeln wir uns hier eigentlich? Warum liegt dabei wieder der Fokus auf der positiven männlichen Identität? Womit wird sich aber gerade nicht auseinandergesetzt? Welche Themen werden umgegangen? Und wie gehen wir damit um, dass das durch die Themenwahl möglich ist?

Kim: Ich sehe natürlich, dass versucht wurde, die Kritik und die Diskussionen aufzunehmen. Aber ich glaube, es ist Selbstbetrug, zu hoffen, dass diese Art von Selbstkritik an der eigenen Form in der *Pro_feministischen Akademie* so aufgenommen werden kann, dass die genannten Tendenzen sich nicht trotzdem durchsetzen. Ich würde dann eher das ganze Konzept ändern.

Außerdem bin ich nicht einverstanden mit dieser ›Politik des Immerhin‹ von dir, Blu. Ich sehe auf jeden Fall, dass es sinnvoll sein kann, die Priorität darauf zu setzen, dass Männer sich anders verhalten, auch wenn sie das vielleicht aus ›falschen‹ Gründen tun. Gerade für die Betroffenen von männlicher Gewalt ist es total legitim, diese Strategie zu verfolgen. Aber für mich aus einer männlichkeitskritischen Perspektive darf es nicht darum gehen, Männer zu überzeugen, indem man ihnen z.B. vorrechnet, was ihnen der → Feminismus persönlich alles so bringt. Damit wird immer stillschweigend akzeptiert, dass feministische Politik und männlichkeitskritische Auseinandersetzung für die meisten Männer eine Geschmacksfrage ist. Vor allem in der Szene gibt es zwar einen gewissen feministischen Common Sense, den Männer erfüllen müssen, um nicht zu sehr unter Druck zu geraten, aber mehr passiert meistens nicht. Das müsste man eigentlich skandalisieren, statt sich so viel Gedanken darüber zu machen, wie man Typen möglichst gute Angebote macht.

Ich halte es mittlerweile für weit sinnvoller, konfrontativer zu werden und Auseinandersetzungen einzufordern, weil, das hatte Blu ja auch schon erwähnt, man bei bestimmten Themen Männer immer wieder bitten und einladen kann, aber einfach nichts von alleine passiert. Beim Thema sexualisierte Gewalt ist das, meiner Erfahrung nach, ganz extrem so. Meine Gruppe in Leipzig ist dieses Thema auch nicht von sich aus angegangen, obwohl an einer Stelle klar wurde, dass wir mindestens einen Mann in der Gruppe haben, der sehr konkrete Erfahrungen mit Täterschaft hatte, die er sogar selbst als ungeklärt empfunden hat. Auf der *Pro_feministischen Akademie* sind die Puzzleteile, die wir letztes Jahr zu dem Thema neu erstellt haben, nicht genutzt worden. Und im Puzzleteil zu Sexualität, das ich mit erstellt habe, ging es fast nur um recht offene Selbsterfahrungsfragen, die höchstens Andeutungen in Richtung gewaltvolle Sexualität und sexualisierte Gewalt beinhalteten, aber ›irgendwie‹ ist das Thema Gewalt dabei völlig unter den Tisch gefallen. Und das ist kein Zufall.

Deshalb, finde ich dieses ›Immerhin‹, diesen Optimismus im Kleinen, oft falsch und verdächtig, weil er häufig eigentlich ein Zeugnis von Ohnmacht und Resignation in Bezug auf das große Ganze ist und viele Missstände gar nicht mehr gesehen oder skandalisiert werden.

Daniel: Würdest du sagen, dass sich die meisten Männer vor der Auseinandersetzung mit dem Thema sexualisierte Gewalt drücken?

Kim: Zu hundert Prozent. Das ist eine Auseinandersetzung, die auch an mich persönlich immer wieder herangetragen werden musste. Ich musste auch konfrontiert werden von Genossinnen, warum es mir so unglaublich schwerfällt, eine Haltung zu entwickeln oder überhaupt ein anderes Gefühl als Ambivalenz und Verunsicherung zu empfinden, wenn andere Männer mit Täterschaft konfrontiert werden. Ein Beispiel aus der Geschichte, das mir in letzter Zeit immer wieder einfällt, ist, dass relevante Teile der pro_feministischen Männerbewegung in der BRD, die Männerplena, daraus entstanden, dass die Typen von den Frauen aus dem Plenum bzw. dem Autonomen Zentrum geschmissen wurden. Genau wie heute war sexuelle Gewalt von Typen auch in der Szene weit verbreitet und die Frauen haben zu denen gesagt: Solange ihr kein Verhältnis und keine Praxis dazu habt, seid ihr gar nicht in der Lage, Politik mit uns zu machen. Diese Konstellation hat sich leider wieder total gedreht. Jetzt dominieren wieder Männer die ›allgemeinen‹ politischen Räume und die → FLINT*Personen müssen sich Schutzräume suchen, um Antisexismus als Elendsverwaltung in den Nischen, die sie noch finden, zu betreiben. Mit diesem Zustand haben die meisten Typen ihren Frieden geschlossen, und dass die das überhaupt können, hat etwas mit Kräfteverhältnissen auch innerhalb der Linken zu tun.

Daniel: Blu, würdest du sagen, dass die Auseinandersetzung mit dem Thema sexualisierte Gewalt auf der *Pro_feministischen Akademie* nicht stattfindet?

Blu: Kim hat das ja eigentlich schon beantwortet. Es gab seit der letzten Akademie diese Puzzleteile zu dem Thema. Ich würde auch sagen, dass das Thema auf der *Pro_feministischen Akademie* nicht verhandelt wird und Leute sich davor scheuen. Ich empfinde es so, dass es nicht nur in der Linken eine Scheu vor dem Thema gibt, sondern es auch ein großes gesamtgesellschaftlich Tabu ist, sich mit diesem Thema auseinanderzusetzen. Aber in der Linken oder in der pro_feministischen Linken gibt es zumindest den Anspruch, sich damit zu beschäftigen. Auf den Akademien ist uns aufgefallen, dass bestimmte Themen immer wieder eher ausgespart werden. Auch

Themen wie das Verhältnis zwischen → Geschlecht und Kapitalismus oder Alkohol und Drogenkonsum. Ich stimme da Kim zu, dass viel damit zusammenhängt, welche Angebote überhaupt gemacht werden. Aber für mich ist auch die Frage, wie in linken, basisdemokratischen Strukturen überhaupt der Druck aufgebaut werden kann, sich damit auseinanderzusetzen. Es geht dann meistens vielen pro_feministischen Männern doch wieder darum, sich gut einzurichten in den Verhältnissen, während die Kritik von FLINT* (an ihnen) abprallt oder weggewischt wird. Sie muss wieder und wieder angebracht werden. Und da sticht der Kampf um das Thema sexualisierte Gewalt als sehr sehr mühsamer immer wieder heraus. Viele interessieren sich nicht dafür.

Daniel: Kim hat auf die Leerstellen bei der Auseinandersetzung von Männern mit sexualisierter Gewalt aufmerksam gemacht. Blu, kannst du noch andere Themen nennen, die auf der Akademie eher selten vorkommen?

Blu: Letztes Mal ist uns aufgefallen, dass ein neu erstelltes Puzzleteil über verschiedene analytische Begriffe von Geschlecht von allen Gruppen, außer einer Gruppe in der nur trans* Personen waren, nicht bearbeitet wurde. Das macht mich nachdenklich. Als wenn für die anderen Gruppen das Thema zu einfach, nicht so wichtig und schon fertig durchdacht wäre. Außerdem haben wir für den Einstieg ein Puzzleteil zu (Selbst-)Positionierungen etabliert, das obligatorisch durchgeführt werden soll, um sich kennenzulernen und mitzubekommen, mit wem die Teilnehmenden die nächsten Tage in der Gruppe reden. In den Zwiegesprächen ist uns dann aufgefallen, dass eine cis Männergruppe dieses Puzzleteil komplett übersprungen hat, weil sie Zeit sparen wollte, während eine andere Gruppe nur kurz darüber geredet hat, auf welchen Machtachsen sie diskriminiert werden, aber nicht darüber, wo sie → privilegiert sind. Dazu haben sie aber auch nicht weiter gearbeitet.

Ich beobachte das in Männergruppen oder Kritischen-Männlichkeiten-Gruppen als eine immer wiederkehrende Tendenz. Es dreht sich viel darum, wo es einem schlecht geht, wo mensch diskriminiert wird. Dabei fällt ständig weg: Wo bin ich eigentlich privilegiert? Wo habe ich Macht? Wo könnte ich handeln? Wie kann ich mich organisieren?

Die Selbstauseinandersetzung mit andern Leuten steht also häufig im Mittelpunkt, aber nicht mehr die Außenwirkung und die Vernetzungsarbeit. Wobei natürlich die Frage ist, mit wem vernetze ich mich überhaupt und warum? Wie finde ich andere Gruppen und Zusammenhänge, die sich mit diesen Themen auseinandersetzen wollen?

Kim: Na ja! Es wird aber auch nicht unbedingt besser, wenn Privilegien anerkannt werden. Ich bin mittlerweile äußerst genervt von Typen, die fast schon rituell voranstellen, dass sie ›privilegierte, weiße, cis Männer‹ sind, und danach kommt genau nichts. Es bleibt oft vollkommen unklar, wie Herrschaftsverhältnisse in der Situation oder bei einem selbst konkret werden. So verlässt das Gesagte selten die Ebene eines moralischen Bekenntnisses. Und das ist dann nicht die Vorstufe, sondern der schlechte Ersatz für den Prozess, dass Männer konkret an sich heranlassen oder theoretisch durchdringen, wie sie in Herrschaftsverhältnissen handeln und diese reproduzieren.

Blu: Aber genau das machen wir auf der Akademie anders. Deine Kritik daran formuliert die Akademie genauso. Auch nochmal auf dein Anraten. Das weißt du, Kim. Diese Verhältnisse eben mit konkreten biografischen Anteilen zu vermitteln und darüber zu reden. Genauso wie die Frage, was macht das mit mir? Es soll in dem Puzzleteil nicht darum gehen, die zehn Punkte, in denen ich privilegiert oder deprivilegiert bin, abzuhaken und runterzurattern und sich von jeder Kritik freizumachen oder es nur zu sagen, weil es dazugehört. Sondern es geht uns darum, sich darüber kennenzulernen, dem ganzen Raum und Zeit zu geben und sich zu fragen, was das für das eigene Leben in dieser Gesellschaft und das politischen Handeln bedeutet.

Kim: Ich gebe gern zu, dass das auf der Akademie sehr viel besser läuft als an vielen andern Stellen. Trotzdem: Ich hätte das lieber themenbezogen und konkret verhandelt, als das ›Terrain‹ zu Beginn vorwegnehmend abzustecken.

Zu der Vernetzungsfrage wollte ich noch sagen: Es gibt zwar das Problem, dass es wenig Angebote und wenig Vernetzung gibt, aber anderseits kann ich aus Leipzig berichten, dass es nicht nur daran scheitert. Wir hatten hier z.B. versucht, an die Männlichkeitscafés aus der pro_feministischen Männerbewegung anzuschließen. Die Idee war, dass Leute, die idealerweise sowieso in anderen Gruppen organisiert sind, sich darüber unterhalten, wie man damit umgeht, dass man Männer in der Gruppe hat und/oder selbst ein Mann ist, aber einen feministischen Anspruch hat.

Zu diesen Cafés ist fast niemand gekommen. Am Anfang dachten wir, dass wir nur zu wenig Werbung gemacht haben, aber dann habe ich mit einem Genossen zusammen einen Vortrag über die Notwendigkeit von pro_feministischer Politik gehalten. Vor 150 Leuten! Und ganz viele Männer im Publikum fanden das ganz toll und wichtig, was wir gesagt haben. Zum nächsten Café kamen dann aber nur zwei Menschen: Beides cis Frauen. Danach bin ich auch ausgestiegen...

Und deshalb find ich es manchmal fast zynisch, wenn – wie zur Zeit nach den Vorfällen von *Monis Rache*[5] – gefühlt die Hälfte aller linken Typen auf den Beinen ist und sich plötzlich vernetzen wollen und total die Notwendigkeit sehen, ›jetzt endlich mal was zu machen‹. Mir ist schon klar, dass die meisten in ihrer Biografie so etwas wie ›Erweckungserlebnisse‹ haben, bei denen ihnen etwas wie Schuppen von den Augen fällt und sie etwas erkennen, das sie vorher nie gesehen haben. Aber mein Vertrauen, dass aus diesen Impulsen etwas Konkretes und vor allem Langfristiges wird, hält sich stark in Grenzen.

Blu: Das kann ich gut nachvollziehen. Ich beobachte das schon länger bei kritischen Männergruppen. Und frage mich dann: Wie lang ist wohl die Halbwertszeit von diesen Gruppen? Zumeist höchstens ein Jahr. Wenn sich Männer denn überhaupt mal organisieren ... Denn wie viele wollen überhaupt bei so einer Gruppe mitmachen? Wer organisiert die Gruppe oder startet sie? Die Gruppen kommen deshalb oft gar nicht erst zustande. Und ich finde schon, dass es mal mehr und mal weniger Angebote gibt. Ich glaube, viele Männer fragen sich am Anfang erstmal: Wo finde ich solche Angebote oder solch eine Gruppe? Wo kann ich zu dem Thema überhaupt was machen? Oft sind sie eher vereinzelt. Da sind in den letzten Jahren aber mehr Angebote entstanden. Die Fragen aber bleiben: Wie lange halten diese Organisierungen? Und warum sind sie oft nur so kurzlebig?

Ich muss Kim in diesem Punkt zustimmen: Es gibt die beschriebenen Aufschreie oder Skandale in der Szene, sowas wie: »Oha, sowas gibt es? Krass, da müssen wir jetzt was tun!«. Aber dieser Impuls, dieser Aktionismus wird wahrscheinlich, nach meiner Erfahrung, ziemlich schnell wieder einschlafen und verpuffen. Nur die Betroffen werden weiter dranbleiben.

5 Anfang 2020 erfuhr die Öffentlichkeit durch eine Reportage, dass auf dem linken Festival *Monis Rache* nicht-konsensuelle Aufnahmen von FLINT*-Personen über sogenannte Spy Cams auf Dixi-Klos angefertigt und diese als Internetpornografie verkauft wurden. Der Täter war Teil der Festivalorganisation, lebte in einem linken Hausprojekt und wurde in beiden Strukturen von Mitwissenden gedeckt. Vgl. https://jungle.world/artikel/2020/08/der-me-too-moment-der-linken.

Ich habe das immer wieder beobachtet. Ich kenne es von vielen Leuten, die mehrmals versucht haben, Gruppen zu starten und irgendwas auf die Beine zu stellen. Kurzfristige Sachen laufen ganz gut, also z.B. einen Vortrag oder Workshop organisieren oder daran teilnehmen. Wenn es allerdings um eine längere Auseinandersetzung mit dem Thema geht, vielleicht sogar in einer eigenen Gruppe — auch wenn es daran natürlich berechtigte Kritik gibt —, bei so nachhaltigen Sachen also, sehe ich, dass Menschen ziemlich schnell nicht mehr kommen. Und die Gruppen zerfleddern ziemlich schnell wieder oder die Arbeit bleibt an bestimmten Leuten hängen, die das Ganze leiten und super viel Energie reinstecken müssen, damit die Gruppe überhaupt weiterläuft und existiert. Und dann kommen bei vielen meist ganz schnell so Sprüche wie: »Oh, ich habe doch gemerkt, dass ich ganz viel andere Themen in meinem Leben habe und das passt jetzt nicht mehr so gut rein«, was glaube ich daran liegt, dass diese Auseinandersetzung nicht so gut ›genutzt‹ werden kann. Es bringt vielleicht ein bisschen Anerkennung, wenn du sagen kannst, dass du in so einer Gruppe bist, aber es bringt nicht allzu viel ›Szene Credibility‹ und vor allem ist die Auseinandersetzung anstrengend und wird, denke ich, auch deshalb wieder sein gelassen. Das führt bei sehr vielen Menschen zu viel Frustration und Resignation.

Kim: Sehe ich auch so, aber mittlerweile würde ich schon hinterfragen, woher überhaupt das Bedürfnis kommt, Pro_Feminismus und Männlichkeitskritik immer als Extrawurst haben zu wollen? Meine Ex-Gruppe hier in Leipzig z.B. war nicht nur mit herumstochernder Nabelschau beschäftigt, sondern wir sind fast die komplette Zeit unfassbar rumgeeiert in einer ständigen Suche nach einer eigenen Position, eigener Praxis und eigenen Standpunkten. Das geht ja den meisten Typen so: Sobald Männlichkeit mal kritisch zum Thema wird, können sie plötzlich nichts mehr anfangen mit sich, Politik und allen anderen Themen, von denen sie doch angeblich immer so viel Ahnung haben. Statt diese Verunsicherung zu reflektieren, machen Typen es sich allzu oft darin gemütlich und werden so wieder unangreifbar. Deshalb bin ich mittlerweile bei der Position, dass ich eigene Gruppen nicht für sinnvoll halte, wenn diese nicht ganz konkrete Anliegen und eine darüber vermittelte Praxis haben. Meistens ist es sowieso besser, wenn Männlichkeitskritik und Pro_Feminismus in allen politischen Organisationen mitlaufen. Ich kann z.B. in jeder politischen Gruppe, in der auch Typen sind, getrennte Plena einführen, bei denen ich mit den anderen

Typen über männerbündische Strukturen, Sorgearbeitsverhältnisse und natürlich Täterschaft in der eigenen Gruppe spreche.

Dafür braucht es Konzepte, Erfahrung und Vernetzung. Aber gerade weil ich da selbst so viel falsch gemacht habe, halte ich nichts mehr vom Konzept ›Wir tun uns erstmal zusammen mit anderen, die sich auch irgendwie für das Thema Männlichkeit interessieren und dann schauen wir mal, was so dabei rumkommt‹. Dafür gibt es einfach viel zu konkrete Probleme und eine sehr konkrete Praxis, die stattdessen ohne riesige Strukturarbeit gemacht werden könnte. Wenn man damit anfängt, kommt man schon in Widersprüche und in diesen Widersprüchen wird man sowieso gezwungen, eine Position und Praxis zu finden. Wenn das dann scheitert, hat das auch höchstwahrscheinlich etwas mit dem Thema zu tun und daraus kann man dann wieder lernen.

Du bist ja auch in so einer Gruppe, Blu. Wie siehst du das denn? Wenn ich ein bisschen überspitze, würde ich sagen, das Wichtigste, was ich aus meinen zweieinhalb Jahren in dieser Gruppe in Leipzig gelernt habe, ist, was alles schiefgehen kann, was ich nicht mehr so machen will und was ich bei anderen Männern und Männergruppen für problematische Tendenzen sehe.

Blu: Also die Gruppe gibt's nicht mehr. Wir bestanden fünf Jahre und haben uns letztes Jahr aufgelöst. Ich glaube, unsere Gruppe war von Anfang an anders, weil wir offen für alle Geschlechter waren. Das war uns sehr wichtig. Wir wollten niemenschen ausschließen. Nicht so wie die Männergruppen der 1990er-Jahre. Wir hatten von Anfang an cis Frauen in der Gruppe und später auch andere nicht cis-männliche Personen. Ich weiß nicht, ob darum vielleicht bestimmte Sachen nicht so aufgetreten sind? Vielleicht sind deine Erfahrungen auch daraus begründet, dass ihr nur Männer in der Gruppe wart und keine externe ›Kontrolle‹ hattet, der ihr ›Rechenschaft‹ ablegen musstet, Kim? Wir haben viel biografisch und tagesaktuell gearbeitet. Keine Person wollte irgendwie damit nach außen gehen, Aktionen machen oder Texte schreiben. Dafür hatten wir nicht die Zeit. Ich denke es wäre gut, diese Auseinandersetzung in jeder politischen Gruppe zu haben. Das würde ich auch sagen, dass es jetzt nicht nebenherlaufen soll, aber dass es z.B. nach Geschlechtern getrennte Plena gibt oder so.

Aber bei uns war eher die Tendenz, dass Leute schon in vielen anderen Gruppen waren und dass dies die Gruppe war, in der wir uns zum Reflektieren getroffen haben. Ich nehme daraus nicht die Dinge mit, die du beschreibst, sondern habe ganz viel anderes mitgenommen und gelernt: z.B. wie Selbstreflexion gut funktionieren kann; wie mensch sich gut austauscht; wie mensch sich gut unterstützen und für einander da sein kann oder sich auch gegenseitig konstruktiv kritisiert. Das sind ein paar Aspekte, die ich mitnehme, und natürlich habe ich viel über mich selbst gelernt, über meine eigene politische Auseinandersetzung mit meiner Herkunftsfamilie, die meiner Freund*innen und die der anderen. Auch Freund*innenschaften haben sich daraus entwickelt. Mich hat diese Gruppenerfahrung auf jeden Fall auf meinem Weg sehr viel begleitet und weitergebracht.

Daniel: Welche Risiken gibt es noch, wenn cis Männer zum Thema Feminismus arbeiten?

Kim: Nachteile kann das natürlich ganz viele haben. Die offensichtlichsten sind, dass noch mehr männerbündische Strukturen in der Linken entstehen, die dann angefüllt sind mit typischer Männerkonkurrenz und Identitätsstärkung von Männern. Nur, dass es dann vielleicht darum geht, wer jetzt der Reflektierteste und Sanfteste ist, statt darum, wer die meisten Marx-Zitate aufsagen kann. Außerdem können natürlich so etwas wie pro_feministische Burschenschaften entstehen, wo sich die Männer dann wieder gegenseitig fördern, Ressourcen bündeln und abseits von Feministinnen ›ihr Ding‹ machen.

Trotzdem können Zusammenhänge, die ausschließlich oder vorrangig aus cis Männern bestehen, sinnvoll sein. Das ist bei dem, was ich bisher gesagt habe, vielleicht zu wenig rausgekommen, aber diese Art von Auseinandersetzung ist natürlich keine rein intellektuelle, sondern sogar vorrangig eine emotionale. Und es ist anstrengend, sich z.B. durch die eigenen Abwehrmechanismen und die anderer Männer zu arbeiten, sich gegenseitig zu kritisieren und lernen, kritisiert zu werden. Alles andere sind aber, wie schon gesagt, Rituale, die abgespult werden, um reflektiert zu wirken. In Bezug auf die Übernahme emotionaler Verantwortung können Männergruppen jedoch sehr sinnvoll sein. Normalerweise ist es ja der Job von Frauen oder Femmes, mit anderen in emotionale Auseinandersetzungen zu gehen. Wenn Männer das selbst übernehmen, ist das ganz simpel eine Entlastung für feministische Einzelpersonen und -Gruppen. Dann müssen sie nicht schon wieder einen ganzen Abend gekränkten Männern zureden, die total schockiert davon sind, dass ihnen → Sexismus vorgeworfen wird. Außerdem kennen Männer höchstwahrscheinlich diese Abwehrprozesse auch von sich selbst. Wenn eigene Anteile miteinbezogen werden, um sich und andere Männer kritisch in Beziehung zu setzen, statt sich wie sonst gegenseitig zu decken, kann die Erfahrungsebene sehr sinnvoll sein.

Daniel: Blu, willst du noch was ergänzen?

Blu: Ich finde, wir haben schon viel gesagt, vor allem über die Nachteile. Ich glaube, es kann sinnvoll sein, wenn cis Männer zusammenkommen und sich über feministische Themen austauschen, um das wieder in ihre Gruppen zurückzutragen und bestimmte Prozesse anzustoßen. Außerdem können überhaupt erstmal untereinander Fähigkeiten erlernt oder verlernt werden, z.B. wie es ist, nicht die ganze Zeit miteinander in Konkurrenz zu sein oder auch emotional füreinander da zu sein. Ich höre und nehme immer wieder wahr, z.B. in meinen Workshops, dass Männer sagen: »Mit anderen Männer teile ich nur irgendwelche Aktivitäten.« Zumeist treffen sich Männer weder mal zum Quatschen noch suchen sie emotionalen Support bei anderen Männern. Letzteres ist allerdings auch schwierig, weil es bei Männern bestimmte Skills meistens einfach nicht gibt, sondern z.B. gleich irgendwelche Lösungsvorschläge gemacht werden, anstatt zu fragen, was gerade gewünscht wird. So etwas kann in diesen Gruppen trainiert werden. Das sollte nicht der einzige Grund sein, weswegen sich diese Gruppen treffen, aber es kann natürlich schon eine Entlastung für FLINT* sein, wenn emotionale Arbeit ebenso von cis Männern übernommen werden kann. Diese würde dann nicht immer bei FLINT* abgeladen, die dann damit umgehen müssen, sondern könnte besser verteilt werden. Ich sehe das als Tendenz, die vorteilhaft sein kann, aber ich glaube trotzdem nicht, dass das häufig passiert, leider, sondern, dass die Strukturen und ihre Funktionsweisen schon sehr fest verankert sind.

Daniel: Kim, du machst dich für eine gesamtgesellschaftliche Perspektive stark, was meinst du damit?

Kim: Wenn ich mal große Worte verwenden darf, meine ich damit, dass es oft keine revolutionäre Theorie und Perspektive gibt. Ich finde es schon sinnvoll, diese ganzen Szeneinterna aufzugreifen, über die wir heute hauptsächlich gesprochen haben. Aber wenn das alles so klein gedacht wird, geht die Perspektive verloren, wie man überhaupt die Zustände ändern kann, die Männlichkeit erst in dieser Form, wie sie zum Problem wird, hervorbringen.

Viele in der Linken, vor allem Männer, haben in der Regel gar keinen oder einen schlechten Begriff von Männlichkeit. Wäre z.B. klarer, wie das kapitalistische Subjekt und seine Modernisierung mit Männlichkeit zusammenhängt, wäre es unmöglich so katastrophal-reformistische Debatten um ›toxische Männlichkeit‹ zu führen.

Deswegen wäre meine Frage immer, wie so eine Art von Politik ›radikale‹ feministische Bewegung und ›radikale‹ feministische Kritik mittragen und unterstützen kann. Da geht es nicht nur um ›Fernziele‹, denn eine revolutionäre Perspektive ändert auch die konkrete Praxis im Hier und Jetzt. Zum Beispiel bei der Frage, wie geht man mit männlicher Identität um? Will man das stärken oder ›feministisch füllen‹ oder will man Verhältnisse schaffen, in denen sich diese Scheißfrage ›Bin ich denn ein richtiger Mann?‹ endlich erledigt hätte?

Daniel: Wie würde denn dein revolutionäres Ideal aussehen?

Kim: Es ist kein Geheimnis, dass ich Kommunist bin, deshalb finde ich z.B. die Perspektive der Queer-Kommunistin Bini Adamczak sehr attraktiv.[6] Sie sagt, dass es darum gehen muss, in Verhältnissen leben zu können, in denen Geschlecht als Herrschaftskategorie die Bedeutung verloren hat; Was etwas sehr anderes ist als eine Flexibilisierung oder eine Pluralisierung dieser Herrschaftskategorie in bunte, vielfältige Identitäten. Es geht eben um die Überwindung der Herrschaftskategorie selbst. Und das können Individuen einfach nicht leisten. Mit keinem Ausmaß an ›Auseinandersetzung‹ oder ›Reflexion‹ ist das zu schaffen, sondern es müssen die gesellschaftlichen Mechanismen und Zusammenhänge verändert werden, die Menschen herrschaftsförmig vergeschlechtlichen und vor allem Männlichkeit als dominanteste Form dieser Vergeschlechtlichung hervorbringen.

Herumreflektieren reicht dafür nicht. Fundamentale Männlichkeitskritik ist unmöglich ohne den Kampf für die befreite Gesellschaft, die nicht zu haben sein wird, ohne die Abschaffung von Kapital, Staat, Nation und bürgerlicher Kleinfamilie. Alles andere ist doch arg unrealistisch.

Daniel: Blu, sieht deine revolutionäre Idee genauso aus?

Blu: Nein. Nicht genauso. Teilweise. Ich finde den Text, auf den sich Kim bezieht, ebenfalls sehr spannend. Gleichzeitig bleibt für mich die Frage,

6 Link zum Artikel https://www.www-mag.de/debatten/beitrag/das-ende-der-herrschaften.

wie da hinzukommen ist, ohne Gefahr zu laufen, wieder in Haupt- und Nebenwidersprüche einzuteilen. Oft wird nichts weiter ausgeführt außer: ›Alles muss abgeschafft und überwunden werden‹. Aber wie verwirklichen wir diese Utopie? Mit welchen konkreten Schritten kommen wir dahin? Identitäten-Vervielfältigung ist da nicht der einzige Weg. Dieser macht trotzdem für den Moment mehr Platz für verschiedene Menschen und Identitäten. Das ist etwas, was zwischen uns öfter mal aufgekommen ist, weil es in den momentanen Verhältnissen trotzdem entlastend ist. Es bringt eine Entlastung, wenn bestimmte Dinge anerkannt werden, wie z.B. eine dritte Geschlechtsoption. Das schafft Sichtbarkeit, gibt Leuten Raum und Anerkennung, kann vor Diskriminierung schützen oder diese besser einklagbar machen.

Und ich glaube schon, dass das ein Weg zu revolutionären Verhältnissen sein kann oder zumindest ein wichtiger Bestandteil davon, aber dass es eben nicht dabei stehen bleiben sollte. Dass es eine revolutionäre Perspektive darüber hinaus braucht und den Austausch, wie diese dann zu erreichen ist, ist selbstverständlich.

Kim: Da gäbe es jetzt noch viele Differenzen zwischen Blu und mir, aber dafür bräuchten wir ein weiteres Gespräch.

Daniel: Zum Abschluss noch mal nachgehakt: Was braucht es in der Auseinandersetzung mit Männlichkeiten? Könnt ihr das noch mal pointiert zusammenfassen?

Blu: Für eine kritische Auseinandersetzung um Männlichkeiten braucht es etwas, das Menschen nicht einfach schnell konsumieren, sondern das sie länger auch emotional beschäftigt, das nah an sie ran- und tief in sie reingeht. Eine Auseinandersetzung, die eben länger ist als ein Vortrag und die Sensibilität und Verständnis für mich und andere schafft. Darüber hinaus ist es nötig, dass wir noch mehr lernen, uns zu kritisieren und mit dieser Kritik umzugehen, dass wir lernen, Eigenschaften und Verhaltensweisen von uns zu verändern, und dass wir uns zusammenzuschließen, um daran zu arbeiten. Entweder in einer Polit-Gruppe, einem Extra-Plenum oder in sogar in einer eigens dafür gegründeten Gruppe. Diese Plena oder Gruppen sollten nicht nur für cis Männer offen sein, sondern für alle Geschlechter, die sich kritisch mit Männlichkeiten beschäftigen wollen, die zusammenkommen, um sich kollektiv zu reflektieren, zu kritisieren und daran zu arbeiten, wie pro_feministische Kämpfe geführt und unterstützt werden können.

Kim: Aber wer soll denn dieses ›Wir‹ sein, von dem du sprichst, Blu?! Der erste Schritt müsste doch sein, anzuerkennen, dass es bei Fragen von Männlichkeit, Sexismus und vor allem sexueller Gewalt oft kein linkes ›Wir‹ gibt. Für mich kann es deshalb auch nicht darum gehen, Typen und Männern möglichst gute Angebote zu machen, sondern diese Auseinandersetzung muss eingefordert werden. Vor allem Typen dürfen und sollen konfrontiert werden. Für Männer hieße das, nicht darauf zu warten, bis das wieder FLINT* tun, oder sich immer nur soweit zu bewegen, wie einen der feministische Druck gerade noch so drängt, sondern dass sie sich selbst darum sorgen müssen. Und das alles idealerweise in der alltäglichen Praxis, nicht immer als Extrawurst, theoretisch fundiert und mit revolutionärer Perspektive.

Gabriel_Nox Koenig

Vom Versuch, sich verbündet zu zeigen und die eigene männliche Performance und männliche Privilegien zu sabotieren

Nichts an Geschlecht ist natürlich. Geschlecht ist gelernt – durch die Normen der Gesellschaft, in der wir leben. Geschlecht ist überall: Wie wir sitzen, wie wir gehen und wie wir stehen, drückt in subtilen und nicht so subtilen Weisen Geschlecht aus. Geschlechterverhältnisse sind durch Machtungleichgewichte strukturiert. Ob ich will oder nicht, ich bewege mich in Macht(un)gleichgewichten. Aber was mache ich mit dieser Erkenntnis – als bei Geburt weiblich einsortierte, nicht binäre → trans*[1] Person, die heute als (schwuler) → cis Mann gelesen wird?

Dieser Text versucht, diese Frage zu beantworten – und endet daher mit ganz konkreten Strategien und Handlungsoptionen, wie ich (vor allem männliche) → Privilegien, die die Gesellschaft mir zuschiebt, zu sabotieren versuche. Wie ich versuche, meine (vor allem männliche) Privilegien in ihrer Wirkung zu untergraben oder für andere Personen einzusetzen. Auf dem Weg dorthin beschreibt der Text meine Auseinandersetzung mit vergeschlechtlichem Sein. Es geht um Perspektiven auf Geschlecht, auf Weiblichkeiten und Männlichkeiten, auf die Normen, die mit Geschlechterrollen einhergehen – und es geht darum, wie ich die Normen rund um Geschlecht dazu nutze, meine (vor allem männlichen) Privilegien zu sabotieren. Nachmachen ist also explizit erwünscht.

In der Welt, in der ich aufgewachsen bin, waren Männer gefährlich. Alle Männer. Ich wollte einer sein und doch nicht. Ich wollte von ihnen anerkannt werden und habe sie verabscheut, je nachdem, wie sie sich gerade verhielten.

Viel später erst habe ich begriffen, dass ich mich selbst (immer wieder) (teilweise) männlich identifiziere – und dass ich mich das nur dann traue,

1 Alle mit einem → gekennzeichneten Begriffe werden im Glossar erläutert.

wenn ich die beste Version von mir selbst bin, die ich sein kann. Dass ich das Spielchen[2] unter Männern nur dann mitspiele, wenn ich mitspielen will, und es scheitern lassen kann, wenn ich nicht mehr will.

Ich identifiziere mich genderfluid. Das bedeutet für mich: Ich bin entweder weder*noch* oder sowohl* als auch*, aber nie nur ein Geschlecht. Ich bin alles und nichts, in wechselnden Anteilen – je nach Ort und Tag, je nach Kontext und je nachdem, mit wem ich meine Zeit verbringe. Wären wir in einem Fantasy-Roman, wäre ich ein*e Formwandler*in. Was immer gleich bleibt, sind meine Augen und meine Hände – das, was ich sehe, und das, was ich tue. Und zudem mein Herz, meine Seele oder mit welchem Konzept auch immer ich fassen würde, was ich als meine Basis begreife: Ich meine den Ort, aus dem meine Gefühle und Gedanken kommen – aber nur die, die stetig sind, die, an denen ich (und andere) mich wiedererkennen (als umsichtig, wach und nahbar). Mich wiederzuerkennen bedeutet, mich auf mich zurückbesinnen, besonders in Phasen, in denen mein Leben sich wandelt, wie mein Geschlecht es tut.

Durch Geschlechternormen manifestiert sich Macht in unseren Leben auf verschiedene Weisen

Ich habe lange nach dem Guten in Männlichkeit gesucht, begreife heute Männlichkeit nicht mehr in der Einzahl, sondern in der Mehrzahl – als Männlichkeiten. Denn es gibt viele davon und welche davon ich ausdrücken will, kann ich entscheiden. Während meines Aufwachsens habe ich die Männer in meiner näheren und weiteren Umgebung beobachtet und versucht herauszufinden, wann sie (vor meinem inneren Kompass betrachtet) vertretbar und wann sie unvertretbar handelten. Je älter ich wurde, desto komplizierter wurde es, das eine vom andern zu unterscheiden. Ich begriff: Wenn ich beobachte, suche ich danach, ob jemand gerade Macht ausübt oder nicht. Und zu welchem Zweck. Nur weil jemand lächelt, ist die Situation nicht frei von gegen eine andere Person eingesetzter Macht. Und manchmal werden Menschen laut und bedrohlich, um übergriffiges Verhalten auf sich oder einen anderen Menschen zu unterbinden, unterbrechen also das Einsetzen von Macht. Je älter ich werde, desto mehr verstehe ich, dass es keine machtfreien Räume gibt, dass Macht sich in sehr subtilen

2 s. ›Ernste Spiele‹ im Glossar.

Formen zeigt und dass ich bewusst umgehen muss, mit der Macht, die ich habe oder die mir (in manchen Situationen mehr und in manchen weniger) zufließt. Macht, die ich (für mich oder für andere) nutzen könnte – oder auch nicht.

Ich habe gesehen, was Macht anrichten kann, und als Kind dachte ich, ich will sie nicht. Heute weiß ich, dass das Leugnen meiner Privilegien und der Macht, die mit ihnen einhergeht, nicht dafür sorgt, dass sie verschwindet oder Verletzungen verhindert. Im Gegenteil: Was ich nicht bewusst ansehe und reflektiere, lebt durch mich, fühlt sich gleichzeitig außerhalb meiner Kontrolle an und entwickelt ein Eigenleben. Heute weiß ich, dass ich sie – in der Rolle der verbündeten Person – nutzen kann, um mich selbst zu schützen und dass ich die Effekte der Macht sabotieren kann. Aber nur, wenn ich sehe und anerkenne, dass sie da ist und wie sie wirkt. Aber nochmal langsamer und – vielleicht teilweise – chronologisch.

Als bei Geburt weiblich einsortierte Person wurde ich untergeordnet, auf verschiedene Weisen gewaltsam, aber stetig. Das habe ich erst spät begriffen. Vor zwei Jahren noch hätte ich gesagt, ich sei relativ frei von Geschlechtsnormen erzogen worden: Ich hatte mehr Spielzeugautos als Puppen, trug nur einmal im Jahr ein Kleid und kann mich nicht erinnern, je von meinen Eltern, Großeltern, Freund*innen oder den Eltern meiner Freund*innen dafür gemaßregelt worden zu sein. Dennoch muss ich heute sagen, dass der Versuch, mich innerhalb der Zweigeschlechterordnung geschlechtlich zuzurichten (wie wir das bewusst oder unbewusst alle werden), auf ganzer Linie erfolgreich war: Ich beobachte mein Gewicht, seitdem ich fünf Jahre alt war. Meine Bedürfnisse kommen irgendwie immer als Letztes, besonders, wenn jemand anderes gerade welche hat (und wann ist das schon je nicht der Fall?). Ich spüre, wenn jemensch etwas braucht, und kann nur schwer Grenzen setzen. Harmonie und ein positives Gefühl im Kontakt sind immer mein Hauptaugenmerk und wenn ich den Ansprüchen an mich nicht genüge, suche ich den Fehler in und bei mir (und nicht etwa in den Ansprüchen, die ich oder andere oder die Gesellschaft an mich richten). Wenn ich wütend bin, fange ich meist an zu weinen. Ich könnte noch ewig so weitermachen. Auch mit positiven Dingen: In Gruppen finde ich schnell Anschluss, auch wenn ich eher introvertiert bin. Ich sorge für gute Laune und balanciere die Stimmung aus. Ausgleich suche ich in subjektiv für mich sehr hilfreichen Ventilen: Body-Awareness und Körperarbeit in verschiedenen Formen und Schreiben.

Als ich vor etwa zwei Jahren viele dieser Punkte in einem Vortrag von Katharina Debus zum Thema → Weiblichkeitsanforderungen der Zweigeschlechterordnung gehört habe, war das ein harter Schlag für mich. Ich hatte mich gut durchreflektiert gefühlt, was geschlechtliche Anforderungen an mich anging. Mit Männlichkeiten hatte ich mich ein Leben lang beschäftigt. Aber wie die Gesellschaft ihre geschlechtlichen Anforderungen an mich als weiblich einsortierte Person in mich eingeschrieben hatte, hatte ich auf vielen Ebenen nicht einmal bemerkt.[3]

Trans* als konstante Reflexionsleistung

Vor ziemlich genau zehn Jahren begann meine Transition. Vier Jahre später wurde ich das erste Mal als (cis) Mann[4] wahrgenommen. Die Jahre dazwischen waren von viel Rücken- und Kieferverspannungen geprägt, von Stress im öffentlichen Raum: vom mich aktiv Aufbauen, groß und breit machen. Besonders Personen gegenüber, die ich als cis Männer wahrnahm. Ein Ringen um Augenhöhe, dass mir auch ohne Bart, ohne Mastek[5] und mit einem Gesicht, als wäre ich 15 (und daher harmlos), durch Körpersprache oft gelang. Nicht selten wichen Männer auf der Straße mir aus (nicht ich ihnen). Personen gegenüber, die ich als weiblich wahrnahm, entspannte ich mich, ohne es bewusst zu merken. (Von der überwältigenden Erleichterung Personen gegenüber, die ich als queer wahrnehme, schreibe ich in diesem Text leider nicht so viel. Aber sie war riesig. Und fast immer hatte ich das Gefühl, wir erkennen einander.) Wie mein Leben lang schon, wichen von mir weiblich wahrgenommene Personen und ich einander aus, tauschten kurze solidarische Blicke, wenn eine von (wahrscheinlich uns beiden) männlich gelesene Person mehr Raum in unserer Nähe nahm, als sich angenehm anfühlte. Ich hatte mich so sehr an diesen Zustand gewöhnt, dass

3 Siehe Literatur am Ende des Textes.

4 Ich schreibe von Männern, wenn ich alle Männer meine. Nur wenn ich spezifisch cis Männer oder trans* Männer meine, gebe ich dem Wort das entsprechende Adjektiv. Wenn ich Klammen benutze und (cis) Männer schreibe, meine ich alle Männer, aber cis Männer in dieser Situation ein bisschen mehr als trans* Männer. In diesem Satz schreibe ich (cis) Mann, weil ich davon ausgehe, dass ich so wahrgenommen werde. Ob das wirklich der Fall ist oder ob andere Menschen mich nicht doch anders wahrnehmen, kann ich letztlich nicht sicher sagen.

5 Kurzform von Mastektomie: Brust-Operation, die ein flaches Brustprofil zum Ziel hat. Weiterlesen hier: https://www.bundesverband-trans.de/portfolio-item/mastektomie/.

es mich mit einem Schock traf, als das erste Mal in der U-Bahn eine von mir weiblich gelesene Person mir prophylaktisch auswich: Ich war noch gar nicht da, noch gar nicht entschieden, diesen Flur zwischen den 4er-Sitzen in den nächsten Wagen weiterzugehen. Sie hatte nur meinen Blick gesehen, der den Flur entlangging, um zu sehen, ob dort freie Sitzplätze sind – und schon war sie weg. »Pass doch mal auf, du stehst im Weg«, hat meine Mutter abertausend Male zu mir gesagt. Und mir damit die Fertigkeit antrainiert, die diese Person auch hatte: Durch (mittlerweile – wie bei mir lange auch – unbewusst gewordenes) Beobachten aller anderen Menschen im Raum vorhersehen, wer wohin will oder wollen könnte. Um dann allen aus dem Weg zu gehen, niemenschen ein Hindernis zu sein. In anderen Worten: sich unterzuordnen und keinen Raum zu beanspruchen. Die Person saß dann da, hatte nur ein Drittel der für zwei gedachten Bänke für sich. Ein Mann saß daneben, der nicht einmal bemerkte, wie sehr sie sich zusammenfaltete, um nur den Raum einzunehmen, den er ihr ließ. Solidarischer Blickkontakt Fehlanzeige. An diesem Tag wurde ich im öffentlichen Raum von mir fremden Personen das erste Mal anstrengungsfrei als Mann wahrgenommen. Manche trans* Männlichkeiten, die ich kenne, hätten vor Freude sicher geweint – die, die völlig irritierungsfrei über die → sexistischen Witze, die ihre cis Cousins bei der Familienfeier reißen, mitlachen. Die, die gerne hätten, dass ihre Freundin sich ihnen unterordnet. Die, die ihre Männlichkeit auch dadurch herstellen, dass sie am in unserer Gesellschaft normalisierten Sexismus teilnehmen. Ich hingegen saß geschockt in Sichtweite von der Frau entfernt und fragte mich, was ich falsch gemacht hatte. Falsch ist deshalb das Wort, das ich wähle, weil ich das nicht wollte: von mir weiblich oder queer wahrgenommene Personen unterordnen nur durch meine männlich wahrgenommene körperliche Anwesenheit in einem Raum.

Wann werde ich geschlechtlich wie gelesen? Woran bemerke ich das? Wovon hängt das ab? Und welche Auswirkungen hat das für die anderen Menschen im Raum? Mit diesen Fragen beschäftige ich mich oft. Sie laufen in nahezu allen Situationen in meinem Hinterkopf mit. Hatten bis zu diesem Moment meine Reflektion von vergeschlechtlichem Auftreten vor allem zum Ziel, als Mann gelesen zu werden – auch, um weniger Gefahr im öffentlichen Raum ausgesetzt zu sein – ging meine Reflektion nun in die andere Richtung: Wie stelle ich mich als Mann her, dem andere Personen nicht prophylaktisch ausweichen? Was für ein Mann, was für eine Männlichkeit wäre das? Und: Wie war es zu diesem, für mich einschneidenden Moment gekommen?

Das Erste, was mir auffiel: In den Monaten zuvor wurden mir mein verspannter Rücken und mein verspannter Unterkiefer zu viel. Das Aktiv-Raum-Nehmen, um nicht von (von mir) männlich gelesenen Personen untergeordnet zu werden, wurde mir zu anstrengend. Nach sechs Jahren Daueranspannung konnte ich nicht mehr. Denn ich wurde lange geschlechtlich uneindeutig wahrgenommen, obwohl ich das nicht wollte. Ich wollte nie in meinem Genderfluid-Sein von Fremden gesehen werden, aber sehr wohl von Menschen aus meinem direkten, persönlichen Umfeld anerkannt und respektiert. Mehr aus Überlastung als wegen des feinen Oberlippenbärtchens, das durch Hormongaben zu wachsen begonnen hatte, ließ ich los. Um festzustellen, dass das Oberlippenbärtchen (ganz im Gegensatz zu all den schwarzen Klamotten, den hart geschnittenen Jacken, den Stiefeln, der Mastek in den Jahren davor) die Macht hatte, dafür zu sorgen, dass ich männlich wahrgenommen wurde.

Diesen Punkt hatte ich davor bei anderen Personen beobachtet: das Plötzlich-als-Mann-gelesen-Werden, ohne sich anzustrengen, ohne sich reinzuhängen und sich zu bemühen. Und ich hatte sie bequem werden sehen im Sich-Raum-Nehmen, im Ignorieren, ob ihnen jemand prophylaktisch aus dem Weg geht, im irgendwann Nicht-mehr-Bemerken, dass die weiblich gelesene Person 15 Meter vor ihnen nachts auf dem Weg von der U-Bahn zur Haustür immer schneller und schneller lief.

Im Vergleich zu dem permanenten und völlig unverhohlenen konstanten Angestarrt-Werden, im Vergleich zu den hinterher gerufenen Sprüchen, im Vergleich zu den fatshamenden oder sexistischen Beleidigungen[6], die mich jahrelang begleitet hatten, sah das herrlich komfortabel aus. Ich bewegte mich im öffentlichen Raum plötzlich so frei wie nie zuvor: Niemand sah mich an, niemand sprach mich an, ich konnte stehen, sitzen und gehen, wo immer ich wollte. Aber im Gegensatz zu so mancher trans* Person in meinem Umfeld wurde ich nicht komfortabel darin. Denn da war er wieder – der Wunsch, den ich schon in meiner Kindheit hatte: keine Macht über andere auszuüben. Aber ich bin nicht mehr zehn Jahre alt und weiß,

6 Die mit Männlich-wahrgenommen-Werden abrupt aufhörten, weil ich im Kontext von männlichen Körpernormen im Bereich des ›acceptable fat‹ eingestuft werde, im Kontext von weiblichen Körpernormen diesen Bereich aber schon lange verlassen hatte. Mehr dazu z.B. unter www.yourfatfriend.com oder www. thefatlip.com.

dass das nicht funktioniert. In unserer Gesellschaft existieren viele Differenzlinien, an denen entlang Macht von oben nach unten ausgeübt wird. Die meisten Menschen sind dabei mal zu einer privilegierten und mal zu einer diskriminierten Gruppe zugehörig. Daraus ergeben sich komplexe soziale Positionierungen – und je nach Kontext sind andere Gruppenzugehörigkeiten ausschlaggebend für den Verlauf einer Situation. Auch meine eigene Positionierung ist komplex:

Wer mich auf der Straße sieht, sieht einen → *weißen*, nicht-be_hinderten cis Mann. Weil ich *weiß* bin, wird mir die deutsche Staatsbürgerschaft zugeschrieben (die ich auch habe). Ich werde christlich eingeordnet (und so wurde ich auch erzogen). Ich werde als cis Mann gelesen. Damit erfülle ich auf den ersten Blick viele gesellschaftliche Normen, die Macht in meine Richtung schieben. Meine marginalisierten Zugehörigkeiten sind gar nicht oder nur sehr selten sichtbar: Teile meiner Familie stammen aus Polen, ich bin in einem Armutsklassehaushalt[7] aufgewachsen, ich bin nicht-sichtbar be_hindert. Solange ich meinen Mund nicht aufmache, werde ich im öffentlichen Raum als hetero gelesen. Also wie nicht Macht ausüben? Durch meine bloße Anwesenheit in einem Raum? Wie nicht beim Betreten eines U-Bahn-Waggons automatisch (irgendwo eher weiter oben) einen Platz erhalten in der unsichtbaren Hierarchie, die die Gesellschaft zwischen den Menschen, die mit mir in diesem Waggon sind, aufbaut? Kein Raum ist frei von Macht.

Vom Erfüllen von und Scheitern an männlicher Performance und männlichen Normen – unabsichtlich und absichtlich

Anfangs bin ich in der direkten Kommunikation mit anderen Menschen oft in dem Versuch, als Mann wahrgenommen zu werden, gescheitert: Ich ziehe die Stimme hoch beim Reden, lege den Kopf leicht schief beim Zuhören, lächle andauernd und sage »ja, mhm« dabei. Ich stelle Fragen, wo eine Aussage sein könnte, erkläre, was ich tue, während ich es tue, fordere nicht, sondern schildere chronologisch die Ereignisse und stelle dann eine Frage – selbst wenn ich mich wirklich zurecht geärgert habe und mich beschwere. Am Telefon werde ich ständig zu meiner Mutter, meiner Freundin oder meiner Ehefrau gemacht. Im direkten Kontakt mit anderen Menschen

7 Ich ziehe den Begriff ›Armutsklasse‹ dem hierarchisierenden und oft negativ verwendeten Begriff ›Unterschicht‹ vor. Weiterlesen hier: https://klassismusforschung.wordpress.com/2013/08/25/unterklasse-als-korrektionsanstalt/.

immer schwul gelesen. (Dass das stimmt, können die Personen, die das tun, nicht wissen.) Bis zu dem oben erwähnten Vortrag von Katharina Debus zum Thema Weiblichkeitsanforderungen war mir immer nur stückweise klar, was ich da tue. Nach dem Vortrag verstehe ich: In dem Versuch, mich passend zu machen für die Geschlechtsrolle, die mir angedacht war, wurde mir ein Set von Fähigkeiten antrainiert, um mich weiblich zuzurichten: vom mich immer Unterordnen-Können (also keine Grenzen zu setzen) zum nicht fordernd Kommunizieren. Die Fähigkeit, immer gute Stimmung herstellen zu können, gehört genauso dazu wie der Umstand, dass ich mich ständig selbst optimieren möchte.

All diese Verhaltensweisen wurden mir als Kind antrainiert. Ich musste sie erlernen, weil auf mein Genderfluid-Sein mit Weiblichkeitsanforderungen reagiert wurde. Von den Erwachsenen in meinem Umfeld bekam ich klar gespiegelt, dass ich nur dann ok bin, wenn ich dieses Verhalten zeige – auch wenn es mir schadet. Ich wusste genau, welches Verhalten nicht erwünscht ist und an welchem Punkt mein Fluide-Sein hätte ins Stocken geraten sollen. Dass ich lieber mit Autos als Puppen spielte, wurde zwar nicht unterbunden. Doch bezogen auf Interaktion zwischen Personen wurde ich in eine weibliche Geschlechtsrolle gepresst, in dem Versuch, mich in ein ›eindeutiges Geschlecht‹ einzusperren. Ich spreche daher bewusst nicht von Sozialisierung und schon gar nicht von ›weiblicher Sozialisation‹, sondern davon, dass mir bestimmte Fähigkeiten antrainiert wurden. Denn ich identifiziere mich genderfluid, also wurde ich auch als genderfluide Person sozialisiert: Damit meine ich, dass ich in meinem Aufwachsen mit Diskriminierung bestraft wurde, Normierung anhand der Standards weiblicher Geschlechteranforderungen als Strafe für mein Nicht-so-Sein, wie es von mir erwartet wurde. Da man als Kind seinem Umfeld schutzlos ausgeliefert ist, habe ich versucht, das Set an Fähigkeiten und Fertigkeiten zu trainieren, das mir Anerkennung und Liebe beschert hat – auch wenn ich daran wieder und wieder gescheitert bin und auch die Konsequenzen dessen Teil meiner Sozialisation wurden.[8] Diese Form des Aufwachsens kann nur als gewaltvoll bezeichnet werden. Das Verhalten von Kindern

8 Diese Perspektive und diese Überlegungen verdanke ich FaulenzAs Buch Support your Sisters, not your Cisters, in dem FaulenzA schreibt, wie die Idee, dass trans* Frauen angeblich ›männlich sozialisiert‹ worden wären, gezielt als transfeindliches Argument herangebracht wird, um trans* Frauen zu diskriminieren und z.B. aus Räumen, Kämpfen und ganzen politischen Bewegungen auszuschließen.

anhand von Geschlechterstereotypen zu bewerten, ist Gewalt. Ich habe viele Verhaltensweisen internalisiert, die mir nicht entsprechen und mir schaden. In der Auseinandersetzung mit der Frage, wann ich wie gelesen werde und warum, betrachte ich die Weiblichkeitsnormen, die mir gewaltvoll anerzogen wurden, aber auch die Männlichkeitsnormen, die ich mein Leben lang schon beobachte.

Auf der Suche nach Antworten und Lösungen, beginne ich wie mit zwei Sprachen mit Weiblichkeits- (und auch Männlichkeits-)Anforderungen zu experimentieren. Versuche herauszufinden, wovon es abhängt und wie ich durch mein Verhalten beeinflussen kann, wann die Verkaufsperson beim Bäcker mich mit ›junge Frau‹ und wann mit ›junger Mann‹ anspricht. Ich finde Klischees: Von der Art, wie ich gehe, stehe, wie ich spreche, zu wohin ich wie lange sehe. Anfangs frustriert von dem Fakt, dass ich nicht in der Lage bin, als Mann wahrgenommen zu werden, sobald ich anfange zu kommunizieren, werde ich froh darüber. Ich lerne: So wenig wie möglich Macht auszuüben, bedeutet für mich, mein mir anerzogenes Set an Fähigkeiten zu benutzen. Mit ein wenig Übung geht mir in der U-Bahn keine Person, die ich weiblich (oder queer) wahrnehme, mehr prophylaktisch aus dem Weg. Ich lasse damit mein Männlich-wahrgenommen-Werden bis zu einem gewissen Punkt scheitern. Ich versuche damit, die machtansammelnden Effekte meines Männlich-wahrgenommen-Werdens zu sabotieren. Ich will so wenig Macht ausüben wie möglich. Ich werde damit nicht als Frau gelesen und auch nicht als zwischen den zwei offiziell anerkannten Geschlechtern der Zweigeschlechterordnung verortet. Ich werde als ›femininer‹ Mann gelesen, als ›Softie‹, als schwul. Ich weise damit das Komfortabel-Werden von mir. Ich mache es mir aktiv unbequem – und strenge mich an, das zu erreichen –, damit andere Menschen so wenig wie möglich eingeschränkt werden, nur weil ich bequem bin und mich auf meinen männlichen Privilegien ausruhe. Das bedeutet: Obwohl mir das Mich-Anstrengen (um mehr Raum zu nehmen, als die Gesellschaft mir als weiblich einsortierter Person zusteht) zu viel geworden war, strenge ich mich wieder an (um weniger Raum zu nehmen, als die gesellschaftlichen Machtverhältnisse mir in bestimmten Situationen[9] zugänglich machen würden. Ich versuche, Raum abzugeben.) An diesem Punkt ist es mir wichtig zu sagen: Nicht alle haben

9 In Anlehnung an Lann Hornscheidt verstehe ich Privilegien situativ: In der U-Bahn werde ich männlich wahrgenommen und habe daher viele männliche Privilegien. In einer Fitnessstudio-Umkleidekabine habe ich viel weniger Privilegien. Dort bin

genug Privilegien, um das so zu machen, ohne ihr Leben zu riskieren. Und ich verurteile niemanden, der*die eine andere Wahl trifft. Auch ich kann in bestimmten Situationen diese Wahl nicht treffen. Zum Beispiel in Situationen, in denen ich im öffentlichen Raum trans*- und homofeindlicher Gewalt ausgesetzt bin: Dann kann ich, wenn ich keinen deeskalierenden Weg mehr sehe, das Set von männlichen Codes bedienen und zu meinem Schutz einsetzen: nicht zurückweichen, nicht meinen Raum hergeben. Auf meine Wellen aus Angst Schichten von Wut packen, mit jedem Atemzug eine mehr. Mit meinem Gewicht 50-50 auf beide Füße verteilt stehen, Blickkontakt halten, nicht mal blinzeln. Meine Fäuste ballen, um meine Körperspannung zu erhöhen, so angespannt stehen, wie eine Katze vor dem Sprung. Wenn es nötig wird, den von mir beanspruchten Raum in den Raum des Angreifers ausdehnen, der in der Situation, an die ich beim Schreiben dieses Absatzes denke, direkt vor mir stand. Nicht nur meine Grenze halten, sondern seine überschreiten, ihn nicht nur soweit zurückdrängen, dass mein Raum wieder meiner ist, sondern mir auch (zumindest einen Teil) des Raums nehmen, der eigentlich seiner ist – und dadurch Ebenbürtigkeit oder gar Überlegenheit demonstrieren. Der Moment, in dem ich den Entschluss fasse, seine Grenze zu übertreten, einen Fuß nach vorne zu setzen, wütend genug zu sein, um in die Konfrontation zu gehen, reicht in dem Fall aus: Er hat mich weich gelesen und nicht mit dieser Antwort gerechnet. Er weicht von alleine zurück. Ich übe Macht aus, um meine Grenze zu wahren, um mich zu schützen. Ich schütze mich in dieser Situation, indem ich jede Männlichkeitsanforderung erfülle, die ich kenne. Ich kann das, wenn ich muss. Ich finde es nützlich, das zu können, wenn ich muss, und die Situation dadurch zu beenden. Ich würde es lernen wollen, wenn ich es nicht könnte. Aber dauerhaft Männlichkeitsanforderungen entsprechend will ich nicht leben, auch wenn ich weiß, dass viele (cis und trans*) Männer das tun. Denn zehn Minuten später habe ich die erste Panikattacke von vielen, die mich nach dieser Situation fast ein halbes Jahr begleitet haben – weil mein System Angst nicht wegdrücken möchte, auch wenn Männlichkeitsnormen das verlangen. Mein damaliger Therapeut versteht nicht, dass ich mit Panik reagiere. Er findet nur, ich habe »erfolgreich meinen Mann gestanden«, mich »für einen Mann normal verhalten«, und wechselt das Thema. Die

ich aufgrund von cissexistischen Körpernormen einem massiven Gewaltrisiko ausgesetzt. Privilegien und Diskriminierungen wirken also je nach Ort und Kontext.

Therapie habe ich direkt danach abgebrochen. Männlichkeitsanforderungen erfüllen zu können, empfinde ich als ein nützliches Werkzeug für bedrohliche Situationen, nicht mehr und nicht weniger.

Vom gezielten Scheitern an Männlichkeitsnormen: Konkrete Hinweise für den Alltag

Letztlich soll es in diesem Text aber darum gehen, was ich tue, wenn ich andere Optionen habe, als die eben geschilderten. Es soll darum gehen, wie ich mich entscheide, mit meinem Wahrgenommen-Werden umzugehen, wenn ich soweit sicher bin. Dieser Text existiert, weil andere Personen mit Teilen davon vielleicht etwas anfangen können. Vielleicht vor allem Menschen, die noch mehr Privilegien haben als ich: *weiße* cis hetero Männer zum Beispiel. Ich suche nach Möglichkeiten, Raum abzugeben, mir selbst und anderen gegenüber weich, vulnerabel und offen zu sein. Augenhöhe zu haben und zu halten, indem ich aktiv daran arbeite, mich nicht über jemanden zu stellen. Auch mit diesem Text. Das bedeutet: In sechs Monaten habe ich sicher schon neue Antworten, Antworten, die die hier aufgezählten vielleicht sogar als zu kurz gegriffen aussehen lassen. Aber Texte sind nun mal Momentaufnahmen und auch wenn mir, was ich hier schreibe, irgendwann vielleicht undurchdacht oder zu kurz gegriffen vorkommen wird, ist dieser Text 2020 entstanden. An diesem Punkt bin ich jetzt. Nun aber zu Konkreterem:

Durch meine Versuche, mich nicht aktiv über jemanden zu stellen, Raum abzugeben und mich vulnerabel und offen zu zeigen, geschehen meist verschiedene Dinge auf einmal, die navigiert werden müssen: Einerseits verliere ich im Kontext mit Männern Hierarchiepunkte. (Männer handeln, wenn mensch an das Modell glaubt, im Rahmen der »ernsten Spiele des Wettbewerbs« die ganze Zeit Hierarchien aus. Augenhöhe gibt es nicht.)[10] Andererseits übe ich dadurch aber auch weniger Macht gegenüber anderen Personen (die nicht *weiße* cis hetero Männer sind) aus. Diese Effekte meine ich, wenn ich sage: Ich versuche, meine Privilegien zu sabotieren und damit absichtlich an den Normen zu scheitern, die Männlichkeit herstellen und bestimmen, wo in der Hierarchie ich stehe. Im direkten Kontakt mit Männern könnten diese mich dafür bestrafen,

10 Siehe Pierre Bourdieu und Raewyn Connell.

indem sie mich von oben herab behandeln. Mit welchen Männern ich mehr spreche als zwingend notwendig (z.B. auf der Arbeit) oder mich anfreunde (z.B. in den jeweiligen Szenen, in denen ich mich bewege), hängt von deren Reaktion auf das Sabotieren meiner Privilegien ab. Wer mich abwertet für meinen Versuch, so wenig Macht wie möglich auszuüben, bekommt nicht nochmal meine Aufmerksamkeit. Ich stelle Verbindung her mit denen, die mir genauso weich begegnen, wie ich ihnen. Die sehen, was ich mache, und mir begegnen, indem sie dasselbe tun: weich sein und Raum geben. Wer nach wie vor versucht, im Rahmen der »ernsten Spiele des Wettbewerbs« mit mir zu bonden (z.B. Wettbewerb und Kräftemessen jeglicher Art), bleibt draußen. Wie ich das genau mache, sieht von Kontext zu Kontext anders aus und folgt in Aufzählungen. Zuvor noch eine Anmerkung, die mir wichtig ist und Missverständnisse vermeiden soll: Ich kann meine Privilegien nicht loswerden. Niemand kann das. Also versuche ich, so gut ich kann, Verantwortung für sie zu übernehmen. In den Situationen, in denen ich kann, versuche ich im Rahmen des Machbaren, dass die Vorteile, die mir meine Privilegien bringen (oder die Abwesenheit von Nachteilen, als die Privilegien auch oft beschrieben werden), so klein bleiben wie möglich. Das ist das Ziel, das ich verfolge. Die Liste der im Folgenden beschriebenen Strategien, um das zu tun, ist unvollständig und sicher fällt euch noch mehr oder ganz anderes ein. Hier aber die Dinge, die ich versuche und mit denen ich (je nach Kontext) schon gute Erfahrungen gemacht habe. Nachmachen und Ausprobieren explizit erwünscht![11]

Im Kern geht es immer wieder um Punkt 1:

1. Oben oder unten?

- Keinen Wettbewerb starten, da dieser bedeutet: Hierarchie, Über- und Unterordnung.[12]

11 Dass mir diese Strategien einfallen und dass diese Strategien für mich funktionieren, hängt mit meiner Positionierung zusammen. Das bedeutet, dass selbstverständlich nicht alle Leser*innen mit allen Strategien etwas anfangen können oder dass alle Strategien allen Leser*innen möglich sind oder sich diese adäquat anfühlen. Auch hier sind Ausprobieren und An-die-eigene-Lebensrealität-Anpassen notwendig.

12 In anderen Worten: Übe das Set an Fertigkeiten, das bei Geburt weiblich zugeschriebenen Personen anerzogen wird; das sie üben müssen, egal wie sie sich identifizieren. (Siehe dazu die Aufzählungen weiter oben im Text).

2. Wer spricht?

- Weniger reden, manchmal auch gar nicht reden. Mich fragen, wessen Stimme zu der aktuellen Diskussion mehr beitragen kann, als meine. In der Regel sind das viele.
- Wenn ich was sagen will, nochmal fünf bis zehn Sekunden warten, ob nicht wer anders was sagt.
- Auf Redeanteile achten.
- So kurz wie möglich sprechen, wenn ich was sage.
- Keine Hintergrundinformationen liefern – es sei denn, ich werde explizit danach gefragt.
- Nur das sagen, wonach (ich) gefragt wurde.
- Nicht den Raum oder die Zeit anderer sprechender Personen aktiv einschränken. Das bedeutet z.B.: niemenschen unterbrechen.

3. Genau zuhören

- ›Ja, mhm‹ nicht als Zustimmung werten, sondern als »ich habe dich gehört«.
- Nicht davon ausgehen, dass ich der Einzige im Raum bin, der etwas Bestimmtes weiß.
- Nicht davon ausgehen, dass ich etwas am besten weiß.
- Anderen Personen das Gefühl geben, dass ich an ihrer Meinung interessiert bin (z.B. indem ich hinter Aussagen, die ich machen würde, ein Fragezeichen setze. Dazu ziehe ich am Ende des Satzes die Stimme hoch. Dann höre ich mir die Antwort an).

4. Die Beziehungsebene in den Fokus nehmen

- Mich fragen: Wie sehen meine Beziehungen zu anderen Menschen aus? Wie sind Geben und Nehmen verteilt?
- Beziehungsarbeit generell, d.h. dafür sorgen, dass die andere(n) Person(en) sich wohl fühlen in einer Situation.
- Dinge so sagen, dass die andere Person sich wohlfühlt.
- Mich aktiv fragen, wie sich die andere Person gerade fühlt.
- Sich in andere hineinversetzen üben: Dazu ist es notwendig zu wissen, wie ich mich fühle.
- Gefühle fühlen, benennen und ausdrücken können, nicht nur durchdenken.
- Mehr Fragen stellen. / Mehr Fragen stellen, an deren Antworten ich auch interessiert bin. / Mich mehr für andere Menschen interessieren.
- Wenn das alles einzeln gut geht: Alles zusammen anwenden. Das führt im besten Fall dazu, dass du für gute Stimmung sorgen kannst, in der alle Anwesenden genug Platz haben. Damit meine ich, gute Stimmung herstellen, aber nicht den Clown zu spielen. Das nimmt nämlich viel Raum ein und lässt anderen Personen wenig Platz.

5. Im öffentlichen Raum

- Darauf achten, ob andere Personen mir Platz machen und wenn ja, bemerken, wie die Person (zumindest sichtbar) im Vergleich zu mir positioniert ist. Für den Hinterkopf: In der Regel merkt mensch das gar nicht, dass Personen einem ausweichen, weil sie das mit einem Abstand von fünf bis acht Metern machen – in der U-Bahn kürzer, auf der Straße teilweise noch weiter weg.
- Selbst ausweichen, aber nicht so ›die Tür aufhalten‹-mäßig, sondern so, dass es keiner sieht (fünf bis acht Meter vorher).
- Mich (z.B. in der U-Bahn) umsehen: Wer könnte wo hinwollen? Prophylaktisch aus dem Weg gehen.
- In der U-Bahn darauf achten, wie viel Platz eines Zweisitzers ich einnehme. Ist das mehr als 50 %? Warum? Könnte ich auch weniger Platz einnehmen? (z.B. indem ich nicht so breitbeinig sitze? Üben, weniger Platz einzunehmen. Üben, so wenig Platz einzunehmen, wie mir körperlich möglich ist, und spüren, wie sich das anfühlt: Zu versuchen, sich kleiner zu machen. In Folge dessen: Wahrnehmen, wann ich in den Raum einer anderen Person eindringe. Wann ich den Raum einer anderen Person verkleinere. Wahrnehmen, wie ich mich dabei fühle.
- Auch mein Blick nimmt Raum ein: Wenn ich laufe und dabei geradeaus blicke, gehen alle der von mir gestarrten Schneise aus dem Weg. Ich starre also keine Schneisen. Ich sehe beim Laufen häufiger mal auf den Boden etwa 3 Meter vor mir (und stelle mich auf's Ausweichen ein). Dann weiche ich aus.
- Ich spreche so leise, dass nur ich und meine Begleitung mich verstehen. Nicht so, dass der halbe Park oder der halbe U-Bahn-Waggon versteht, was ich sage. Dasselbe gilt für Telefonate im öffentlichen Raum, aber: Ich telefoniere nicht in Bus und U-Bahn. Andere Menschen interessiert nicht, was ich da bespreche.

6. Mitdenken von anderen Personen und deren Perspektiven

- Hier gäbe es unzählige Beispiele aus unzähligen Lebenssituationen, die als Beispiele angeführt werden können. Weil bisher noch nicht explizit von Kontakten mit Freund*innen oder vom Wohnkontext/dem Leben mit Kindern, für die Verantwortung getragen wird, gesprochen wurde. Hier Beispiele aus diesen Bereichen. Das Mitdenken von anderen Personen und deren Perspektiven ist aber letztlich in allen Situationen erforderlich.
- Z.B. bemerken, dass das Getränk meines Gegenübers fast leer ist, bevor mein Gegenüber es bemerkt. Aufstehen und Nachschub holen, bevor mein Gegenüber es tut. Im Blick haben, wann wer zuletzt gegessen und getrunken hat, und dafür sorgen, dass was in der Nähe ist, bevor sie danach fragen, ohne dafür gelobt werden zu wollen.
- Oder in Wohnkontexten mit (einer) der Beziehungsperson(en) oder mit Kindern, für die gemeinsam Verantwortung getragen wird: Alle anfallenden

Arbeiten völlig selbstverständlich mitmachen, ohne dafür gelobt werden zu wollen. Wer was macht, nicht nach Geschlechter- oder Beziehungsrollen aufteilen, sondern danach, wer wie viele Ressourcen hat. Für den Hinterkopf: Wenn alle sichtbaren Arbeiten 50 zu 50 aufgeteilt werden, entsteht oft durch die unsichtbaren Arbeiten (auch Mental Load[13] genannt) dennoch ein Ungleichgewicht. Ein Beispiel für eine solche unsichtbare Arbeit: Drei Tage bevor die Windeln ausgehen, bemerken, dass die Windeln ausgehen werden und auf einen Blick sehen, dass die Windeln, die noch da sind, drei Tage reichen. Einen Einkaufszettel im eigenen Hinterkopf anlegen und sich merken, dass neben Windeln auch noch Nudeln, Zucker und Batterien besorgt werden müssen. Wer also das Bedürfnis hat, wirklich 50 zu 50 aufzuteilen, muss dafür sorgen, dass auch die unsichtbaren Aufgaben aufgeteilt werden – oder die Person, die keine unsichtbaren Aufgaben übernimmt (weil sie sie z.B. nicht wahrnimmt) müsste dann 70 % der sichtbaren Aufgaben übernehmen, damit wirklich alle Aufgaben 50 zu 50 aufgeteilt sind. Sichtbare Aufgaben wäre z.B. das Ausräumen der Spülmaschine oder das Aufräumen der Wohnung.

- Oder in Liebesbeziehungen und bei Sexualkontakten: Radikalen Konsens üben.
- Das bedeutet: Alles, was ich mache, vorher fragen. Wirklich alles: Mich näher hinsetzen, die Hand der anderen Person nehmen, die Person in den Arm nehmen. Wirklich alles. Wahrnehmen, wie sich das anfühlt. Ungewohnt? Verunsichernd? Sicherer, weil ich ein klares Ja oder Nein bekomme? Nur bei einem klaren Ja, tun, wonach ich gefragt habe.

7. Es gibt keine Ziellinie, nur den Prozess

- Ich bin nie fertig reflektiert, es gibt immer etwas dazuzulernen.
- Das heißt u.a. auch: Wenn wer sagt, »damit geht's mir schlecht« oder »das war diskriminierend« oder »das war übergriffig«: ernst nehmen. Nicht abwehren, sondern tief durchatmen und zuhören, versuchen zu verstehen. Wenn du nicht verstehst, wen anderes fragen, Buch lesen, Workshop machen. (Zu diesem Punkt wurden viele Bücher geschrieben, YouTube-Videos gedreht und Instagram-Posts verfasst. Ich verweise auf die Internetsuchmaschine deiner Wahl.)

8. Aushalten

- Die eigenen Gefühle aushalten und damit bewusst und aktiv umgehen. Das heißt:
- Beim Lesen dieses Abschnitts meine Gefühle beobachten. Wie fühle ich mich, wenn ich das alles lese? Wütend? Eingeschüchtert? Schuldig? Nicht angesprochen? Woher kommt das Gefühl?

13 Hier geht's zu einem Comic, der das Konzept veranschaulicht: https://english.emmaclit.com/2017/05/20/you-shouldve-asked/.

- Welche Glaubenssätze habe ich verinnerlicht? Dass ich das alles nicht machen muss (z.B. weil es andere machen)? Dass ich (z.B. als Mann) diese Aufgaben nicht übernehmen brauche, weil andere (z.B. Frauen) das machen? Glaube ich, dass andere (z.B. Frauen) diese Aufgaben gern machen? (Hinweis: Viele machen es nicht gern, sondern weil sie gelernt haben, dass sie es sollen bzw. es erwartet wird. Und selbst wer es gern macht, hat anerzogen bekommen, es gern zu machen …)

All die hier beschriebenen Strategien und Handlungsvorschläge brechen mit Männlichkeitsanforderungen. Sie widersprechen dem Verhalten, das an den Tag gelegt werden muss, um als ›richtiger Mann‹, als ›normaler Mann‹ und damit als ›normgerechter‹ Mann zu gelten.
Daher auch:

- Aushalten, dass manche Männer mich dafür abwerten, wenn ich versuche Augenhöhe anstatt Über- und Unterordnung herzustellen.
- Aushalten, dass manche Frauen mich dafür abwerten.
- Aushalten, dass manche queere Personen mich dafür abwerten.
- Aushalten, wenn ich kein Lob für mein Verhalten / ggf. meine Veränderungen bekomme.
- Gehen lassen, wer mich in meinem Bestreben, aktiv Machtverhältnisse in den Alltagsstrukturen meines Lebens abzubauen, nicht unterstützen kann oder will – und das aushalten.
- Mich an die Menschen halten, die mich dabei unterstützen.

Denn nicht nur den anderen um dich herum, sondern auch dir tut es gut, wenn du dich weniger hart machst (machen musst), du näher an deinem Gefühlsleben dran bist und deine Beziehungen dadurch mehr Tiefe haben. Denn viele der von Männern geforderten Verhaltensweisen führen zu Verhalten, das schadet: den Menschen, die diese Verhaltensweisen an den Tag legen, und denen, die sich im Umfeld der Menschen bewegen, die diese Verhaltensweisen an den Tag legen.[14]

14 Siehe Statistiken zu Todesursachen (nicht nur junger) Männer: Viele sterben früher, als es sein müsste, an Dingen, die dazu da sind, sich von den eigenen Gefühlen abzulenken, die dazu benutzt werden, in Männergruppen Hierarchien auszuhandeln, sich in Wettbewerb zu begeben. Viele dieser Statistiken sprechen davon, dass viele Menschen, denen das männliche Fertigkeiten-Set anerzogen wird, ihre körperlichen

Wir alle wollen ein besseres Leben. Und zum Glück für uns alle, kann erlerntes Verhalten verlernt werden (deswegen spreche ich viel von Fertigkeiten, die erlernt sind). Ich tue mein Möglichstes, um jeden Tag eine lange Reihe von Dingen weiter zu ver_lernen, mit einer lebbareren Zukunft (für viele? für viel mehr als jetzt? für alle?) als Ziel.

Vom Scheitern wollen, Scheitern müssen, Scheitern können und Scheitern wollen müssen an männlicher Performance und männlichen Normen

Geschlecht ist kulturell geformt und gemacht. Erfunden, könnte man auch sagen. Doch die Auswirkungen dieser Erfindungen sind real und haben reale Konsequenzen für unsere Leben.

Ich bin lange an Geschlechternormen gescheitert: Als Kind, jugendliche und junge erwachsene Person an Weiblichkeitsanforderungen. Später dann an Männlichkeitsanforderungen. Beide Male kam ich mir defekt und unzulänglich vor. Bis ich (wieder mal) die Perspektive gewechselt und aufgehört habe, den Normen entsprechen zu wollen. Bis ich sie gedreht und gewendet habe – und sie nun einsetze, wenn sie mir nützlich sind, wenn sie mir helfen, das zu tun, was ich tun möchte: Ich sabotiere meine männlichen Privilegien, wenn ich mich verbündet zeigen will, wenn ich anderen Personen mehr Raum geben oder sie von gesellschaftlichen Erwartungen genauso entlasten will, wie ich mich entlasten kann (siehe die diesem Abschnitt vorangehende Liste). Zum Beispiel, indem ich (als männlich wahrgenommene Person) etwas tue, das von weiblich wahrgenommenen Personen erwartet wird. Ich scheitere in diesem Moment willentlich an den Männlichkeitsanforderungen, die an mich gestellt werden, und versuche damit, der anderen Person Entscheidungsspielräume zu verschaffen, wo vorher Zwang war. Da das eine Mutmaßung (oder besser: Hoffnung) ist, kann hier nur von Versuchen und Scheitern gesprochen werden. In anderen Worten: von Üben. Ich übe. Ich übe mich im unabsichtlichen wie absichtlichen Scheitern an Geschlechtsnormen. Ich übe mich im Beobachten der Folgen von vergeschlechtlichten Erwartungen an mich und meine Umwelt – und übe mich

und emotionalen (Belastungs-)Grenzen nicht spüren. Beispiele sind Substanzkonsum, Autofahren unter Einfluss von Substanzen wie Alkohol oder anderen Drogen, nicht oder zu spät zum Arzt gehen, obwohl Beschwerden spürbar waren, sich bei psychischen Belastungen keine Unterstützung holen.

im Absichtlich-Scheitern, wenn ich es für sinnvoll halte. Denn wie könnte ich nicht scheitern lassen, was für andere negative Konsequenzen hat?! (Den sexistischen Witz meines cis Kollegen zum Beispiel.) Wie könnte ich das nicht sabotieren wollen?!

Letztlich sind es viele kleine Entscheidungen. Ich wähle immer wieder das Scheitern, die Sabotage. Und auch wenn ich weiß, dass das nur eine begrenzte Wirkung hat und dass das bestehende System aus Machtverhältnissen, Privilegierung und Diskriminierung verändert, transformiert, aufgelöst werden muss, hoffe ich, der vorliegende Text hat dich dazu eingeladen, deine Entscheidungen zu überdenken und dich zu fragen: Wie verschieben wir das Machtungleichgewicht, kleine Entscheidung für kleine Entscheidung, jeden Tag ein Stück weiter in Richtung einer gerechteren Welt?

Quellenverzeichnis

Bourdieu, Pierre (2005): *Die männliche Herrschaft.* Frankfurt am Main. Suhrkamp Taschenbuch Wissenschaft.

Bourdieu, Pierre (1987/1993): *Sozialer Sinn. Kritik der theoretischen Vernunft.* Frankfurt am Main. Suhrkamp Taschenbuch Wissenschaft.

Connell, Raewyn (1999): *Der gemachte Mann.* Wiesbaden. VS Verlag.

Debus, Katharina (2012): Und die Mädchen? Modernisierung von Weiblichkeitsanforderungen. In: Dissens e.V. (Hrsg.): *Geschlechterreflektierte Arbeit mit Jungen an der Schule. Texte zu Pädagogik und Fortbildung rund um Jungenarbeit, Geschlecht und Bildung.* Berlin. Zugriff am 18.02.2020 unter http://www.jungenarbeit-und-schule.de/material/abschlusspublikation.html

FaulenzA (2017): *Support your Sisters not your Cisters. Über Diskriminierung von trans*Weiblichkeiten.* Münster. Edition Assemblage.

Stuve, Olaf und Debus, Katharina (2012): Männlichkeitsanforderungen. Impulse kritischer Männlichkeitstheorie für eine geschlechterreflektierte Pädagogik mit Jungen. In: Dissens e.V. (Hrsg.): *Geschlechterreflektierte Arbeit mit Jungen an der Schule. Texte zu Pädagogik und Fortbildung rund um Jungenarbeit, Geschlecht und Bildung.* Berlin. Zugriff am 18.02.2020 unter http://www.jungenarbeit-und-schule.de/material/abschlusspublikation.html

Stuve, Olaf und Debus, Katharina (2012): Geschlechtertheoretische Anregungen für eine geschlechterreflektierte Pädagogik mit Jungen. In: Dissens e.V. & Debus, Katharina et.al: *Geschlechterreflektierte Arbeit mit Jungen an der Schule. Texte zu Pädagogik und Fortbildung rund um Jungenarbeit, Geschlecht und Bildung.* Berlin: S. 27-42. Zugriff am 18.02.2020 unter http://jus.dissens.de/index.php?id=218

Tunç, Michael (2012): *Männlichkeitsforschung und Intersektionalität.* Zugriff am 11.05.2020 unter portal-intersektionalitaet.de/theoriebildung/ueberblickstexte/tunc/

Sebastian Schädler

n(ich)t ... oder auch zu den Versuchen, sich als ›Mann‹ nicht ›vermännlichen‹ zu lassen

Vorbemerkung eins: Das Märchen des n(ich)t

Im Märchen vom Schneewittchen gibt es diese seltsamen Zwerge: Man bekommt nicht viel von ihnen erzählt, sie arbeiten (ziemlich sinnlos, denn sie brauchen nichts), sie können sich ernähren, eine Hütte bauen, kochen, Wäsche waschen usw. Sie herrschen nicht über andere, sondern sind irgendwie ganz für sich. Sie kennen sich aber auch nicht, sie wissen nichts über sich selbst. In der Walt-Disney-Verfilmung singen sie »Wir wissen nicht warum, wozu, es lässt uns halt keine Ruh«. Dann kommt ›es‹, ›das‹ (!) Schneewittchen, welches irgendwie nicht hineinpasst (es stößt sich auch ständig den Kopf in der Zwergenhütte). Von der Situation, die dann folgt, gibt es sehr viele Varianten, fast jeder Film und jedes Bilderbuch erzählt sie etwas anders. Aber gleich bleibt, dass Verhandlungen über Handlungen stattfinden, die – unschwer zu erkennen – mit Geschlechterrollen codiert werden: Schneewittchen soll z.B. aufräumen und kochen, damit sie beschützt wird – das ist die häufigste Variante. Dann geht die Geschichte weiter, und am Ende, wenn aus dem ›es‹ des Mädchens die (im Glassarg passiv auf die Rettung wartende) ›Frau‹ geworden ist, kommt der Prinz, der sie, ohne lange zu zögern, einfach mit sich nimmt.

In Bezug auf den Prinzen, diesem Klischee des heterosexuellen Erfolgsmodells eines Mannes, der ›stillgestellte‹ Frauen schön findet, sind die Zwerge irgendwie Grenzgänger. Man erfährt nichts von dem, was normalerweise interessant ist: haben sie mal etwas gelernt, haben sie eine Biografie, eine Geschichte, eine Identität, eine Familie mit Eltern und Geschwistern, ein Sexleben? Wir wissen es nicht, aber sie sind in der Geschichte notwendig, damit sich vor ihrem Hintergrund das heterosexuelle Finale, welches sich eigentlich in einem einzigen Satz als das klassische ›boy meets girl‹ erzählen lässt, entfaltet. Die heterosexuelle Story hat also einen Hintergrund, auch wenn sie ihn oft nicht wahrhaben will: sie kann sich nur vor ihrer eigenen Negation entfalten, vor dem, wenn man so will, ›Nicht‹ ihrer eigenen ›großen Erzählung‹. Diese ›große Erzählung‹ kann ihre Negation aber nicht ganz verschweigen und erzählt dieses ›nicht‹ im Märchen z.B. als Geschichte von den Zwergen. Die Zwerge ›sind‹ ›nicht‹.

In diesem Beitrag wird auch eine Geschichte erzählt, es ist meine. Meine Geschichte als ›männerbewegter Mann‹ im (West-)Berlin der 1980er- und 1990er-Jahre bis hin zur Situation heute als Professor für Medienpädagogik. Eine Erfolgsgeschichte also? Nein, sie soll nicht als ›Biografie‹, als verschriftetes Leben mit dem berühmten roten Faden erzählt werden. Sie ist nicht als in sich schlüssige erzählbar, vielmehr geht es um die ›Männlichkeit‹ als Ausgangspunkt und als Effekt, als Gegenstand der Kritik wie als vermeintlich gegebene Qualifikation. In Bezug auf die Außenverhältnisse zu anderen Menschen werden drei Dimensionen beschrieben: die persönliche, die politische, die pädagogische. In dieser Dreiteilung ist der Beitrag strukturiert. Aber die Ambivalenz sitzt tiefer, sie ruht im Kern desjenigen, der spricht, weil dieser ›Kern‹, solange man ihn als ›männlich‹ diskutiert, nicht von der Negation desselben zu trennen ist. Diese Ambivalenz versuche ich unter anderem durch eine Schreibweise des schriftlichen Codes für das Subjekt des Artikels offen zu halten, ›ich‹ spreche von mir als ›n(ich)t‹.

Vorbemerkung zwei: die Theorie des n(ich)t

Eine der interessantesten Formulierungen, auf die n(ich)t in der Auseinandersetzung mit (auch meiner) männlichen Sozialisation gestoßen bin, war die der doppelten Nicht-Identität von Carol Hagemann-White: ›Männer‹ wissen demnach zwar im Patriarchat, dass ›Frauen‹ nicht wie sie ›sind‹ bzw. ›sein dürfen‹. Sie wissen aber nicht, was sie selbst genau ›sein‹ könnten. Es gibt ja gar keine ›positive‹ Definition dessen, was ›männlich‹ sein soll. Stattdessen herrscht eine große Leere, die als Projektionsfläche verschiedener Begriffe wie ›männliche Identität‹ usw. das Tableau für die → ›ernsten Spiele des Wettbewerbs‹[1] bietet, in welchen die unterschiedlichen Gruppen um historisch unterschiedliche, jeweils hegemoniale Positionen im Männlichkeitskampf konkurrieren. ›Positiv‹ kann Männlichkeit demnach nicht mit bestimmten Eigenschaften messbar

1 Alle mit einem → gekennzeichneten Begriffe werden im Glossar erläutert.

definiert werden. Es entsteht lediglich ein Konglomerat von Konstrukten wie ›aktiv und autonom sein‹ usw., deren Bedeutung durch die jeweils ›stärkste‹ Gruppe festgelegt oder zumindest von ihnen vertreten wird, um den jeweils unterlegenen männlichen Gruppen wiederum nachzuweisen, dass es mit ihrer Männlichkeit ja nicht so weit her sein kann, denn sonst stünden *sie* ja oben – tun sie aber nicht. Wenn es keine ›positive‹ männliche Identität gibt, bleibt nur die Abgrenzung des ›alles, bloß nicht weiblich sein‹. ›Weiblich‹ ist aber wiederum nur als ›nicht-männlich‹ definierbar, also bleibt für ›männlich‹ das Paradox der doppelten Verneinung: Männer sind, was sie nicht nicht sind. Doppelte Verneinung als absurd-paradoxe Basis der ›männlichen Identität‹ – und ganz schön viele Anführungszeichen hier im Text.

Deshalb schreibe ich, frei nach Derrida (dazu später), in diesem Artikel, in dem es um meinen persönlichen, politischen Werdegang als ›männlich‹ sozialisierte Person und dessen pädagogische Weiterführung gehen wird, von mir als n(ich)t.

1. Persönliches

Es gibt ja diese Erinnerungssperre der frühen Kindheit: Wir können uns, außer in psychoanalytisch gerahmten Ausnahmen, nicht an Ereignisse erinnern, die wir mit eins, drei oder auch fünf Jahren erlebt haben, zumindest nur sporadisch oder anekdotisch. Wir versuchen normalerweise mit Hilfe von Medien (Fotoalben, Tagebücher, Erzählungen) aus diesem Sporadischen das Biografische zu machen: Zahlen, Daten, Fakten. Chronologie der Gefühle, das erste Kuscheltier, die Beerdigung von Oma und Opa, das Kinderfahrrad, die erste Liebe, die erste Trennung – oder war es umgekehrt? Das Erinnern von Fakten funktioniert bei mir fast nie, schon gar nicht in Bezug auf meine Kindheit, dort gibt es ein Sammelsurium aus spärlich verstreuten Gefühlen und Bildern, die mit Emotionen verknüpft sind und sich unterschiedliche Orte, Gesichter, Zeitpunkte wählen – manchmal die falschen. Sehr frühe Erinnerungen an meine ›Sozialisation zur Männlichkeit‹ habe ich also kaum. Wurde ich als ›Junge‹ angesprochen? Wenn ja von wem? Eltern, Geschwister, den Freunden beim Kindergeburtstag mit ihren Geschenken für ›Jungs‹? Meinen besten Freund habe ich bei einem meiner Kindergeburtstage geohrfeigt – ernste Spiele des Wettbewerbs, männliche Konkurrenz oder einfach ein dummes Missverständnis ohne Geschlechterbezug? Gibt es biografische Ereignisse ohne Geschlechterbezug? Vielleicht nicht, aber vielleicht gibt es Ereignisse ohne Biografiebezug. Derrida (dazu später noch) spricht von der unmöglichen Möglichkeit des Ereignisses. Ich deute das so, dass man mit dem Deuten vorsichtig sein sollte.

Spätere Ereignisse mit konkreteren Erinnerungen: In der Grundschule wollte ich als einziger Junge in den Handarbeitskurs, um mir einen Fußball-Fan-Schal zu häkeln (und wurde nicht reingelassen, weil ich dort der einzige Junge gewesen wäre). Dann kommt die Zeit des Fußballvereins mit den homophoben Sprüchen und pubertär-sexistischen Witzen – die ich damals alle lustig fand. Ich war aber auch mal Kapitän, mit richtiger Armbinde – wie das alles zusammenpasst? Keine Ahnung. Aber im Rückblick habe n(ich)t ein deutliches Gefühl, dass es damals Elemente von ›Sozialisation zur Männlichkeit‹ (nicht zu verwechseln mit dem Begriff der identitär klingenden ›männlichen Sozialisation‹) gab. Aber auch die Ahnung, dass jeder Versuch, darin einen roten Faden zu finden, vor allem der Ideologie, dass es eine solchen geben muss, auf den Leim gehen würde.

Aus der Pubertät dann noch Erinnerung an diverse Grenzerfahrungen: verliebt sein, aber zu schüchtern, und dann zusehen, wie das phantastische/phantasierte Objekt der Liebe mit diesem älteren Typen (der mit dem Motorrad!) entschwindet. Da hilft dann auch Selbstbefriedigung nicht mehr. Dann, zur Abiturzeit, bei einem Seminar für Schülervertreter, mein Freund, der zu mir ins Bett steigt und drei oder vier Minuten lang lärmendes Schweigen, schreiende Stille (eine Ewigkeit lang) meinerseits aushalten muss – und dann wieder lautlos geht. Nie wieder darüber geredet, die Wege trennen sich, er ist heute offen schwuler Priester in den USA. Später die Überzeugung, dass alle Jungen homoerotische Erfahrungen machen, aber in der Regel – so wie n(ich)t – nichts damit anzufangen wissen und mit Abwehr reagieren. In der späteren Konzeption von Jungenarbeit haben wir immer versucht, der Auseinandersetzung mit Homosexualität und Homophobie Gewicht zu geben, als möglichem Angelpunkt, um Jungen andere Entwicklungsmöglichkeiten als die eines klassischen, wie es heute heißt, → cis Mannes zu geben.

So bruchstückhaft diese Erinnerungen auch sind: vor diesem Hintergrund habe n(ich)t die Überzeugung entwickelt, dass es nicht um ›männliche Sozialisation‹ geht, sondern um ›Sozialisation zur Männlichkeit‹: Es hätte an vielen dieser Momente auch andere Optionen gegeben, wenn andere Menschen andere Entscheidungen getroffen hätten oder mich zu bestimmten Dingen ermutigt hätten. N(ich)t jedenfalls spüre nichts ursprünglich ›Männliches‹, welches durch Sozialisation zu sich selbst gekommen wäre (oder an dem mich jemand gehindert hätte). N(ich)t verspüre die ›Männlichkeit‹, die n(ich)t heute unzweifelhaft in mir trage, auch körperlich und in meinen Affekten, in meinen Phantasien, in den Dingen, die n(ich)t nicht (mehr) kann, als einen Effekt, eine Wirkung des An- und Abtrainierens im Verlaufe dieser Sozialisation: ›SelbstbeHERRschung‹. So sehr n(ich)t durchaus Wertschätzung mir selbst gegenüber verspüre und auch zeigen kann, die ›Männlichkeit‹, die n(ich)t besitze und die mir ansozialisiert wurde, ist ein Zeugnis der Armut, z.B. der Gefühlsarmut, also ein Armutszeugnis.

Erste Frage: Speist sich die Kritik an Männlichkeit eventuell aus frühen Erfahrungen, die Objekte des Begehrens (›Mädchen‹) mit diesen ›männlichen‹ Männern von dannen ziehen zu sehen? Ist die Kritik also nur sublimierter oder politisch rationalisierter Neid? Kritisiere n(ich)t andere Männer als ›Macker‹, weil n(ich)t selber gerne einer geworden wäre, aber das einfach nicht geschafft habe? Habe n(ich)t mir → Feminismus angelesen, weil das meine Masche war/ist, um auf diesem Wege an die attraktiven Frauen ›ranzukommen‹? Was auch immer das Motiv war, lässt es sich bestimmt nicht als ›edel und gut‹ kategorisieren. Spätestens an dem Punkt, wo man glaubt, ein ›besserer‹ Mann zu sein als all die anderen, sollte man doch mit Misstrauen auch gegenüber sich selbst reagieren.

Dann, in der Zeit der Ablösung vom Elternhaus, nach der Zeit der große Geschichten erzählenden Männer (Karl May, Aktenzeichen XY, Derrick, James Bond, aber auch kritisches von Böll, Remarque, Kafka usw. – mein persönliches Highlight übrigens der Schweizer Robert Walser z.B. mit seiner *Rede an einen Ofen*), bin ich irgendwie, wie auch immer, an feministische Literatur gelangt: nicht Alice Schwarzer, sondern Kate Millet – *Sexus und Herrschaft*. Für mich ein echter Knaller: Sex, Literatur, Kultur, Gewalt, Patriarchat, Liebe – alles hängt zusammen, alles, was vorher war, war Lüge und Mist. Mit den eigenen Eltern hatte n(ich)t keinen Ärger, aber auch keine gemeinsame Sprache gefunden, also ausziehen, Zivildienst, ›Hintern abputzen‹, mit Freundin und deren Freund zusammenziehen. ›Deren Freund‹? – das war ich doch? Ach ja, Dreier-Beziehung, besser: doppelte ›Zweier‹, Staunen und Geheimnisse, Eifersucht. Wünsche nach Sex, obwohl (oder wie) die andere nicht will. Drängeln? Gewalt? Macht? Sexualität als mächtiges Verhältnis erfahren, in dem sich Glück, aber auch

Gewalt erfahren lässt? Insofern eine Entdeckung: die große und bis heute ungelöste Frage, wie sich mit der Macht der Sexualität, die diese ohne Zweifel in sich trägt, umgehen lässt, ohne dass diese Macht zu Herrschaft und Gewalt führt, weder privat noch politisch. Privat also Glück und Verwirrung, politisch Verfestigung des Begriffs Patriarchat: als das, was alles zusammenhält, von dem man (auch mann) sich irgendwie befreien muss, wie damals die Menschen in Lateinamerika von den Yankees. Kapitalismus und → Sexismus, kein Haupt- und Nebenwiderspruch, sondern: ohne feministische Befreiung ist keine andere Befreiung denkbar – nur wie und mit wem?

Sprung nach Berlin (West), ja so hieß das, es gab sogar eigene Ausweise, offiziell ›Ersatzdokumente‹. N(ich)t war aber ›Wessi‹ in ›Westberlin‹, also mit BRD-Perso. Heimat für alle, die keine Heimat brauchten, Hauptstadt von allem, was nicht ›Deutschland‹ sein wollte. Und an der langweiligen Uni plötzlich ein ›unmögliches Ereignis‹ (siehe Derrida, aber dazu später): Zwei männlich gelesene Professoren (Narr und Grottian) geben je ein Drittel ihrer Stelle auf, um damit eine dritte Professur zu finanzieren: eine Frau auf der Professur für feministische Politikwissenschaft. So ein kleiner Schritt mit so großer Wirkung! Im ersten daraufhin folgenden Seminar saßen sehr viele Studentinnen und nur wenige Studenten. Die Studentinnen forderten sehr selbstbewusst, dass dieses erste feministische Seminar gefälligst ihnen, also den ›Frauen und Lesben‹, wie es damals hieß, gehöre, die Männer also bitte wieder gehen könnten.

In dieser Situation habe n(ich)t einfach Glück gehabt, oder auch das Glück gesucht und gefunden, wie auch immer: Es fanden sich weitere Männer, die wie n(ich)t zwischen den Stühlen saßen und sich wie n(ich)t auf keine festgelegten setzen wollten. Patriarchatskritik als Bewegung, außen und innen, als Dreiklang aus ›privat, politisch, theoretisch‹.

2. Das Persönliche ist das Politische

Diese ›Männergruppe‹ war mein Glück. Wir haben oft zusammen gekocht, ich war nicht besonders gut darin. Auch mit meiner monogamen, festen, jahrelangen Beziehung war ich manchmal in einer fast komischen Rolle, wenn die anderen ihre ›Beziehungsgeschichten‹ im Sinne von ›neu‹ und ›vorbei‹ hatten. Aber den anderen ging es mit ihren Eigenarten und Eigensinnigkeiten ebenso wie mir. Insofern war die Gruppe ein selbstorganisierter ›Schutzraum‹. Ein ›Schutzraum‹ für Männer im Patriarchat, kann das gut gehen? Die Männerszene wurde durchaus kritisch beäugt: ging es um einen Ort der Selbstkritik oder um eine Startrampe für männerbündisches Verhalten? Gute Freunde von uns schrieben zum Beispiel ein viel diskutiertes Papier, in dem sehr oft die Formulierungen ›wir Männer‹ und ›eigener Standpunkt‹ auftauchten, das weckte bei uns Misstrauen und Kritik[2]. In der Tat haben auch wir einige der Aktivitäten der Männerszene für reaktionäres, kumpelhaftes Verbinden gehalten. Einige der ›Männergruppen‹ bildeten auch den Nährboden für spätere antifeministische Aktivitäten, z.B. als Plattform im Netz, aber auch als ›identitäts-suchende‹ oder ›-stiftende‹ Jungenarbeit.

Wir haben uns über sechs Jahre lang getroffen und versucht, in Abgrenzung zu ›Männerbund‹-Ideen eine Art Leitbild aus dem Dreigestirn ›privat, politisch, theoretisch‹ zu entwickeln und umzusetzen:

›Privat‹: Es ging darum, sich um sich selber zu sorgen, die eigene Sexualität in ihren Widersprüchlichkeiten anzunehmen, zu reflektieren, zu kritisieren, aber auch zuzulassen. Einige Dinge wurden aber wohl auch in sechs Jahren nie erzählt oder hinterfragt, hier soll nichts beschönigt werden. Und die Frage nach Kindern und Vaterschaft haben wir auch vor uns hergeschoben. Es gab aber auch Glücksmomente, wenn z.B. ›Fehler‹ erlebbar gemacht wurden, statt sie nur (wie sonst ›da draußen in dieser Welt jenseits unserer Gruppe‹) zu verdrängen. Oder andere Männer in kritischen Situationen (Trennung, Pornosucht, sexuelle Grenzverletzungen) nicht einfach fallen zu lassen, sondern zu beraten, zu unterstützen, aber auch Grenzen zu setzen und Distanz zu markieren. Die Probleme der anderen wollten wir immer mit den Schnittmengen zu den eigenen sehen. Kritik als Selbstkritik, Probleme von Männern als Problem des Konstruktes ›Männlichkeit‹ verstehen lernen, auch ohne Lösungen parat zu haben. Wir hatten die Hoffnung, dass aus Kritik Beratung und aus Beratung Veränderung werden könnte, allerdings waren die Versuche selten von Erfolg gekrönt.

›Politisch‹: Wir begannen, in Bezug auf die ›große‹ Politik wie auch in der eigenen (autonomen) Szene, das Verhältnis zu feministischen Positionen (später kam das Verhältnis zum Antisemitismus hinzu) als ›Lack-

2 Das Papier hieß »Das Spaghetti der Erkenntnis oder: die Nüdel des Grauens« Siehe: http://www.archivtiger.de/downloads/broschueren/spaghetti.pdf.

mustest‹ nehmen. Und deshalb einfach nicht mehr jeden (Szene-)Scheiß mitmachen.

Ein Beispiel: Die Besetzung des ›Kubat-Dreiecks‹[3] ging einher mit sexistischen und homophoben Sprüchen und Aktionen. Einige wollten das nicht länger mit ansehen und gründeten das ›Männercafé‹, für kurze Zeit ein Treffpunkt der schwulen und nicht-schwulen autonomen Männerszene in (West-)Berlin, dem die schwulen Männer mehrheitlich dann aber bald wieder fernblieben.

Das war aber nicht mein Weg. In unserer Gruppe entstand vielmehr die Idee, die beiden P's (politisch/privat) nicht allein durch das ›T‹ für Theorie, sondern durch ein drittes ›P‹ zu ergänzen: ›p‹ wie pädagogisch. Wir wurden von der Jugendbildungsstätte Kaubstraße e.V. in den Teamkreis eingeladen. Rückblickend würde ich sagen, dass unsere einzige Qualifikation zum pädagogischen Arbeiten darin bestand, dass wir in Sachen Feminismus und Gender-Politik nicht allzu schräge Ansichten hatten und insgesamt eher neugierig waren. Es ging also eher um unsere Haltung als um unsere Qualifikation im herkömmlichen Sinne. Anderseits herrschte große Offenheit gegenüber Männern, die patriarchatskritisch arbeiten wollten und wir konnten uns viele Methoden der feministischen Mädchenarbeit abgucken und leicht abgewandelt in der Jungenarbeit ausprobieren. Gender-sensible Arbeit (den Begriff benutze ich heute) wurde damals unter verschiedenen Labels diskutiert: von ›antisexistisch‹ bis ›geschlechterreflektiert‹. Gemeinsam war allen die Praxis, eine gemischte Gruppe Jugendlicher während eines Seminars zweigeschlechtlich in ›Jungen‹ und ›Mädchen‹ aufzuteilen und das Team auch jeweils ›männlich‹ und ›weiblich‹ zuzuordnen. Die queere Perspektive befand sich Anfang der 90er-Jahre, zumindest in der pädagogischen Praxis, noch in den Anfängen. In der Theorie war die Kritik an ›Identität‹ schon bekannt und aufgenommen, in der pädagogischen Praxis arbeiteten die meisten jedoch strukturell zweigeschlechtlich.

3 1988 sollte ein Teil des DDR-Territoriums, der auf der ›West-Seite‹ der Mauer lag, auch offiziell an Westberlin abgegeben werden, weil dort eine Autobahn gebaut werden sollte. Zur weiteren Geschichte und den folgenden ›Mauersprung‹ von West nach Ost siehe: https://taz.de/Fuenf-Wochen-Kubat-Dreieck/!1845716/ und https://taz.de/Geschichte/!5179799/ Heute steht dort das ›Beisheim-Center‹ – benannt nach dem Mitglied der ›Leibstandarte SS Adolf Hitler‹ und späteren Metro-Chef Otto Beisheim. – ein Ort diverser Niederlagen also.

Wir haben dann *Pat-Ex e.V.* als Verein für patriarchatskritische Jungenarbeit gegründet und jahrelang Kurse für Kinder, Jugendliche, sowie Fortbildungen für Lehrer*innen und andere Pädagog*innen angeboten. Einer der größten Erfolge dieser Arbeit war vielleicht das Buch *Müssen Jungen aggressiv sein?*, das im Verlag an der Ruhr erschien und sich, wahrscheinlich wegen des Wortes ›aggressiv‹ im Titel (wofür wir nichts konnten, das kam vom Verlag), einige tausend Mal verkauft hat.

Wenn mensch davon hätte leben können, würden wir, zumindest zum Teil, vielleicht noch immer solche Kurse anbieten. Vielleicht wären wir auch jetzt als Quereinsteiger Lehrer an Grundschulen oder Erzieher. Damals standen aber solche Optionen nicht offen. Die einzige Institution, die es geschafft hatte (und bis heute geschafft hat), unter den damaligen wie aktuellen Rahmenbedingungen patriarchatskritische Arbeit mit und für Jungen zu entwickeln, später dann eher die Forschung dazu voranzutreiben und heute unter gesamt-queerer Perspektive ein großes Spektrum von Projekten umzusetzen, ist Dissens e.V. Auch bei Dissens ist bis heute niemand reich geworden, und die, die nicht zumindest phasenweise in diesen Projekten arbeiten und etwas verdienen konnten, haben sich mit Mischfinanzierung durchgeschlagen wie viele andere. Bei mir war es eine Mischung aus Sozialhilfe, Arbeitslosengeld, Taxifahren, Sprachunterricht. Leider nur *ein* gelungener Banküberfall dabei ;).

Aber irgendwie scheint es bisher doch eine Erfolgsstory zu sein: der sich emanzipierende Mann, der zusammen mit anderen handlungsfähig wird und bleibt. ›Emanzipation‹ meint ursprünglich übrigens genau dieses: die Entlassung des jungen Mannes aus der Hand des Vaters in die patriarchale Gesellschaft als männlich-handelndes Subjekt.

Klingt doch zu schön, um wahr zu sein, deshalb jetzt die andere Variante dieser Geschichte:

Einer der Höhepunkte unserer Theorie-Diskussion in der Männergruppe war die Debatte zum sogenannten ›Mythos der Unabhängigkeit‹. Dazu gab es eine längere Artikelserie in der Szene-Zeitschrift *Interim*, angestoßen von zwei Autorinnen (soweit ich mich jetzt erinnere). Es war eine Kritik an einem der Kernbegriffe der autonomen Bewegung, der ›Autonomie‹, als männlichem Konstrukt, welches die immer vorhandenen Abhängigkeiten in menschlichen und politischen Beziehungen leugnet. Diese Kritik war für uns, produktiv gewendet, eine Erleuchtung. Jahre später führten sie auf dem ›Autonomiekongress‹ in der TU Berlin (1995) zum Eröffnungs-

Slogan ›Autonomie ist selbstbestimmte Abhängigkeit‹ – ein Versuch, die Ambivalenzen des Begriffs auf eine kurze Formel zu bringen. Derrida (dazu später mehr) hätte das gefallen.

Ebenso wie zu Beginn dieser theoretischen (Selbst-)Findung stand auch zu Beginn der Gründung des Vereins *Pat-Ex e.V.* eine feministische Initiative: Es gab vonseiten feministischer Strukturen im Berliner Senat einen Modellversuch, der an Berliner Schulen durchgeführt werden sollte: ›Konfliktbewältigung für Mädchen und Jungen‹. Frauen für die ›Mädchenseite‹ des Projektes gab es viele, auf der Männerseite reichte wieder die ›Haltung‹ plus irgendein Abschlusszeugnis als Qualifikation. In unserer Männergruppe hatten zwei ein Diplom, wir wollten aber als Gruppe arbeiten, also gründeten wir den Verein, um die Arbeit über dieses Konstrukt trotz offiziell nur zweier Arbeitsverträge umverteilen zu können.

Insofern ist die Geschichte dieses n(ich)t, von dem hier erzählt wird, ohne die Geschichte feministischer Kämpfe und Projekte, sowohl in der autonomen wie auch der institutionellen Variante, nicht denkbar. Es gibt kein ›männliches‹ Subjekt, welches sich handlungsmächtig konstituiert und autonome Kämpfe führt, schon gar nicht in Bezug auf→ ›Geschlecht‹. Deshalb haben wir versucht, uns gegen Sätze, die mit ›ich‹ anfangen, zumindest in Bezug auf ›Männerpolitik‹ zu immunisieren.

3. Theorie

Theoretisch sind diese Teile der ›Männerszene‹, von denen hier berichtet wird und zu denen n(ich)t mich zähle, insofern recht eindeutig in der identitätskritischen, vielleicht als postmodern zu labelnden Richtung gelandet. Der Weg dorthin ist aber auch nicht als roter Faden nachzuzeichnen. Ich selber erinnere als Meilensteine die bereits erwähnte Kate Millet (*Sexus und Herrschaft*), die für mich sehr inspirierende (und irgendwie vergessene?) Mariana Valverde (*Sex, Macht und Lust*), Passagen aus Theweleit (*Männerphantasien*). Judith Butler kam bei mir viel später, aber einer aus unserer Gruppe hatte schon früh Carol Hagemann-White eingeführt, und ich glaube, das war der Grund, warum die Postmoderne mit Butler dann bei mir auf so fruchtbaren wie auch schon vorbereiteten Boden fiel. Aber es gibt kein Modulhandbuch feministischer Lektüre, auch die Debatte um → Intersektionalität wird nicht die Krönung feministischer Theorie bleiben (zumal viele ihrer Theoriefragmente in anderer Form schon in viel älteren

Schriften auftauchen). Heute lese ich, wenn ich Zeit habe, gerne Klassiker nochmal neu (von A wie – Überraschung – Alice Schwarzer bis z.B. J wie Jessica Benjamin). Bleibend in Erinnerung das Buch von Beauvoir *Soll man de Sade verbrennen?* – für mich entstand so eine Möglichkeit, auch fragwürdige patriarchale Konstellationen (die sexualisierten Phantasien de Sades) dennoch in der Aneignung produktiv-kritisch wenden zu können. In meiner Dissertation habe ich vielleicht aus dieser Motivation heraus versucht, aus den hochgradig-problematischen Märchen der Gebrüder Grimm am Beispiel des Schneewittchen-Märchens genderkritische Potenziale für die pädagogische Arbeit abzuleiten. Auch in der Theorie gibt es ja keine ›Unabhängigkeit‹ und eigentlich auch kein ›Original‹. Und es wäre ja ein Wunder, wenn nach zigtausend Jahren Patriarchat ausgerechnet in unserer Generation die wirklich endgültige Theorie geschrieben und gefunden würde. Gegen diese Versuche, große Theorie-Erzählungen zu verfassen, hilft vielleicht nur die Verzwergung in der Gruppe in Form der Negation.

Womit ich bei meinem persönlichen Theorie-Stichwort wäre, der ›Dekonstruktion‹ und Derrida. Dekonstruktion nicht als (derzeit gängiges) Modewort, es ist ja gerade kein Synonym für ›Kritik‹, sondern als immer wieder unterbrochener wie unterbrechender Zugriff zur Welterkenntnis, als ›unmögliche Möglichkeit‹ (Derrida), als Chance, ›Entwicklung‹ oder besser ›Entfaltung‹ für möglich zu halten und dennoch nicht auf klassischen ›Fortschritt‹ zu setzen – und auch nicht auf den Außenstandpunkt, der eine ›Kritik‹ angeblich erst möglich macht. Schließlich als medial offene Form, in der Texte und Filme, Sprache, Gesang und Architektur immer in ihren Ambivalenzen auf- und untertauchen können. Nicht umsonst heißt eines der Schlüsselwerke der Postmoderne in dieser, meiner, Lesart *Die Postkarte*: *Das* Medium der Sendung (›dazu später mehr‹) und des Empfangens (›da ist ja etwas geschickt worden‹), welches in seinem ›Immer-zwei-Seiten Haben‹ wie im kindlichen Spiel des ›Fort/Da‹ (Freud) nur durch die Drehung erfahrbar wird. Insofern ist es als kleine Reminiszenz dieses Artikels die Wahl des n(ich)t, welches sich ja ohne weitere Erläuterung oder ›Drehung‹ ebenfalls weder lesen noch sprechen lässt.

Ergebnisse? Nach ca. 35 Jahren ›privat plus politisch plus pädagogisch‹ und das ganze theoretisch gerahmt? Als patriarchatskritischer Mann in der aktuellen Gesellschaft? Wenn alles mit rechten Dingen zugehen würde, müsste ich am Hungertuch nagen. Aber ähnlich wie der Kapitalismus seine Kritiker*innen allzu gerne integriert, um daraus neues Potenzial abzuleiten, ist auch das Patriarchat vielleicht nicht reformresistent und bietet Posten und Nischen an, auch für mich, warum auch immer: Aktuell arbeite ich als Professor an einer Hochschule für angewandte Wissenschaften, unbefristet, in einem Studiengang namens ›Soziale Arbeit‹. 80 % der Studierenden sind Frauen*. Etwa die Hälfte der Kolleg*innen (aber nicht 80 %!) sind ebenfalls Frauen*. Selbst für eine ›Männer‹-Position ist der Job ungewöhnlich sicher, selbst in Corona-Zeiten kann ich mir das Ganze ›von außen‹ anschauen, mein Geld fließt, obwohl ich gar nicht ›systemrelevant‹ bin. Ich bin also die Karriere-Leiter hinaufgefallen und auf dem besten Wege, ein ›alter weißer Mann‹ zu werden. Ich kann meine Meinung in die Welt hinausposaunen, ungebremst Mansplaining betreiben. Ich bin Teil eines Apparats, der Frauen* und einige Männer* auf schlecht bezahlte Jobs vorbereitet, das nennt die Restwelt dann oft ›Frauen-Jobs‹. Ich habe Macht, kann (über Notenvergabe) disziplinieren, bin vor Angriffen geschützt und kann mich in einem nicht sehr an klassischer ›Leistung‹ orientierten Umfeld ganz gut als ›umgänglicher Prof‹ inszenieren. Ups, jetzt habe n(ich)t sogar das ›Ich‹-Wort benutzt, Zufall?

Wie das? Zahlt sich Patriarchatskritik im Patriarchat aus? Gibt es eine ›patriarchale Dividende‹ (Connell) trotz oder durch Patriarchatskritik?

In meinem privat-politisch-pädagogischen Leben versuche n(ich)t zumindest, diese Widersprüche sichtbar zu machen. N(ich)t versuche, in den Seminaren diese ppp-Mischung zu vermitteln, durchaus also das Private gegen die ›hohe Theorie‹ in Stellung zu bringen, aber auch mit der Theorie das vermeintlich Authentische (›ich fühle mich aber so‹) als Effekt möglicher Konstrukte infrage zu stellen. ›Identität‹ ist oft das, was vor den Widrigkeiten des Lebens schützt, auch mich und auch die Studierenden. Aber ›Identitätskritik‹ muss das immer wieder hinterfragen, auch zertrümmern, um nicht in falscher Gewissheit in den nächsten Burnout zu stolpern.

In meiner beruflichen Tätigkeit steht mir ›Irgendwas mit Medien‹ auf der Stirn, n(ich)t versuche, mit Hilfe der Vielsprachigkeit der Medien die Vielgestalt politischer Herrschaftsverhältnisse sichtbar zu machen. Das macht oft Spaß und gibt mir das Gefühl, etwas weiterzugeben von dem, was ich erfahren habe. ›Professor‹ verstehe ich nicht als ›neutraler, allwissender Wissenschaftler‹, sondern im ursprünglichen Wortsinn als ›Bekenner‹, also auch als jemand, der eigene Fehler sichtbar hält, um über die Fehler ›im Ganzen‹ sprechen zu können. Dennoch vergebe ich

Zertifikate als Zugang zum Lohnarbeitsmarkt und benote diese auch, wissend, dass das Unsinn ist.

Ob sich diese Leitgedanken in konkretem Verhalten umsetzen, müssten die Studierenden beurteilen. Meine Lust zu antiautoritärem Umgang mit klassischen Disziplinierungsmechanismen wie Noten, Anwesenheitspflicht, Demütigung bei nicht erbrachter Leistung usw. würde n(ich)t aber nicht auf Männlichkeitskritik, sondern eher auf allgemein linke Autoritätskritik zurückführen. Vielleicht zeigen sich persönlich-feministische Besonderheiten immer noch ganz banal darin, dass es etwas ungewöhnlich sein dürfte, dass n(ich)t als ›Mann‹ Themen wie feministische (Medien-)Theorie und Sexualpädagogik in Seminarform anbiete.

Aber das ist keine ›eigene Leistung‹, n(ich)t bin kein ›self-made-man‹. Ich würde sagen, dass ich an entscheidenden Stellen, an denen es ›Weichenstellungen‹ gab, von Frauen angerufen wurde. Ab und zu auch von Männern, die aber in vergleichbaren, eher randständigen Situationen waren wie n(ich)t. Ich bin also als ›gender-reflektierter cis Mann‹ ein erfolgreiches Produkt des institutionellen Feminismus, des ›Gender-Mainstreaming‹. Meine Eigenleistung bestand vielleicht ganz banal zunächst darin, dass n(ich)t mich über diese Anrufe und deren Konsequenzen gefreut habe und es nicht, wie vielleicht andere Männer, als beschämend empfunden habe, von Frauen gefördert zu werden. Meine Bilanz wäre demnach: ›Feminismus lohnt sich!‹ – toller Job, tolle Freund*innen, ab und zu sogar toller Sex – was will ›mann‹ mehr? Ist das zynisch?

So ist es nicht gemeint, eher so: die Macht- und Herrschaftsverhältnisse, die meiner Meinung nach immer noch am besten mit ›Patriarchat‹ bezeichnet werden, sind so mächtig, dass es auch für Kritiker Aufstiegschancen gibt. Wahrscheinlich mehr als für Kritiker*innen. *Diese* Macht wird also immer ›mit dir sein‹, wie schon der Vater aller Väter, Darth Vader wusste.

Und um auch dieses Stichwort der Vaterschaft noch aufzunehmen: Zu Beginn dieses Textes steht die Kritik der ›Heteronormativität der Geschichte von ›boy meets girl‹ im Schneewittchen-Märchen. N(ich)t selber lebe heterosexuell verheiratet und mit zwei Kindern, die als Junge und als Mädchen aufwachsen – es wäre verlogen, wenn n(ich)t mir bescheinigen würde, dieses herkömmliche Modell außer Kraft gesetzt zu haben. Und es wäre genauso verlogen, abzustreiten, dass es mir in diesem Modell ziemlich gut geht, das Wort ›Glück‹ leuchtet da irgendwo am Horizont auf. Vater zu sein, ist eine willkommene Normalität in meinem

Leben geworden. Wie es dazu kam und was das mit meinem eigenen Vater zu tun hat, müsste n(ich)t mal ergründen, das kann n(ich)t hier nur als ›offensichtliche Leerstelle‹ (ganz im Sinne Derridas) benennen. Was wir in unserer Familie (noch so ein Wort) schaffen, ist eine gleichberechtigte und auch gleich gewichtete Arbeitsverteilung. Und n(ich)t habe mich in den entsprechenden Entscheidungssituationen, und die gab es oft, immer gegen Karriere/Forschungsprojekt/Publikation/›richtiger Professor werden‹ und für Kinder/Frau/Familie/Selbstsorge entschieden. Aber was sind das für Zeiten, in denen man diese Selbstverständlichkeiten schon als irgendwie bemerkenswert erzählen kann?

Wir leben in vermachteten und verherrschaftlichten Zeiten, nach wie vor. Was dagegen zu tun wäre? Vielleicht einfach immer wieder sich selber und sich gegenseitig Mut machen: Lesen, Filme gucken, Psychoanalyse und Psychotherapie nicht doof und ›bürgerlich‹ finden, sich mit popkulturellen Feldern wie Games beschäftigen, sich Wut bewahren, aber nicht dauernd wütend werden, nicht so viel ans ›Ich‹ denken, sondern mehr ans n(ich)t.

Quellenverzeichnis:

Beauvoir, Simone de (1997): *Soll man de Sade verbrennen? Drei Essays zur Moral des Existentialismus.* Reinbek bei Hamburg: Rowohlt (Rororo, 15174).

Benjamin, Jessica (1990): *Die Fesseln der Liebe: Psychoanalyse, Feminismus und das Problem der Macht.* Frankfurt (M.): Stroemfeld.

Butler, Judith (1990): *Das Unbehagen der Geschlechter (Orig: gender trouble).* Frankfurt(M.): Suhrkamp.

Connell, Raewyn (2015): *Der gemachte Mann. Konstruktion und Krise von Männlichkeiten.* 4. durchgesehene und erweiterte Auflage. Hg. v. Michael Meuser und Ursula Müller. Wiesbaden: Springer VS (Geschlecht und Gesellschaft, Band 8).

Derrida, Jaques (1982): *Die Postkarte. Von Sokrates bis an Freud und Jenseits. Lieferung 1 und 2.* Berlin: Brinkmann & Bose.

Derrida, Jaques (2003): *Eine gewisse unmögliche Möglichkeit, vom Ereignis zu sprechen.* Berlin: Merve.

Hagemann-White, Carol (1984): *Sozialisation: Weiblich – männlich?* Opladen: Leske und Budrich

Millet, Kate (1970): *Sexus und Herrschaft: Die Tyrannei des Mannes in unserer Gesellschaft.* München: Kurt Desch Verlag.

Schwarzer, Alice (Hg.) (1988): *PorNo. Die Kampagne, das Gesetz, die Debatte.* Köln: Emma-Frauenverlag-GmbH (Emma. Sonderband, 5).

Theweleit, Klaus (1977): *Männerphantasien.* Frankfurt (M.) Stroemfeld/Roter Stern.

Valverde, Mariana (1985): *Sex, Macht und Lust.* Frankfurt (M.): Fischer Taschenbuch.

Walser, Robert (1978, Orig. 1915): *Rede an einen Ofen.* In: Ders.: Poetenleben, Frankfurt (M.): Suhrkamp, S.94-95.

Fikri Anıl Altıntaş

1001 Annahmen, die nicht meine waren

Ansprüche

Einer meiner Freunde steigt aus dem Wasser, blickt zu mir und sagt: »Iss jetzt auf, wir müssen langsam nach Hause, unsere zwei Stunden sind bald vorbei. Sonst müssen wir draufzahlen.«

Ich nehme den Hinweis in meinen letzten Bissen Pommes auf und mache mich auf den Weg. Schnell hole ich mein Handtuch aus dem Schließfach und öffne die Tür zur Sammeldusche. In der Dusche ist es sehr heiß. Das Geräusch des fließenden Wassers übertönt die Gespräche. Als die Rentner zu Ende geduscht haben und sich umziehen gehen, haben wir Jungs den Duschraum endlich für uns allein. Alle ziehen sich aus, legen das Shampoo auf die Ablage und stellen sich unters Wasser. Nur ich brauche noch ein wenig.

»Warum ziehst du deine Badehose nicht aus? Hast du kein Bock, richtig zu duschen, oder was?«

»Nein, ich habe nur kein Bock, die Badehose auszuziehen.«

»Warum nicht, Alter? Hast du einen kleinen Schwanz, oder was?« Meine beiden Freunde brechen in Gelächter aus.

»Nein, nur kein Bock.«

Ich behalte sie an, stelle mich widerwillig neben sie und merke plötzlich, wie einer meiner Freunde versucht, mir die Badehose herunterzuziehen. Ich wehre mich mit allen Mitteln und bin froh, als andere Badegäste in die Dusche kommen. Meine Freunde lassen sofort los, ich dusche mich zu Ende und gehe nach Hause, ohne weiter einen Gedanken daran zu verschwenden.

Das war ein typischer Augenblick meiner Jugend. So ging es die meiste Zeit. Ich spielte zum Beispiel Fußball im örtlichen Verein. Bis 2005 gehörte es zu meinem Alltag und ich habe es geliebt, gemeinsam mit den Jungs zu schwitzen, zu gewinnen, zu verlieren, unseren Idolen nachzueifern. Nach jedem Spiel und Training gingen alle in die Kabine, um zu duschen. Das war auch nötig, da wir manchmal auf Schotterplätzen spielten und die gesamte Kleidung und wir ziemlich dreckig wurden. Nur ich ging nach kurzer Kabinenansprache vom Trainer sofort nach Hause, denn ich wollte allein sein. Nicht weil ich mich schämte, sondern weil ich mich nicht ständig rechtfertigen wollte für etwas, das in meine Privatsphäre fiel. Was für die einen als typischer Scherz kleiner Jungs im Alter von elf Jahren galt, war für mich sehr viel mehr. Es zeigte, wie selbst in einem Raum, in dem körperliche Grundbedürfnisse, nämlich Hygiene, befriedigt werden sollen, mein Körper und die Art und Weise, wie ich ihn sehe und selber sehen möchte, Objekt von ständiger Auseinandersetzungen und Erwartungshaltungen vonseiten anderer Jungs wie auch der gesamten Gesellschaft war. Wer sich nicht auszog, um seinen Körper zu zeigen und zu vergleichen, der war anders, wurde ausgegrenzt, anders gemacht, stigmatisiert. Dieser jungenhafte Penisvergleich ist keine Bagatelle. Er war meine erste Berührung mit Männlichkeitsvorstellungen, die sich kontinuierlich im Verhalten vieler Männer, auch meinem, widerspiegeln und Ansprüche an Körper und Sexualität stellen – bis heute.

Aber der Reihe nach: Mein Vater ist in den 1980-Jahren aus der Türkei nach Deutschland gekommen, um sich ein anderes Leben zu ermöglichen. Meine Eltern haben sich zwischen Nordrhein-Westfalen und Hessen kennengelernt. Ende der 80er-Jahre, zu einer Zeit, als Nazis aus rassistischer Motivation heraus Migrant*innen und alle, die sie als solche markierten, ermordeten und in Deutschland die Stimmung gegen ›Ausländer‹ ihren Höhepunkt erreicht hatte. Das Ergebnis waren Terroranschläge in Solingen und Mölln. Rassismus war ein Teil unserer Lebensrealität. Meine Mutter begleitete meinen Opa nach Deutschland, der als Gastarbeiter in einer Betonfabrik bei Siegen beschäftigt war. Wir wuchsen in bescheidenen Verhältnissen auf: Mein Vater arbeitete als Lehrer für muttersprachlichen Unterricht an einer Schule, meine Mutter unterstützte die Familie als Putzkraft. Auch die Rollen zu Hause waren klar verteilt. Mein Vater verdiente das Geld, meine Mutter kümmerte sich um die Hausarbeit. Sein Männlichkeitsbild war geprägt von seinem Aufwachsen in einem Dorf im Westen der Türkei. Er ist als Sohn einer Bauernfamilie in ärmlichen Verhältnissen aufgewachsen und hat diese Rollenverteilung von seinen Eltern übernommen. Meinen Opa, den ich nie kennenlernte, beschrieb er als liebevoll, aber sehr streng seinen Kindern gegenüber. In meiner Jugend war er für mich auch ein strenger Vater, er war dominant und gab den Ton in der Familie an. Mal bedächtig, oft genug laut und ohne wirkliche Möglichkeit zum Dialog auf Augenhöhe. Bei mir als Sohn war das aber ein wenig anders. Mit ungefähr zwölf Jahren fing bei mir die Pubertät an. Meine Eltern hatten sich, so sagten sie mir, auf einiges gefasst gemacht, da meine große Schwester ihre Grenzen oftmals getestet hatte und meine Eltern damit überfordert gewesen waren. Für mich wurde ihre Überforderung zum Glücksfall. Es war klar, dass ich als Junge viel mehr Freiheiten hatte. Damals war meine Schwester neidisch, dass ich viel mehr tun durfte als sie. Aber das war mir in der Pubertät egal. Diese Ungleichheit sollte mich nicht davon abhalten, diese Freiheiten auszuleben. Abends länger ausbleiben, ständig draußen sein zu können und meinem Vater Widerrede geben. Meine Schwester hat Hausarrest bekommen, mir wurde all das verziehen. Das hat sich vor allem darin gezeigt, dass ich mit meinem Vater diskutieren konnte, wenn ich wieder bei einem Kumpel übernachten wollte, ohne dass es ein größeres Problem war.

Pokémon und Sex

Dieser Kumpel, mit dem ich damals meine Freiheit als pubertierender Junge ausleben konnte, war mein bester Freund. Wir liebten es, gemeinsam Basketball zu spielen, und verbrachten jede freie Minute damit. Zur gleichen Zeit etwa entdecken wir die Masturbation für uns. Unser Tagesablauf war festgelegt: Er kam zu mir, wir gingen stundenlang Basketball spielen und danach masturbierten wir gemeinsam, zwischendurch gab es Toast mit Suçuk und Käse aus dem Sandwichmaker. Die schönste Routine, die ich mir vorstellen konnte. Anfang der 2000er, also zu der Zeit, als man noch illegal Dateien aus dem Internet zog, gingen wir nicht auf die Suche nach Musik, sondern nach Pornos. Ich speicherte sie auf einer CD, die ich mit ›Pokémon‹ beschriftete, damit meine Eltern keinen Verdacht schöpften, falls sie mal in meinem Zimmer herumkramen würden. Ich weiß gar nicht mehr, wie viele wir uns anschauten. Aber eines wurde relativ schnell klar: Sie beeinflussten meine Vorstellung von Männlichkeit und Sex. Eine Vorstellung, die ich noch nicht hatte. Bei fast jedem gesehenen Film gab es unumstößliche Muster – so wie bei Pop-Songs, die immer gleich klingen und sich nicht verändern müssen, weil sie erfolgreich sind: Männer, die ausdauernd und muskelbepackt Penetrationssex performten. Das Vorspiel und Kuscheln davor oder danach war nebensächlich. Frauen wurden als sexuell verfügbar und leicht zu verführen dargestellt. So, dachte ich, sollte es auch bald bei mir sein. Die Pornos dienten als Anleitung, als sicheres

Rezept zum Gelingen für Sex. Das gemeinsame Masturbieren war das Training, die Vorbereitung zur erfolgreichen Performance. Damit da auch klappte, verglichen wir alles: unsere Penisse, unsere Körper, die Art, wie wir uns kleideten. Das Ziel: so gut es geht bei Mädchen ankommen. Ich habe nie offen über Ängste und Erwartungen mit ihm gesprochen. Die konsumierten Bilder bestmöglich zu erfüllen, war meine Herkulesaufgabe, die jeder in unserem Freundeskreis genauso versuchte zu meistern. Wir gingen sogar so weit, dass wir in einer Art sexualisierter Rangelei bekleidet Penetrationssex simulierten. Wir nahmen abwechselnd die (→ heteronormative[1] und auf den Mann ausgelegte) Rolle von Mann und Frau ein und taten so, als ob die eine Person penetrierte und die andere penetriert wurde. In unserer Jugend dachten wir, so wären wir vorbereitet auf Sex, aber auch darauf, wie wir Mädchen ›klarmachen‹ könnten.

Mit 14 Jahren standen die ersten Faschingspartys bei uns in der Gegend an. Während zu *Right Thurr* von *Chingy* alle gemeinsam tanzten, genoss ich es zum ersten Mal, in den Clubs auf die ›Jagd‹ nach Mädels zu gehen. Die einstudierte Routine fing an, sobald ich mit den Jungs drin war. Ein prüfender Blick in den Raum, um zu schauen, wer potenziell Lust haben könnte, aber auch, wer überhaupt infrage kam. Erhob jemand Ansprüche auf eine Person, wurden halt die verbleibenden Mädchen unter den restlichen Jungs ›aufgeteilt‹. Gefiel mir ein Mädchen, sagte ich das meinen Jungs. Dann wussten Sie Bescheid. Sie würden mir helfen. Gegenseitig unterstützten wir uns dann als ›Wingmen‹, also Freunde, die sich dabei halfen, Mädels klarzumachen. Die Jagd auf Mädels war ein Teamsport. So war es abgemacht. Wurde in der Runde niemand gesichtet, lief ich so lange im Club herum, bis sich jemand auf einen Blick einließ. All unsere Freunde waren da. Jeder würde wissen, wer was mit wem haben sollte. Es war die perfekte Bühne für ein Schauspiel, das in der Regel nur einen Gewinner wusste: Jungs. Die Bedürfnisse von Mädchen wurden meist ausgeblendet. Wollte eines auf der Tanzfläche nach der ersten Begegnung und ein bisschen Quatschen nicht rummachen, wurde noch intensiver angetanzt und manchmal mit einem beherzten ›Warum nicht?‹ nachgeholfen. Dieselbe Masche probierte ich immer wieder, bis ich meinen ersten Kuss auf einer Geburtstagsparty hatte und auch noch danach, als ich fast jedes Wochenende auf Partys in Grillhütten in den umliegenden Dörfern unterwegs war. Heute flirte ich nicht

1 Alle mit einem → gekennzeichneten Begriffe werden im Glossar erläutert.

mehr so. Nach deutlichem Desinteresse würde ich nie auf den Gedanken kommen, nachzufragen und oder einen Kuss oder mehr einzufordern. Aber damals war ich fest im Glauben daran, dass ich nichts falsch mache, weil ich etwas tat, das akzeptiert war, und somit keine Grenzen überschritt. So zumindest dachte ich das.

Meine erste Freundin

Kurz vor meinem 16. Geburtstag lernte ich dann meine erste Freundin kennen. Ich genoss es sehr, unsere ersten sexuellen Erfahrungen zu sammeln, während ich nach erstem Fummeln friedlich in ihren Armen einschlief und hoffte, dass ihre Mutter im Nebenzimmer uns nicht hörte. Der Austausch über Vorlieben, Erwartungen und Ängste bezüglich Sex gehörte von Anfang an für mich dazu. Dass das damals wichtig war, ist mir erst heute bewusst geworden, früher stempelte ich es als normales Gespräch zwischen Freund und Freundin ab. Mein erstes Mal war deshalb auch sehr aufregend. An einem Wochenende kam sie wie üblich zu mir und als meine Eltern bereits eingeschlafen waren, wollte ich es endlich tun. Nach kurzer Zeit war es auch wieder vorbei – weniger spektakulär, als ich es von allen meinen Freunden gehört hatte. Wir hatten es endlich gemacht, waren wir uns sicher. Um aber ganz sicher zu sein, setzten wir uns nackt vor den PC, gaben ›Wann wissen wir, dass wir unser erstes Mal hatten?‹ in die Suchleiste ein und verloren uns in den absurden Darstellungen auf zwielichtigen Ratgeberseiten. Aber eines wird mir heute klar, wenn ich darüber nachdenke: Wir hatten etwas gemacht, das die Gesellschaft von uns erwartete, und allein das war eine große Erleichterung. In den nächsten Jahren habe ich viel ausprobieren konnen und mir den Raum gegeben, den ich als Jugendlicher brauchte. Ich merkte aber schnell, dass der Drang und der Wille zum Sex sehr oft von mir kamen. Meine Kumpel redeten oft darüber, wie viel Spaß es machte und dass sie gar nicht aufhören konnten. Das, was die anderen Jungs machten, wollte ich auch. Aber dafür musste ich zwangsläufig meine Bedürfnisse in vielen Situationen in den Vordergrund stellen. Ich gab also dem Druck, der durch meine Freundesgruppe entstanden war, nach und meldete meine Bedürfnisse bei meiner Freundin an. Es gab unzählige Momente, in denen ich »Hast du nicht auch Lust?« in ihr Ohr geflüstert habe, während ich wusste, dass sie mit mir schlafen würde, wenn ich es nur oft genug wiederholen würde. Das war keine wirkliche Zustimmung. Sie sagte einmal: »Manchmal habe ich das Gefühl, dass du mich nicht begehrst, sondern einfach den Sex abhaken möchtest.« Sie hatte Recht. Auch wenn ich sie natürlich begehrte, beherrschte mich früher gleichzeitig das Gefühl, Lust auf Sex haben zu müssen. Zu diesem Zeitpunkt war mir aber noch nicht bewusst, dass ich auch deshalb Lust haben wollte, weil es für Jungen einfach dazugehört, ständig Sex haben zu wollen. Dass dabei die Selbstbestimmung von Partnerinnen übergangen wird, war nebensächlich. Ich wollte ja nicht als jemand dastehen, der die Erwartungen an sein Mann-Sein nicht erfüllt. Ständige Lust war eine subtile Erwartung, der ich mich nicht entziehen konnte, und Übergriffigkeit das Resultat, das aber gesellschaftlich akzeptiert war. Mit diesen Ansprüchen musstest du dich auseinandersetzen, ob du wolltest oder nicht. Diese Ansprüche, also das bewusste Ignorieren der Bedürfnisse von Frauen wie auch von nichteinverständlichem Verhalten, habe ich in meiner Jugend internalisiert und aus Angst vor Ausgrenzung durch meine Freunde reproduziert. Sie führten zu Verhaltensweisen, die ich in der Rückblende als grenzüberschreitend empfinde. Viel mehr noch, es schockiert mich, weil es heute nichts anderes wäre als ›Rape Culture‹, die Toleranz und Duldung von Formen der sexualisierten Gewalt gegenüber Frauen. Ich war ein Teil dieser Kultur, aber das verstehe ich erst jetzt.

Sorgen

Für mein Studium bin ich nach meinem Freiwilligendienst in Albanien nach Tübingen gezogen. Ein kleines, grün-bürgerliches Idyll am Neckar südlich von Stuttgart, das ideal zum Studieren war. Seminare und Vorlesungen, Kaffee in der Universitätsbibliothek, Abendessen einkaufen und abends Filme gucken. Mein Tagesablauf war geregelt und zum großen Teil vorgeschrieben. Feiern war ich die meiste Zeit nicht, ich trank keinen Alkohol. Das alles änderte sich, als ich nach Istanbul zum Auslandssemester flog: Mein altes Ich blieb am Flughafen in Stuttgart zurück. Die Aufregung, in der Türkei zu sein und mich aktiv meinen Identitätskonflikten als Sohn von Eltern mit türkischer Einwanderungsgeschichte zu stellen, veränderte mich. Ich nahm mir fest vor, mich zwischen den Kontinenten von allen gedanklichen Zwängen in Deutschland zu befreien und meiner Selbstentfaltung Raum zu geben. Ich war hin- und hergerissen zwischen der Vorstellung, mich zwischen Europa und Asien für eine Form von Männlichkeit entscheiden zu müssen, also dem imaginierten aufgeklärten, liberalen Europa und dem konservativen, traditionellen Asien. Dabei die

Mitte für mich selber zu finden, war die schwierigste Aufgabe für mich als 21-Jährigen.

Der Unterricht an der Uni war sehr stressig und ich sah mich fast gezwungen, auf andere Weise meiner Überforderung Abhilfe zu verschaffen: Ich fing an, Alkohol zu trinken. Eine Welt tat sich mir auf, die mir extrem viel Spaß machte: nachts durch Clubs und Bars in Istanbul zu ziehen und dabei oft genug die Kontrolle verlieren. Ich will nicht lügen, es war wunderschön. Aber damit begann eine Phase, in der mein Selbstbewusstsein einen zusätzlichen Anschub erhielt, während gleichzeitig meine Unsicherheiten ungewollt deutlicher zutage traten. In dieser Zeit ging ich offener mit meinen romantischen und sexuellen Bedürfnissen um und probierte mich aus. Durch das exzessive Trinken geriet ich plötzlich in Situationen, in denen ich nicht klar Grenzen meiner Intimität abstecken konnte und auch wieder lernen musste, Frauen anzusprechen. Davor hatte ich noch nie mit einer anderen Person als meiner Ex-Freundin geschlafen, das heißt, mich und meinen Körper nie so offen jemandem gezeigt, den ich nicht gut kannte. Das änderte sich, als ich in der Türkei jemanden kennenlernte. Sie kam aus den USA und war zum ersten Mal im Ausland. Auf den ersten Erasmus-Partys lernten wir uns bei viel Alkohol kennen, danach verloren wir uns immer mehr in gegenseitigem Begehren und küssten uns zum ersten Mal im dunklen Treppenhaus ihres Studierendenwohnheims. Es war bis dahin sehr aufregend. Ich konnte mit dieser Form von Intimität gut umgehen. Aber ich wusste, dass es weiter gehen würde, und das machte mir Angst. Zum ersten Mal sah ich mich in der Situation, meinen Körper jemandem zu zeigen und dabei völlig meiner körperlichen Unsicherheit ausgesetzt zu sein. Sie fühlte sich sehr wohl in ihrem Körper, ich hingegen hatte meine Grenzen, aber auch Unsicherheiten fest im Blick. Mein T-Shirt zog ich aus, wenn wir auf ihrem Bett kuschelten und knutschten, aber sobald sie ihre Hand in Richtung meiner Hose führte, nahm ich sie weg und sagte beschämt:

»Nicht jetzt, ich will uns noch Zeit geben.«

Kurze Stille.

»Du bist der erste Junge, den ich kenne, der sowas nicht zulässt.«

Ja, das wurde mir auch von meinen Freunden oft gesagt.

Es hörte nicht auf

Das war kein Einzelfall und ging so weiter, als ich wieder nach Tübingen zurückkam. Am Ende vieler Partynächte in der nächstgelegenen Studierendenbar stellte ich mir meist viel zu spät die Frage, warum ich überhaupt mit Frauen ins Gespräch kam, wenn ich ihnen nicht das geben konnte, was sie (vermeintlich) wollten.

Ich war fest überzeugt, dass jeder Abend den gleichen Ablauf haben musste. Und auch in den Studierendenbars fühlte ich mich wohl in meiner Routine. Ich überprüfte – wie damals bei den Faschingspartys in meiner Jugend – den Raum und wartete, mal mehr, mal weniger geduldig, auf eine Frau, deren Blick meinen kreuzte. Wir tranken erst zu viele günstige Cocktails. Dann küssten wir uns, weil irgendwie alle es taten und gingen dann zu mir. Nach kleinem Vorspiel fing ich gedanklich an zu schwitzen, weil meine Vorstellung von Mann-Sein Sex als Ergebnis des Abends vorschrieb. Wir hatten keinen Sex, und auch wenn es für sie kein Problem war, machte ich mir Gedanken, denn ich hatte das Gefühl, etwas erfüllen zu müssen. Das war schon bei meinem ersten Mal so, weil ich dachte, dass Sex auch eine Erwartung von Frauen an mich ist, eine Erwartung an meine Männlichkeit. Es machte mir Angst, dass jede Art von Intimität mein Nacktsein vorgab und dass mein Körper bewertet würde, wenn ich mich vollständig auszog. Damit konnte ich nicht umgehen, ich hatte es auch nie richtig gelernt. Dagegen wollte ich was unternehmen. Trainieren im Fitnessstudio wurde Teil meines Alltags. Aber warum? Sehr viele Männer, die in einem dunklen Raum bei hartem Techno Gewichte stemmten und dabei in rhythmischen Abständen dramatisch und laut in den Raum stöhnten. Eigentlich nichts für mich. Ich habe gerne viel gegessen, war nicht sonderlich sportlich und empfand meinen Körper als zu langweilig, als nicht aufregend, nicht männlich genug. Aber ich wollte meinen Körper definieren, mehr Muskeln haben, imposanter wirken, weil es der Vorstellung eines potenten, attraktiven Mannes entsprach, und ich las, dass ich dadurch meine Ausdauer beim Sex verbessern könnte. Ausziehen wäre dann auch kein Problem, weil mein definierter Körper keine Angriffsfläche mehr für Kritik bieten würde. Das fühlte sich anfangs gut an. Aber während diese Erwartung auf mein Mann-Sein mich zusätzlich unter Druck setzte, wie die Deadlines in meinen letzten Seminaren an der Uni, machte ich zu der Zeit, also ungefähr Ende 2014, eine Erfahrung, die einen weiteren, unbekannten Anspruch an mich stellte und meinen Blick auf Männlichkeit nachhaltig prägte.

Du bist so anders

In Tübingen lernte ich über einen kleinen Job eine Frau kennen. Wir begegneten uns in Seminaren und tauschen neugierige Blicke aus.

Es war kein großes Geheimnis, dass wir irgendwann nicht nur über Alltägliches reden, sondern auch Alltägliches gemeinsam tun wollten. Als wir eines Abends nach ein paar Drinks die offensichtliche Frage stellten, zu wem wir denn nun gehen würden, lud sie mich selbstbewusst zu sich nach Hause ein:

»Bei mir ist gerade ruhig, meine Mitbewohner*innen sind vereist. Wir haben also die Wohnung für uns allein.«

Ich willigte ein. Und war aufgeregt. Im Hintergrund lief *Kings Of Convenience*, wir küssten uns auf ihrem Bett und verloren jedes Zeitgefühl. Wieder zog sie sich aus, ich aber blieb bis auf meine Hose angezogen. Stille Blicke.

»Ich habe so große Lust, mit dir zu schlafen, warum willst du nicht?«

»Ich weiß nicht, ich bin nicht so.«

Das war natürlich nur die halbe Wahrheit. Ich hatte wieder Angst, mich auszuziehen. Und dann:

»Ich habe so Lust, weil du so leidenschaftlich bist, du kannst so gut küssen. Vielleicht liegt das an deinem Türkischsein. Mein deutscher Ex-Freund konnte das nicht so wie du. Es ist so schön.«

Was in dem Moment wie ein Kompliment klang, ist heute eine meiner größten Ängste: die Angst nicht zu genügen, weil ich dem Bild eines als türkisch gelesenen Mannes nicht genüge. Es war der Beginn meiner Orientalisierung. Ich wurde fremdgemacht und mein Charakter als etwas definiert, das als anders markiert war im Vergleich zur weiß-deutschen Gesellschaft. Was in Tübingen seinen Anfang nahm, wurde in Berlin nur schlimmer.

Emanzipation

Ich steige aus dem 25m-Becken im Stadtbad Schöneberg und lege mich in den Whirlpool. Gestern Nacht war wieder bisschen zu viel für mich. Für einen kurzen Moment schließe ich die Augen und gehe den gestrigen Abend in Gedanken durch. Aus zwei Bier am Späti wurden mehr als drei Cocktails in der Weserstraße, danach weiß ich nichts mehr. Filmriss. Für das Masterstudium zog ich nach Berlin. Die Stadt bot genau den Kontrast, den ich brauchte, um der kleinbürgerlichen Einöde zu entkommen und neuen Raum zur Selbstgestaltung zu finden. Die Partys, die sexuellen Freiheiten, die beruflichen Möglichkeiten und nicht zuletzt das ständige Biertrinken in Kneipen, so war meine Vorstellung, sollte mein Leben nachhaltig verändern, und ich ließ mich mit Freude darauf ein.

Zu Beginn des Studiums lernte ich eine Frau kennen, mit der ich gemeinsam die ersten Semester überlebte. Ich war oft unterwegs, weil ich zu der Zeit viel Musik machte und oft nach Hessen reiste. Aber wenn ich wieder in Berlin war, war sie meine Zuflucht vor der stressigen Hauptstadt. Ich erzählte ihr von meinen intimsten Momenten, ging oft mit ihr aus und hatte Lust, mich in der Großstadt neu zu erfinden und gleichzeitig zu verlieren. Sie wurde zu meiner besten Freundin. Irgendwann, es war der Sommer 2016, merkte ich aber, dass es nicht beim scherzhaft gemeinten Flirten blieb. Ich fing an, sie öfter alleine zu treffen und Grenzen normaler, also nicht sexueller Freundschaft zu überschreiten. Ich wollte sie ständig und nach meinen Bedingungen sehen, sie voll und ganz für mich haben, ohne dass sie dazu bereit war. Es tat mir nicht gut, sie so stark und unbedingt haben zu wollen, weil ich traurig wurde, wenn sie nicht so wollte, wie ich es mir vorstellte. Das ging solange, bis es giftig für uns beide wurde. Ich war bereit, eine Beziehung einzugehen. Aber wenn ich jetzt darüber nachdenke, bin ich mir sicher, dass sie Raum für sich brauchte, den ich ihr nicht geben wollte, weil ich besessen war von der Sicherheit, die sie mir gab, weil sie meinen Körper akzeptierte und mich begehrte. Wir besuchten gemeinsam jeden Club in Berlin und versprachen uns, immer aufeinander achtzugeben, auch wenn wir wussten, dass ich ihr auf längere Sicht nicht guttue.

Ich war jemand, der ich nicht sein wollte

Ein Problem aus Tübingen holte mich aber auch in Berlin ein. Auch sie reproduzierte orientalisierende Männlichkeitserwartungen, wenn auch unbewusst. Einmal sagte sie: »Lass uns bitte Baklava essen, das isst du doch voll gern.« Es machte mir anfangs nichts aus, ich war verrückt nach ihr. Aber nach einer Zeit merkte ich, dass es mich beschäftigte. Wenn ich mit ihr zusammen war, sollte ich gefühlt immer ein stolzer Türke sein und auch gern die Dinge tun, die Türken wohl machen, auch wenn es nur im Scherz gemeint war. Das tat mir im Nachhinein weh, weil ich anders sein wollte, aber nicht konnte, weil ich in einem Raum gefangen war, indem die Vorstellung von Männlichkeit aus der deutschen Gesellschaft gegen meine persönliche, türkisch gelesene Vorstellung von Männlichkeit kämpfte und mich in meiner Selbstentfaltung behinderte. Mir wurde bewusst, dass ich gefangen war in einer Ambivalenz von Männlichkeitserwartungen. Ich wurde Objekt von Othering. Durch Othering stellt man sich selbst und seine soziale Identität heraus, indem man Menschen mit anderen ›Merkmalen‹ als andersartig bzw. ›fremd‹ markiert. Das alles wurde mir als implizite Erwartung an mein sexuelles Verhalten und meine Potenz in jede unserer Begegnungen mitgegeben, als Schleier, der sich über unsere Vorstellung von Intimität legte. ›Ungehalten, animalisch, leidenschaftlich‹, anders sollte ich sein. Ich war überfordert, aber tat alles, um diese Rolle zu erfüllen. Diese Überforderung führt zu toxischem Verhalten. Ich entwickelte eine Angst, die größer wurde als ihr eingeforderter Wunsch nach Raum und Abstand, weil ich dachte, sie sonst zu verlieren und damit auch ein Stück Selbstwertgefühl abgeben zu müssen. Deshalb wurde ich übergriffig, fing an, sie zu belästigten, weil sie meine Art von Beziehung nicht auch führen wollte. Nach monatelangem Streit zog ich, wenn auch zu spät, die Reißleine. Ich hielt so lange daran fest, weil ich mich nicht noch mal öffnen wollte, emotional und körperlich. Und ich merkte, wie sehr eine Projektion meiner (kulturellen) Identität mich von mir selber distanzierte. Die Auseinandersetzung mit Erwartungen an meinen Körper und meine Sexualität kosteten mich Kraft, die ich nicht mehr übrighatte, weil ich mein persönliches Wohlbefinden daran festmachte, wie sehr ich von anderen gemocht wurde. Und gleichzeitig hielt ich meine raumeinnehmenden und toxischen Beziehungsmuster als unverrückbare Bedingung für Zusammensein hoch. So wurde ich sozialisiert. Meine Freunde waren auch mit diesem Bild von Beziehungen aufgewachsen. Ich wusste hingegen nicht, wie man Beziehungen führt, die das Zusammendenken von zwei unabhängigen Personen bedeuteten, die Raum und Luft zum Atmen ließen und in denen man auch einfach mal alleine sein konnte. Aber genau darüber fing ich an nachzudenken und damit auch über Männlichkeit und mich selbst.

Aber das war gar nicht so einfach. Denn das Nachdenken darüber heißt in erster Linie: Fehler zuzugeben, zu reflektieren und vor allem zuzuhören. Übergriffiges Verhalten zu erkennen, Momente in meiner Jugend zu identifizieren, die einen Einfluss auf mein Bild von Männlichkeit hatten. Manchmal waren es Dinge, die so fest in meinem Alltag verankert waren, dass ich mir über deren Bedeutung gar nicht bewusst war. Pornografie zum Beispiel. Bis heute schaue ich sie oft und gerne und suche zumeist gezielt meine ›Lieblingskategorie‹ aus, um möglichst schnell zu kommen. Aber warum tue ich das? Und was tut es mit mir? Meine (Seh-)Gewohnheiten von früher haben sich nicht geändert: Der Mann bestimmt, wird Oral befriedigt, er penetriert und kommt als Erstes. Was Frauen für Bedürfnisse haben, ist nicht von Bedeutung, sondern alles ist ausschließlich auf die Penetration ausgerichtet, Zärtlichkeit ist überflüssig. Bilder von früher. Über Freundinnen begann ich, feministische Pornos anzuschauen. Wir gingen zu Vorstellungen der *Berlin Feminist Film Week* und tauschten uns regelmäßig über Erika Lust aus, eine Pionierin der feministischen Pornografie. Sie bildet ab, was Realität ist, wenn auch nicht unbedingt eine an den Mainstream angepasste: echte Intimität, die auf ehrlichen Momenten der gegenseitigen, zustimmenden intimen Begegnung fußt. Das half mir dabei, eine Sicht auf Intimität, aber auch auf das Flirten und das Ansprechen von Frauen zu entwickeln, die sich nicht auf die männliche Perspektive beschränkt, sondern auch auf weibliche Bedürfnisse ausgerichtet ist. Das war wichtig, denn ich kannte keine wirklich andere Perspektive und bin diesem Bild lange verhaftet geblieben. Zu spät habe ich begriffen, dass Zustimmung nicht erst beim Sex relevant wird, sondern schon bei der ersten Begegnung, beim Flirten.

Rassismus und Männlichkeit

Wie Intimität auszusehen hat, wurde mir einerseits durch Pornografie vorgelebt, mir andererseits aber auch außerhalb der digitalen Welt durch die Fetischisierung und Exotisierung meiner Identität auferlegt. Ein zutiefst rassistisches Verhalten, das auf überkommenen Vorstellungen von Orientalismus beruht.

Die Auseinandersetzung mit meiner eigenen Familie hingegen gab mir letztlich wichtige Impulse und half mir dabei, meine eigene Männlichkeit zu reflektieren. Das merkte ich besonders bei meinem Vater. Er wurde als türkischer Mann in Deutschland rassistisch angefeindet, was ihn härter und dominanter sein ließ, obwohl er das eigentlich nicht wollte. Aber er musste sich selbst und seine Familie schützen. Seine Erfahrungen und Sozialisation prägten mein Männlichkeitsbild, weshalb mein erster Impuls, als es darum ging, mich selber zu verstehen, war, mit ihm ins Gespräch zu kommen, um mehr über ihn zu erfahren: seine Probleme als Jugendlicher, die Herausforderungen in seinem neuen Zuhause, sein Leben als türkischer Mann in einem Deutschland, das seinen Rassismus nie in den Griff bekommen hat und der heute noch so aktiv ist wie Ende der 80er-Jahre, als er vor der türkischen Militärdiktatur floh und in Hessen Schutz suchte, der ihm nie wirklich gewährt wurde. Und dann wurde ich geboren ...

Diese Gesellschaft beeinflusste bzw. konstruierte das Männlichkeitsbild, dem ich verhaftet war und von dem ich mich heute zu emanzipieren versuche. In medialen Diskursen – und vor allem nach der Silvesternacht 2016 in Köln – ist die Rede von ›gefährlichen‹ muslimischen Männern, die ungebändigt Jagd auf weiße Frauen machen würden. Menschen als personifizierter Kontrollverlust, die im krassen Kontrast zu einer vermeintlich aufgeklärten, weiß-deutschen Männlichkeit stehen. Daraus leiteten viele ab, dass es richtig wäre, diese nicht-weißen Männer auszugrenzen, zu belehren und sie mit dem Stigma der Gefahr zu belegen. Gegen diese Vereinnahmung von als türkisch gelesener, muslimischer Männlichkeit wollte ich mich wehren, weshalb ich zu schreiben begann.

Über die Notwendigkeit zu schreiben

Es ist für mich von größerer Bedeutung als je zuvor, hervorzuheben, dass *weiße* Menschen, die meine Biografie und meine Erfahrungen nicht teilen, Narrative und Denkweisen über mich bestimmen können. Umso wichtiger ist es, dass ich das durch mein Schreiben wieder selbst in die Hand nehme. Gleichzeitig merke ich, wie befreiend und notwendig es ist, sich durch die bewusste Reflexion und Veröffentlichung von teils sehr privaten Erfahrungen von meinen toxischen Männlichkeitsbildern zu emanzipieren und den Prozess zu beginnen, diese zu hinterfragen. Das alles ist nicht einfach, das hat auch nie jemand gesagt, aber trotzdem. Ich möchte mich verändern, bewusst die Auseinandersetzung über strukturelle →Diskriminierungen von Frauen in Politik, Gesellschaft, Wirtschaft, im Haushalt, aber eben auch in der Sexualität suchen. Manchmal wird davon ausgegangen, dass man einfach einen Hebel umschalten müsse, um ein *feminist ally* zu werden, also ein Verbündeter feministischer Forderungen zu sein, ohne Frauen Raum zu nehmen. Aber das bedarf einer ständigen Kontrolle des eigenen Verhaltens und der Gedanken, die nie frei von →Sexismus, Lookismus[2],

2 *Lookism* (aus dem Englischen: Look = Aussehen, ism = Ismus) bezeichnet die Stereotypisierung und/oder Diskriminierung von Individuen aufgrund des körperlichen Erscheinungsbildes. Ihm liegt die Annahme zugrunde, dass äußerliche Merkmale positiv oder negativ bewertet werden – wobei die Kategorisierung von unterschiedlich(st)en Faktoren wie z. B. Geschlechterrolle, Kultur, Gesellschaft beeinflusst wird – und diese Indikatoren für die Wertigkeit einer Person sind.

also der Bewertung von Menschen auf der Grundlage ihres körperlichen Erscheinungsbildes, und Dominanzwillen sind.

Intersektionale Betrachtung ist ein Muss

Das heißt aber nicht, dass ich parallel dazu von weißen Menschen erzogen und belehrt werden möchte, die mir sagen, wie ein ›feministischer Mann‹ zu sein habe und dass ich mich von meiner ›rückständigen‹ Kultur lösen müsse. Besonders, wenn mir aufgrund meiner zugeschriebenen religiös-kulturellen Identität die Unfähigkeit attestiert wird, ›Frauen zu respektieren‹ oder mich für Geschlechtergerechtigkeit einsetzen zu können. Die offene, → intersektionale Auseinandersetzung mit Verhaltensweisen von Männern und deren → Privilegien bzw. den Vorstellungen und Bildern von Männlichkeit ist deshalb wichtig. Denn sie führt dazu, dass Männlichkeitsbilder vor dem Hintergrund ihrer gesellschaftlichen und sozialen Rahmenbedingungen und Machtverhältnisse betrachtet und diskutiert werden. Das ist mein Anspruch an mein Schreiben und daran, kritische Männlichkeit zu leben. Denn auch, wenn es wehtut, sich Fehler und Grenzüberschreitungen einzugestehen, ist es der erste Schritt, um ›Männlichkeit‹ in ihrer politischen und gesellschaftlichen Wirkmacht zu verstehen und Privilegien abzulegen. Denn die Privilegien habe ich als Mann trotzdem. Erwartungen an mich und meine Männlichkeit tun weh, verändern mich, schmerzen. Aber dennoch bin ich in ein System geboren, dass mich aufgrund meines mir zugeschriebenen → Geschlechts bevorzugt. Ich merke heute erst wirklich, wie schwierig und komplex die Auseinandersetzung mit Männlichkeit ist. Denn sie ist politisch, und in diesem System habe ich als Mann trotz meiner marginalisierten Existenz immer noch einen Vorteil gegenüber Frauen. Sowohl meine Privilegien als Mann als auch die orientalisierenden Erwartungen von Frauen an mich spielen in dieser Auseinandersetzung eine Rolle. Es gibt jedoch kein Ziel in dieser Auseinandersetzung, keine endgültige Männlichkeit, die man statisch leben kann. Das Scheitern ist vielmehr Teil des Prozesses. Und diese Ausprägungen der männlichen Sozialisation zu hinterfragen, gehört dazu.

Mittlerweile habe ich keine Angst mehr vor dem Duschen im Schwimmbad. Wenn ich die Dusche anmache und das heiße Wasser auf meinen Körper läuft, habe ich meine Badehose selbstverständlich an. Denn ich lerne,

---

(Quelle: 663852000 https://femgeeks.de/glossar/#lookismhttps://femgeeks.de/glossar/#lookism, Zugriff: 12.April 2020).

nicht mehr die Erwartungen von anderen zu erfüllen, sondern endlich meinen eigenen Erwartungen zu entsprechen.

Kim Möhrs

Geboren als ein Mensch, der zum Mann* wird?[1]

Sexualität und Männlichkeit(en)* aus einer nicht-binären Perspektive

Als nicht-binäre[2] Person über Männlichkeit(en)* zu schreiben, mag auf den ersten Blick nicht für alle nachvollziehbar sein. Doch ich habe die ersten 27 Jahre meines Lebens versucht, als männlich*[3] gelesen und als Teil dieser Kategorie verstanden zu werden. In diesem Beitrag versuche ich einen Einblick darin zu geben, wie sich dies für mich angefühlt und was es an unterschiedlichen Punkten in meinem Leben für mich bedeutet hat. Dabei ist meine Perspektive nicht als repräsentativ zu verstehen. Ich schreibe über mein Leben aus meiner Perspektive als → *weiße*[4], christlich sozialisierte und männlich* gelesene Person aus der Mittelschicht mit deutschem Pass und einer nicht-sichtbaren körperlichen Einschränkung, die in einer nationalen und kulturellen Minderheit in Deutschland aufgewachsen ist. Wie andere (nicht-binäre) Menschen ihre jeweilige geschlechtliche Zurichtung verstanden haben, lässt sich daraus nicht verallgemeinern.

Mein Verhältnis zu Geschlecht, und damit auch zu Männlichkeit(en)*, ist biografisch gesehen ein schwieriges. Es ist geprägt von Unsicherheit,

---

1 Der Titel dieses Textes ist übernommen von einer Liedzeile des Rappers Refpolk aus seinem Lied »Aufwachsen«. Refpolk setzt sich in seinen Texten immer wieder kritisch mit (der/den eigenen) Männlichkeit(en)* auseinander (Abrufbar unter: https://refpolk.bandcamp.com/track/aufwachsen. Zugriff am 12.08.2020).

2 Mit nicht-binär bezeichne ich eine Position jenseits heteronormativer Zweigeschlechtlichkeit. Das heißt, dass ich mich weder als männlich* noch als weiblich* verstehe. Dabei verstehe ich Geschlecht als nie abgeschlossenen Prozess des Werdens, der sich nur momentan bestimmen lässt. Dies gilt für Männer*, Frauen*, Trans*, Inter*, Queers* etc. und das, was ihre derzeitige Position für sie bedeutet und wie sie sie füllen.

3 Das * hinter Wörtern wie männlich*, Frau*, weiblich*, Mann*, Männlichkeiten* etc. zeigt an, dass diese Konstruktionen sind und sich dahinter eine nicht überschaubare Vielfalt an unterschiedlichen Lebensentwürfen und Perspektiven verbirgt, die niemals abgeschlossen oder beendet sind.

4 Alle mit einem → gekennzeichneten Begriffe werden im Glossar erläutert.

Scham, dem Wunsch nach Anerkennung als geschlechtliches Wesen und der Negierung einer Verortung in einer binären Geschlechtlichkeit.

Lebensgeschichtlich erinnere ich mich nur fragmentarisch an meine Kindheit und mein Verhältnis zu Geschlecht in diesen Lebensjahren. Warum das so ist, kann ich nicht mehr mit letzter Sicherheit rekonstruieren, aber ich bin mir sicher, dass es mit der sexualisierten Gewalt zu tun hat, die mir widerfuhr. Durch die Begrenztheit meiner Erinnerung fängt meine Auseinandersetzung mit Geschlecht daher erst in meiner Jugend an, ungefähr ab dem 12. Lebensjahr. Zu dieser Zeit war ich verwirrt davon, warum ich Aspekte meines Selbst, wie Vorlieben, Verhaltensweisen, Einstellungen, ändern sollte, um als männlich* zu gelten, wobei diese Kategorie mir eigentlich recht fremd war.

Im Einklang mit meinen sexualisierten Gewalterfahrungen lernte ich in Bezug auf Geschlecht jedoch sehr schnell, dass es mir half, wenn ich keine Aufmerksamkeit auf mich zog, wenn ich unauffällig blieb und möglichst erfüllte, was an Erwartungen an mich herangetragen wurde. Daher versuchte ich spätestens ab der Pubertät für ein paar Jahre, mich an die Erwartungen anzupassen und eine männliche* Geschlechtlichkeit möglichst gut nach außen darzustellen.

Um das zu veranschaulichen, schildere ich im Folgenden unterschiedliche Situationen aus meiner Jugend, die zeigen, wie → Männlichkeitsanforderungen an mich herangetragen wurden und was das mit Sexualität und Gewalt zu tun hatte. Dabei geht es darum, wie diese Erfahrungen die Themen Sexualität und Gewalt mit einer Sprachlosigkeit verknüpften und wie sich mein Weg gestaltet, nicht mehr Männlichkeitsanforderungen zu erfüllen, sondern zu mir selbst zu finden. Zum Schluss ziehe ich ein paar Schlüsse aus diesen biografischen Schilderungen, vor allem in Bezug auf die Frage: ›Was muss sich ändern in Bezug auf Männlichkeiten*, Sexualität und Geschlecht?‹.

Eine biografische Perspektive auf Männlichkeitsanforderungen und Sexualität in der Jugendzeit

Männlichkeit(en)* und der Versuch in damit verknüpfte Erwartungen hineinzupassen, haben mich meine ganze Jugend über begleitet. Dies war auch eine Phase, in der meine Peers (gleichaltrige Kinder bzw. Jugendliche) sich viel mit dem Thema Sexualität auseinandersetzten, sich ausprobierten oder zumindest vorgaben, sich auszuprobieren, um dazuzugehören. Zu dieser Zeit wurde mir bewusst, dass dies spezifische Anforderungen waren, die an mich als ›Mensch, der zum Mann* werden sollte‹ herangetragen wurden. Deswegen werde ich den Fokus in meiner Auseinandersetzung rund um Geschlecht und Männlichkeit(en)* in diesem Text auch auf das Thema Sexualität legen. Gerade weil dieses Thema in der Auseinandersetzung rund um Männlichkeit(en)* oft mit Scham besetzt und tabuisiert ist.

Als Anschauung beschreibe ich weiter unten verschiedene Situationen, die verdeutlichen, wie Anforderungen an mich herangetragen wurden und wie gewaltvoll dies für mich war. Seit meiner Jugend waren diese Anforderungen stark als → Wettbewerb gerahmt, in dem die Leitfragen unter anderem waren: Wessen Körper war am ›weitesten entwickelt‹? Wer hatte schon wie viele pornografische Darstellungen konsumiert? Wer hatte schon heterosexuellen Sex?

Körperliche Entwicklung als Gradmesser für Männlichkeit*

Die erste Situation, an die ich mich zurückerinnere, war bei der Geburtstagsfeier eines Schulfreundes. Wir waren ca. 13 oder 14 Jahre alt und er feierte bei seinen Eltern zu Hause. Dort wurde heimlich in der Scheune Alkohol getrunken. Ich kam erst später dazu, da ich zu dieser Zeit als nicht wirklich ›cool‹ galt und mir daher wahrscheinlich nicht gesteckt wurde, dass andere heimlich tranken. Wir waren ungefähr zu zehnt und das Gespräch drehte sich um die Frage, wessen Körper vermeintlich am ›weitesten entwickelt‹ sei. Dabei ging es ausschließlich um männliche* Körper, obwohl auch weibliche* Personen im Raum waren. Der Maßstab, um die vermeintliche Entwicklung zu messen, war die (nicht) vorhandene Körperbehaarung. Die Unterhaltung mündete in einem regelrechten Wettbewerb, in dem unterschiedliche Anwesende behaupteten, ihre Körper seien schon viel behaarter als die der anderen. Im Laufe des Gesprächs wechselte der Maßstab, der herangezogen wurde, um ›weit entwickelt‹ zu messen, von Körperbehaarung im Allgemeinen hin zu der Frage, wer die meisten ›Haare am Sack‹ habe.

In dieser Dynamik fand ich mich dann in der Situation wieder, zu beweisen, dass ich wirklich auch bereits eine ›Schambehaarung‹[5] hatte und nicht

5 Der Begriff ›Schambehaarung‹ enthält die Bezeichnung ›Scham‹ für Geschlechtsorgane wie Penis oder Vulva. Die Bezeichnung dieser als Scham sagt viel über das

nur lüge. Und so kam es, dass ich meine Hose ein Stück runterzog, um den Beweis zu erbringen. Die Reaktion darauf war eindeutig: Das sei lächerlich und nicht annähernd so viele Haare, wie bei den anderen Anwesenden.

Nach dieser Situation fühlte ich mich unglaublich beschämt. In zweifachem Sinne: Zum einen, weil ich offenkundig nicht über ausreichend ›Schambehaarung‹ verfügte und daher noch nicht so männlich* wie die anderen Anwesenden war. Zum anderen, weil ich mir die Blöße gegeben hatte, mich in diese Situation zu bringen.

Aus heutiger Perspektive kann ich das Geschehene in die Reihe meiner sexualisierten Gewalterfahrungen einordnen: als Teil einer Kette von gewaltvollen Erfahrungen, die es mir erschwerten, meine Körpergrenzen wahrzunehmen und zu wahren. Dies führte auch in dieser Situation zu einer Unfähigkeit, meine Grenzen klar zu setzen und mich nicht an diesem ›Spiel‹ zu beteiligen oder aus der Situation auszusteigen, als sie mir zu viel wurde.

Diese Situation beschäftigte mich nachhaltig und führte dazu, dass ich mich mehr in mich zurückzog. Ich hatte gelernt, dass ich diese Spiele des Wettbewerbs nicht besonders gut verstand, dieser im Zweifelsfall mit Gewalt einherging und ich mich dieser Gewalt nicht gewachsen sah. Trotzdem blieb die Einschätzung, dass ich die Anforderungen, die an mich gestellt wurden, zu erfüllen hätte. Das lag vor allem daran, dass mein Umfeld mich weiter damit konfrontierte und meine Strategie, nicht aufzufallen, zu tief verankert war.

Dabei waren dies in bester patriarchaler[6] Manier nicht nur meine männlichen* Peers, sondern eben auch meine weiblichen* Peers, die diese Anforderungen aktiv mit an mich herantrugen und mir zu verstehen gaben, dass ich sie nicht erfüllte.

---

deutsche Verhältnis zu Sexualität und der (Nicht-)Besprechbarkeit von Sexualität aus, worauf ich später eingehen werde. In Ermangelung eines alternativen Begriffs im Deutschen verwende ich den Begriff in Anführungszeichen.

6 Ich knüpfe hier an den Patriarchatsbegriff von bell hooks an, deren Buch *The Will to change. Men, Masculinity and Love* (2004) eine facettenreiche Schilderung patriarchaler Verhältnisse enthält und dabei aufzeigt, wie auch weibliche* Personen daran beteiligt sind, diese Verhältnisse zu reproduzieren und einzupflanzen.

Meine sexualisierten Gewalterfahrungen wurden mir im Rahmen von einem Seminar bewusst, das auch körpertherapeutische Elemente enthielt, über die ich einen Zugang dazu bekam, wie wenig mir meine körperlichen Empfindungen zugänglich waren. Ich hatte schon früher mit Freund*innen immer wieder festgestellt, dass ich meinen Körper viel weniger spürte als sie ihren und wenn, dann größtenteils nur über Schmerzen. Ich hatte dies lange ausschließlich auf meine männliche* Sozialisation und das Abhärten im Zuge ebendieser zurückgeführt und merkte jetzt, dass sich mein Körper auch aufgrund von meinen Gewalterfahrungen in einen Panzer verwandelt hatte, den ich langsam und behutsam öffnen konnte. Das ging vor allem darüber, meine Körper aktiv zu spüren. Ich hatte über Jahre vermieden, dies zu tun, indem ich z.B. wenig Sport trieb oder anstrengende körperliche Aktivitäten mied. Bewusste Körperübungen wie progressive Muskelentspannung und andere Formen angeleiteter Körperwahrnehmung in einem sicheren Rahmen halfen mir dabei, mir dessen bewusst zu werden.

Die Auseinandersetzung mit meiner geschlechtlichen Verortung und das Infrage-Stellen meiner männlichen* Positionierung verdanke ich Auseinandersetzungen mit einem ehemaligen Mitbewohner von mir, den ich auf einem Teil seiner Transition begleiten durfte. Er stieß mich direkter als der Rest meines Umfeldes darauf, dass mein Verhältnis zu Geschlecht viel mehr von Ambivalenz geprägt war als von Eindeutigkeit und Sicherheit. Gleichzeitig ermunterte er mich dazu, diese Gefühle ernst zu nehmen und zu gucken, wieso ich so empfand. Dies führte mich auf den sehr schmerzhaften Weg, mir einzugestehen, dass die Geschlechtlichkeit, in der ich mich eingerichtet hatte, nicht dem entsprach, wie ich mich fühlte und was ich sein wollte. Mir wurde bewusst, dass ich mich bisher größtenteils an dem orientiert hatte, was von außen an mich herangetragen worden war bzw. was mir Sicherheit zu versprechen schien, und begriff, dass darin wenig Raum für mein eigens Empfinden gewesen war.

Diese drei parallel verlaufenden und miteinander verschlungenen Prozesse, mich einer anderen Form von Sexualität anzunähern, meine Gewalterfahrungen aufzuarbeiten und meine Geschlechtlichkeit neu infrage zu stellen, kann ich heute als solche benennen, auch wenn es sich damals so anfühlte, als würde einfach ›viel passieren‹. Diese Prozesse führten dazu, dass ich mit Ende 20 eine sexuelle Beziehung mit einer Frau* einging, die ich rückblickend als die erste selbstbestimmte sexuelle Beziehung meines Lebens einordne. So hatte ich in unseren sexuellen Begegnungen meinen ersten Orgasmus – und nicht bloß Samenergüsse wie in anderen sexuellen Beziehungen.[10] Diese Beziehung war weit davon entfernt, perfekt zu sein, sondern hatte auch viele Elemente, die in Richtung einer toxischen Beziehung gehen. Doch halte ich sie in lieber Erinnerung, als Erfahrung gemeinsamer Aushandlung von Sexualität und Geschlecht.

Diese Prozesse waren mindestens genauso schmerzhaft, wie sie erfüllend waren und mir ein Gefühl von Freiheit gaben. Darin gab es immer wieder Phasen, in denen ich zweifelte, mir unsicher war, ob es das Richtige sei, weswegen die Menschen, die mich dabei begleiteten, so wichtig waren und sind.

Sexualität besprechbar machen: Geschlecht und Männlichkeiten* neu denken

Der Prozess meiner Auseinandersetzung mit dem Thema Geschlecht ist bei Weitem nicht abgeschlossen, sondern geht weiter, und vielleicht werde ich auf das hier Geschriebene in ein paar Jahren ganz anders zurückschauen. Antworten auf die Frage, was sich in Bezug auf Männlichkeiten* und Sexualität ändern muss, lassen sich jedoch sehr gut anhand meiner Biografie und dem Prozess meiner Nicht-männlich*-Werdung herleiten.

Aus meinen Erfahrungen wird deutlich, dass Männlichkeitsanforderungen gewaltvoll[11] sind, da sie ein Bündel an Erwartungen an Personen herantragen, dem diese zu entsprechen haben. Diese Erwartungen tragen Menschen einerseits internalisiert mit sich herum und messen sich selbst daran, werden aber anderseits auch vom Umfeld an uns herangetragen. Im letzteren Fall wird das Umfeld zu Gewalt-Ausübenden, die Anforderungen vehement aufrufen und immer wieder neu an Personen herantragen.

Das kann sowohl Menschen passieren, die sich als männlich* verstehen und so wahrgenommen werden wollen, als auch Menschen, denen einfach von ihrem Umfeld zugeschrieben wird, sie seien männlich*. Doch treffen

10 Da dies oft verwechselt wird, sei hier auf einen Artikel von Dirk Bange und Thomas Schlingmann (2016) verwiesen, der aufzeigt, wie sexualisierte Gewalt das Erleben von Sexualität bei männlichen* Betroffenen beeinflussen kann, in dem die beiden sehr eindrücklich zwischen Orgasmus und Samenerguss unterscheiden.

11 Dasselbe kann auch für den Schreibprozess dieses Artikels gesagt werden: das Bewusstmachen alter Verletzungen ist durchaus kein Leichtes und ich danke den Herausgebenden für ihre Geduld und den Menschen, die den Text lasen und mich in meinem Schreibprozess ermutigten.

diese Anforderungen jeweils auf unterschiedliche Gegenüber. Manche identifizieren sich mit ihnen, andere wollen sie gerne erfüllen und andere fühlen sich komplett falsch adressiert. Was bleibt ist jedoch der gewaltvolle Charakter im Sinne einer Zurichtung auf eine bestimmte Art des geschlechtlichen Seins.[12] Für mich bedeutete es, dass mir meine geschlechtliche Selbstverortung Jahrzehnte lang nicht zugänglich war und ich mich aus Angst vor Sanktionen an das anpasste, was mein Umfeld mir vorgab. Es war gesetzt, dass ich zum Mann werden sollte, was ich selbst wollte, spielte keine Rolle.

Deswegen braucht es eine kritische Auseinandersetzung mit Männlichkeit(en)*. Denn Männnlichkeit(en)* sind, wie andere Geschlechter auch, ständig im Wandel begriffen und zeitlich und örtlich unterschiedlich strukturiert und hierarchisch zueinander positioniert.[13] Männlichkeit(en)* wirken sich dabei sowohl auf individuell-biografischer Ebene als auch auf gesellschaftlich-struktureller Ebene aus.

Solange Männlichkeiten* so strukturiert sind, können Männlichkeitsanforderungen nur gewaltvoll sein, es geht nämlich um ein Auf- oder Absteigen in der Hierarchie der Männlichkeiten* sowie um die ständige Angst, nicht mehr männlich* genug zu sein. Was sich zum Beispiel im Thema Sexualität zeigt. Diese hierarchische Strukturierung zwischen Männlichkeiten*, aber auch in Bezug auf andere Geschlechter, führt zu Gewalt, indem alles, was vermeintlich nicht dazu passt, ausgegrenzt wird oder indem versucht wird, es passend zu machen.

Es bedarf daher eines Verständnisses von Männlichkeit(en)*, das diese hierarchischen Unterscheidungen infrage stellt. Dafür ist es wichtig zu erkennen, wo überall diese Unterscheidungen eine Rolle spielen und wie sie sich auf individuelle Biografien und gesamtgesellschaftlich auswirken.[14]

---

12 Über Geschlecht als Zurichtung siehe auch den Beitrag von Gabriel_Nox Koenig in diesem Band.

13 Für ein erstes Verständnis dieser Unterscheidungen sei hier auf die Arbeiten von Raewyn Connell (1999) und Connell und James Messerschmidt (2005) verwiesen, deren Einteilung weiterhin als Referenzpunkt gelten kann.

14 Um diese Prozesse zu verstehen, sind Männlichkeiten* immer nur ein Teil des Puzzles und verschränken sich mit weiteren Positionen von Herrschaft und Macht. So ist mein Ringen mit dem Thema Geschlecht nicht losgelöst von meinen sexualisierten Gewalterfahrungen zu denken oder meiner sonstigen Positionierung. Sie alleine als eine Geschichte von Männlichkeit(en)* zu verstehen, wäre ebenso falsch, wie sie bloß als nicht-binäre Perspektive zu verstehen oder mit dem Blick auf das Thema Gewalt oder das Thema Klasse. Erst mit einer Perspektive auf das

In meiner Biografie spielte sie zum Beispiel eine Rolle in meiner Sprachlosigkeit in Bezug auf Sexualität und sexualisierte Gewalt. Diese Sprachlosigkeit lässt sich nicht bloß als Einzelfall abtun, sondern ist symptomatisch dafür, wie (nicht-)besprechbar diese Themen sind.

Kinder und Jugendliche brauchen Umfelder, in denen ein offenerer Umgang mit dem Thema Sexualität herrscht. Sexualität muss als Thema viel offener besprechbar werden. Dafür braucht es kompetente, sichere Erwachsene, die jungen Menschen als Gegenüber zur Seite stehen, um über Emotionen – wie Scham, Angst, Lust, Freude, etc. – in Bezug auf Sexualität zu sprechen. Eine bessere Besprechbarkeit von Sexualität würde es auch ermöglichen, über negative, gewaltvolle Erfahrungen in Verbindung mit Sexualität zu sprechen. Was für mich eine notwendige Voraussetzung gewesen wäre, um meine eigenen Gewalterfahrungen früher aufzuarbeiten und weiteren Gewalthandlungen vorzubeugen.

Jedoch darf man hier nicht überschätzen, welche Einflussmöglichkeiten Erwachsene haben, gleichaltrige Peers bleiben die Hauptbezugsgruppe, wenn es um das Thema Sexualität geht.

Beim Reden über Sexualität müssen Erwachsene jedoch darauf achten, dass sie die Grenzen der Kinder und Jugendlichen, aber auch die eigenen, wahren. Eine Kultur der Grenzachtung unter Erwachsenen, aber auch im Kontakt zwischen Erwachsenen und Kindern bzw. Jugendlichen, könnte ein positives Beispiel für Kinder und Jugendliche in der Verhandlung ihrer eigenen Grenzen sein.

In Bezug auf die Themen Sexualität und Männlichkeiten*, als auch darüber hinaus, braucht es eine Veränderung von starren Vorstellungen darüber, was Geschlecht ist. Dabei bedarf es im breiteren gesellschaftlichen Kontext dringend der Öffnung der Kategorie Geschlecht für Menschen, die sich jenseits von männlich* und weiblich* positionieren. In meiner Biografie hätte dies bedeutet, deutlich früher die Möglichkeit wahrnehmen zu können, eine geschlechtliche Positionierung jenseits von männlich* und weiblich* anzunehmen und genug positiven Rückhalt im Umfeld zu haben, um mich dem Machtspiel rund um Männlichkeiten* zu entziehen.

---

komplexe Zusammenspiel dieser und weiterer Kategorien wird sie verständlich und greifbar. Um diese gelebte Vielschichtigkeit abzubilden, müssen Männlichkeit(en)* immer im Plural gedacht werden, um einer vereinfachten Sichtweise vorzubeugen. Es braucht also eine intersektionale Perspektive in der Auseinandersetzung mit Männlichkeit(en)*.

Durch eine Öffnung der Kategorie Geschlecht als Ganzes würde es möglich werden, die Kategorien männlich* und weiblich* radikal neu zu denken. So könnten sie ihren Zwangscharakter verlieren und viel mehr zu einer wirklichen Wahl werden, wie Menschen, innerhalb einer vielfältigen Matrix geschlechtlicher Möglichkeiten, ihre Form von Geschlechtlichkeit leben wollen. Wenn diese Möglichkeiten gegeben gewesen wären, wäre meine eigene Geschichte sehr wahrscheinlich anders verlaufen und ich hätte nicht den Zwang empfunden, mich in eine binäre Geschlechterkonstruktion einordnen und dafür zurichten zu müssen.

Für dieses Neudenken von Geschlecht und Männlichkeiten* wäre ein Prozess wünschenswert, an dessen Ende ein Verständnis von Geschlecht steht, in dem Geschlecht nur noch »so relevant ist wie die Mitgliedschaft in einem Laufclub«[15]. Also ein nettes Hobby, dem alle nachgehen können, wie sie wollen, das aber auch gewechselt werden kann, wenn es mal gerade nicht (mehr) passt oder die anderen Mitglieder nerven.

Quellenverzeichnis

Bange, Dirk & Schlingmann, Thomas (2016): Sexuelle Erregung als Faktor der Verunsicherung sexuell missbrauchter Jungen. In: *Kindesmisshandlung und -vernachlässigung. Interdisziplinäre Fachzeitschrift für Prävention und Intervention*, 19 (1), 28-43.

Bourdieu, Pierre (2005): *Die männliche Herrschaft*. Frankfurt a.M.: Suhrkamp.

Connell, Raewyn (1999): *Der gemachte Mann. Konstruktion und Krise von Männlichkeiten*. Opladen: Leske + Budrich.

Connell, Raewyn & Messerschmidt, James W. (2005): Hegemonic masculinity: rethinking the concept. *Gender & Society*, 19 (6), 829-859.

CrimethInc. (2001): *Days of War, Nights of Love. Crimethink for Beginners*. Canada: Eigenverlag.

CrimethInc. (2008): *Expect Resistance. A Field Manual*. Quebec: Eigenverlag.

Dissens – Institut für Bildung und Forschung e.V. (2020): *Was ist Männlichkeit und wohin wollen wir mit der Auseinandersetzung?* Zugriff am 12.08.2020 unter https://www.dissens.de/fileadmin/podcast/AudioFiles/Neu_Teil_I_Ist_Mkt_problematisch_Master.mp3

15 Ich beziehe mich auf die Formulierung von Mart Busche aus dem Podcast »Was ist Männlichkeit und wohin wollen wir mit der Auseinandersetzung?« von Dissens – Institut für Bildung und Forschung e.V. (2020) Zugriff am 12.08.2020 unter https://www.dissens.de/fileadmin/podcast/AudioFiles/Neu_Teil_I_Ist_Mkt_problematisch_Master.mp3

hooks, bell (2004): *The will to change. Men, Masculinity and love*. New York (u.a.): Washington Square Press.

Meuser, Michael (2006): *Geschlecht und Männlichkeit. Soziologische Theorie und kulturelle Deutungsmuster*. Wiesbaden: VS Verlag.

Teil zwei: **Zweifeln**

Blu Doppe

»Wie, du trinkst nicht?«

Der Alkohol-(Nicht-)Konsum meines Lebens

Einleitung

Im folgenden Text beschreibe ich meine Auseinandersetzungen mit (meinem) Alkohol-(Nicht-)Konsum und Männlichkeiten und was das mit mir und meinem Leben gemacht hat. Ich begebe mich also zusammen mit euch auf eine Spurensuche nach der Verbindung von Alkohol und Männlichkeit in meiner Sozialisierung, meiner Vergangenheit und meinem aktuellen Leben. In dem Text werden verschiedene Formen von physischer, psychischer, häuslicher und sexualisierter Gewalt teils explizit dargestellt.

Ich identifiziere mich als queere, nicht-binäre → trans*[1] Person. Ich wurde bei meiner Geburt männlich zugeordnet und deshalb auch teils männlich sozialisiert. Ich habe mich bis zu meinem 25. Lebensjahr → cis-männlich identifiziert.[2] Jetzt bin ich 32. Ich schreibe dies, weil es vielleicht einige Missverständnisse um geschlechtliche Benennungen geben könnte, die ich für mich im Verlauf des nachfolgenden Textes vornehme. Letzte Vorbemerkung: Ich sehe Alkoholkonsum als eine Anforderung, die an fast alle Menschen gestellt wird, allerdings variiert diese zum Beispiel aufgrund von Geschlecht oder Alter. Alkohol fungiert zum Beispiel bei vielen bei der Initiation vom Kind zum Erwachsenen als wichtiger kulturell-sozialer Faktor, dem sich kaum ein Mensch v_erwehren[3] kann.[4]

---

1 Alle Begriffe mit einem → gekennzeichneten Begriffe werden im Glossar erläutert.

2 Außerdem bin ich *weiß*, neurodivers, ableisiert, christlich-sozialisiert. Ich bin in einer Mittelklasse-Herkunftsfamilie aufgewachsen, in der das Geld knapp war, aber gereicht hat. Dies wird an einigen Stellen im Artikel thematisiert. Diese gesellschaftlichen Positionierungen prägen meinem Blick auf mein Leben und das Thema des Artikels.

3 Diese Schreibweise verdeutlicht, dass sowohl verwehren als auch erwehren, als auch der Übergang dazwischen gemeint ist.

4 »96,4 Prozent der Bevölkerung in Deutschland im Alter zwischen 18 und 64 Jahren (trinken) Alkohol« (Aktionswoche Alkohol – AA 2020).

In der Schlange – Nüchtern feiern?

Ich erinnere mich noch ziemlich gut daran, wie ich das erste Mal nüchtern feiern ging, nachdem ich mit 16 angefangen hatte zu trinken. Es war eine laue Sommernacht im Juli 2010. Ich war 22, es war an der Nordsee. Ich war mit ein paar Freund*innen zur Dorfdisko gegangen.

Eigentlich wollte ich gar nicht mit, aber jetzt stehe ich hier in der Schlange. Ich bin angespannt, weiß nicht, wie ich ohne Alkohol locker werden soll und lausche den betrunkenen Gesprächen, dem Gejohle und den schlechten Witzen überall um mich rum. Ich bin eingeschüchtert von der Männergruppe[5] vor mir und frage mich, ob ich früher ihre Rolle gespielt habe. Ich merke, dass alles ganz anders ist. Ich kriege so viel mit; ich bin nicht Teil der Masse. Alles funktioniert anders als die unzähligen Male zuvor, die ich genau hier stand und auf den Einlass wartete. Jetzt will ich nur noch weg. Ich kann das nicht. Mein bester Freund Peter[6], der wie immer nüchtern ist, redet mir gut zu. Er hat die Übung und die Gelassenheit, die mir fehlt. Hat nie angefangen, Alkohol zu trinken und war trotzdem mit uns unterwegs. Habe ich wegen ihm aufgehört zu trinken - oder doch wegen meines Vaters, schießt es mir durch den Kopf. Ich höre das Zischen einer Bierflasche und rieche diesen vertraut, herben Geruch. Muss ich jetzt wieder anfangen? Kann mir irgendwer ein Schluck abgeben? Oder gehe ich einfach nach Hause?

In der Familie – Vom Nichtwissen (wollen)

Der Umgang mit Alkohol und die Bilder zur Verbindung von Alkohol und Männlichkeit begleiten mich seit meinen ersten Erinnerungen. Sie waren für mich überall präsent. Als Kind liebte ich Western-Filme. Meine Cowboy-Helden aus der Serie *Bonanza*, die ich mit meinen Freunden in der Kita nachspielte, rauchten und tranken Bier oder Whiskey, nie Wasser. Sie waren harte Männer und das wurde durch ihr Trinken und ihre Standhaftigkeit (dabei) noch unterstrichen. Wie im wirklichen Leben gab es auch im Fernsehen immer einen Grund zu trinken. Um etwas zu feiern

5 Geschlechtliche Benennungen: Ich bleibe meist im binären System, wie ich Menschen in der Vergangenheit einlas/wahrnahm und das teils immer noch tue. Mit Männern oder Frauen, meine ich alle Menschen, die sich in diesen beiden Kategorien identifizieren, also cis, trans*, inter* und dyadisch-geschlechtliche Personen.

6 Alle Namen wurden im Artikel geändert.

oder etwas zu betrauern, weil Menschen gerne redeten oder gar nicht reden wollten. Oft wurde sich im betrunkenen Zustand gestritten und im Saloon flogen die Fetzen.

Meine Eltern stritten sich auch viel, als ich fünf Jahre alt war. Oft ging es los, wenn wir ›schon schliefen‹. So lagen mein Bruder und ich oben an der Treppe und lauschten angespannt und angestrengt oder wir riefen meine Mutter nochmal, weil wir nicht schlafen konnten und noch irgendwas brauchten. Aber eigentlich wollten wie die Streitereien unterbrechen.[7] Später sagte meine Mutter mir, dass sie oft gestritten haben, wenn mein Vater zu viel getrunken hatte. Also fast jeden Abend.[8]

Als er kurze Zeit später auszog, war es klar, dass wir abends nicht mehr ans Telefon gingen, weil er es immer sein konnte[9], der betrunken am Apparat war und uns dann entweder traurig weinend vermisste oder aggressiv wütend den Unterhalt streichen wollte und meine Mutter fertig machte.

Jedes zweite Wochenende waren mein Bruder und ich bei ihm. Die langen Fahrradtouren, die Massen an Süßigkeiten und der Nachhilfeunterricht gehörten genauso zu diesen Besuchen wie die Geräusche vom Zischen und schnellen Gluckern von Halbliterflaschen Bier, die er in der Küche schnell heimlich runterkippte. Vor unseren Augen trank er nie viel. Den Rest holte er in der Küche nach. Dann lag frischer oder aufgestoßener Biergeruch in der Luft.[10] Bier-, Coke-light-Flaschen und Kronkorken waren das Bild, das die Küche prägte.

An einem dieser Wochenenden brach es dann abends aus ihm heraus und er weinte und sagte, dass er uns alle drei so sehr vermisste. Ich war überfordert, wollte meine Mutter anrufen und nur noch schnell nach Hause. Es war das einzige Mal, dass ich meinen Vater weinen sah. Noch

7 »In Deutschland wachsen etwa 2,65 Millionen Kinder und Jugendliche unter 18 Jahren in suchtbelasteten Familien auf. Das sind etwa 18 % aller Kinder und Jugendlichen« (AA 2020).

8 »Rund 1,77 Millionen Menschen in Deutschland zwischen 18 und 64 Jahren sind alkoholabhängig. Weitere 1,6 Mio. Menschen trinken regelmäßig so viel Alkohol, dass mensch von Missbrauch spricht. Damit ist jeder Alkoholkonsum gemeint, der zu körperlichen, seelischen und sozialen Schäden führt« (AA 2020).

9 »Etwa acht Millionen Angehörige alkoholkranker Menschen leben in Deutschland. Sie leiden oft mehr als der suchtkranke Mensch selbst« (AA 2020).

10 Ich bemerkte erst sehr spät, dass ich den Geruch von Bier nicht leiden kann. Den Geruch, wenn nach dem Aufstoßen alles nach Bier riecht. Sogar das Ansehen von Bierflaschen, auch wenn sie alkoholfrei sind, fällt mir schwer. Der Geruch ist derselbe.

lange kämpfte ich mit einem Gefühl von Überforderung und Hilflosigkeit sowie einem starken Fluchtreflex, wenn Menschen weinten. Ich kann bis heute nicht weinen.[11] Als mein Vater später häufiger tagsüber nach der Arbeit vorbeikam, um meinen Bruder oder mir Nachhilfeunterricht zu geben, bot meine Mutter ihm als erstes ein Bier an. Ich verstand das nicht. War das nicht *der* Grund gewesen, wie sie so oft meinte? Warum machte sie da mit? Als ich älter wurde, fragte ich sie danach. Ich kann mich nicht an die Antwort erinnern, aber ich sagte ihr, dass ich das nicht mehr wolle. Danach hörte sie damit auf.[12] Viele der späteren Partner meiner Mutter hatten ebenfalls ein Alkohol-Problem, was sie jedes Mal spät merkte, dann aber immer zur Trennung führte.

Die Konfirmation – Durch Alkohol erwachsen werden?

Ein anderer Grund für Alkoholkonsum: etwas feiern. Bei einer dieser Feierlichkeiten, meiner Konfirmation mit 14 Jahren, wurde vonseiten der Freund*innen meiner Mutter sowie der Verwandtschaft schon enormer Druck ausgeübt, jetzt endlich was zu trinken, weil es dazugehörte, weil es ein Schritt ins Erwachsenenleben war. Ich wollte partout nicht, was zu Irritationen bei den Erwachsenen führte und sie zu einigen Überredungsversuchen provozierte. Die meisten (männlichen) Jugendlichen in meinem Alter konnten es doch gar nicht erwarten, endlich Alkohol zu trinken, oder hatten ihre ersten Erfahrungen sowieso schon gemacht. Schon der Geruch des ausgeschenkten Sekts ließ mich Reißaus nehmen. Ich empfand ihn als eklig. Ich stieß wie gewohnt mit O-Saft an, wie davor und danach. Ich habe nie vor meiner Mutter einen Tropfen Alkohol angerührt, nie mit ihr oder meinem Bruder getrunken. Es war wie ein ungeschriebenes Gesetz, das ich mir selbst auferlegt hatte. Bei meiner Mutter im Haus war und ist Alkohol für mich tabu. Wahrscheinlich hängt das mit meinem Vater zusammen

11 »Der dauernde innerfamiliäre Stress löst bei vielen Kindern Scham- und Schuldgefühle aus. Das kann zu mangelndem Selbstwertgefühl, fehlendem Selbstvertrauen, teils sogar zu Selbsthass führen. Damit steigt das Risiko, dass sie später selbst suchtkrank zu werden oder sich von einem suchtkranken Partner abhängig machen. Dieses Risiko ist dreimal höher als bei ihren Altersgenossen aus nicht suchtbelasteten Familien« (AA 2020).

12 Meistens etabliert sich ein recht komplexes Netz aus (Co-)Abhängigkeiten und Dynamiken in Alkoholiker*innen-Haushalten, die sich nachhaltig auf die Leben aller Beteiligten auswirken (vgl. Lambrou 1990).

und meinem Bedürfnis, mich von ihm und von einer bestimmten Art von Männlichkeit abzugrenzen und keine unguten Assoziationen hochzuholen, allerdings realisierte ich dies erst sehr viel später.

Auf dem Spielplatz – Erste vorsichtige Schritte

Ich trank lange keinen Alkohol, ich war nicht daran interessiert, genauso wenig wie am Rauchen. Für mich überwogen die negativen Verknüpfungen mit diesen Themen. Bei meinen Freund*innen war es ähnlich. Wir waren die Vernünftigen und Uncoolen. Irgendwer kam dann mit 16 doch auf die Idee, dass wir jetzt Bier kaufen durften. So trafen wir drei Freunde uns in diesem Sommer häufiger in der Dämmerung kurz vor Ladenschluss auf dem Supermarktparkplatz, kratzen unser Geld zusammen und kauften uns einen *Sixer V+*[13]. Der Biergeschmack, den wir alle nicht so sehr mochten, wurde von der Brause gut überdeckt. Wir drittelten unsere Beute auf dem Kinderspielplatz mit dem kleinen Bachlauf, genossen die gemeinsame Zeit und das leichte warme Gefühl im Bauch. Ohne Konkurrenz oder Missgunst turnten wir auf den Spielgeräten oder lagen auf der Wiese, bis wir uns um kurz vor Mitternacht aufmachten, um pünktlich daheim zu sein, sodass unsere Eltern nichts mitbekamen. Es wurde in diesem schönen Sommer zu unserem Freitagabend-Ritual.

Dann lernte mein bester Freund neue Jugendliche in dem Dorf kennen, die ungefähr so alt waren wie wir, einige aber auch 15 Jahre älter.

Trinken in der Clique – Abhärten und cool werden

Wir wurden Teil dieser recht bunten, großen Clique und ich hatte von da an am Wochenende ein neues Hobby: Saufen und Feiern. Die Älteren verschafften uns jetzt uneingeschränkten Zugang zu hochprozentigem Alkohol und wir mussten nicht mehr hoffen, dass wir die Flaschen irgendwie an den Kassierer*innen vorbeibekamen. Wir trafen uns nur für das Eine und konsumierten es literweise in sturmfreien Elternhäusern, Partykellern oder Gartenlauben. Immer waren irgendwo die Eltern nicht zu Hause und sonst gab es noch den Spielplatz. Wir unterschieden und maßen uns darin, was wir an Alkohol mochten, wie viel wir vertrugen und wie viel

13 Ein Biermischgetränk.

wir kotzen konnten. ›Natürlich‹ vertrugen Männer mehr als Frauen und tranken meistens Bier. Das war gesetzt. Ich mochte den Geschmack von Alkohol noch nie und Bier hasste ich. Ich mochte immer noch die süßen, ›weiblichen‹ Sachen. Trotzdem trank ich Bier, weil es männlich war und weil ich kein ›Mädchen-Bier‹ (z.B. *V+*) oder andere leckere Getränke konsumieren durfte. Unter uns Jungs ging es immer darum zu konkurrieren. Der Coolste, der Härteste, der Witzigste zu sein und keinerlei Schwächen oder Unsicherheiten vor seinen Freund*innen zu offenbaren.[14] Richtig hattest du es dann gemacht, wenn der Abend damit endete, dass du dich erbrachst. Es war der Abschluss eines ›guten‹ Abends. Diese selbst gestalteten Extremsituationen galt es, jedes Wochenende wieder zusammen zu durchleben und durchzustehen. Damit wurden wir immer mehr zu einer eingeschworenen Gruppe mit gemeinsamen Geheimnissen, Hierarchien und einer Geschichte.

Ich trank also nie Alkohol für den Geschmack oder Genuss, sondern für die Wirkung. Deshalb kaufte ich mir ab meinem 18. Geburtstag meistens den billigsten Wodka, mischte ihn mit dem billigsten Multi-Vitaminsaft und trank die Hälfte der 10€-Mischung in großen Schlucken. Schon transformierte ich mich. Lustig, nicht traurig; selbstsicher, nicht ängstlich; schlagfertig, nicht nachdenklich. In diesem Modus mochte ich mich am liebsten. Viele meiner Gefühle nahm ich zumeist ohnehin nicht wahr. Ich hatte damals schon häufig tiefe Traurigkeit und Melancholie in mir und drückte diese dadurch weg.

Gefühle – Nicht spüren, nicht darüber reden

Gefühle waren in meiner Jugend nichts wert. Sie konnten immer schwächlich rüberkommen oder gegen mich verwendet werden. Nicht einmal mit meiner Freundin redete ich darüber. Wir sagten uns nur, dass wir uns liebten, stritten viel und ich fühlte mich oft wie der einsamste Mensch auf der Welt, wenn ich nachts wach neben ihr im Bett lag. Trotzdem wollten wir gerne heiraten und alles, was sonst noch so dazugehörte. An mehr Austausch über unsere Gefühlswelt kann ich mich nicht erinnern.

14 Bourdieu und Connell haben kritische Männlichkeiten-Theorien entwickelt, um unter anderem Konkurrenz- und Sozialisationsdynamiken zu beschreiben. Schaut euch dazu bei Interesse »Die ernsten Spiele des Wettbewerbs« (Bourdieu 2005) und Connells »Relationen der Über- und Unterordnung« (Connell 1999) an.

Für mich hing die Männlichkeit, die ich lernte, viel damit zusammen, nicht über Gefühle zu reden. Ich redete mit anderen männlichen Jugendlichen und Männern über viele oberflächliche Dinge, aber nie darüber, was in mir oder in uns vorging. Als mir das sehr viel später in Berlin auffiel, fragte ich meinen Vater immer mal wieder nebenher, wie es ihm geht. Er antworte dann »gut« und schloss dann mit einer Erzählung von seinem letzten Urlaub oder dem Wetter an. Ich ließ es dann ziemlich schnell wieder. Die Mauern waren immer hochgefahren, beschützt durch Humor und Sprüche, immer mit der Angst verbunden, niedergemacht zu werden, immer im Alarm- und Verteidigungszustand.[15]

Von Kämpfen und Männernähe

Es war die Zeit der unerbittlichen Trinkwettkämpfe. Wir maßen uns in Trinkspielen wie Bierball oder Trichtersaufen. Es ging darum, wer wie viel aushält, aber auch, wer sich wie schnell abschießen konnte, teilweise bis zur Bewusstlosigkeit. Dabei liefen diese Konkurrenzspiele nie in einer ernsten, sondern meistens in einer erheiterten, lustigen Stimmung ab. Wenn wir auf der Party gut getrunken hatten, fingen wir unter meinen Schulfreunden an, uns aus Langeweile zu schlagen, Boxkämpfe auszuführen. Es war unser kleiner ›Fightclub‹, nur mit Rundenzeiten und Regeln. Nur auf den Körper, nicht ins Gesicht. Alles ganz gesittet. Viele waren dabei oberkörperfrei; ich immer im T-Shirt, weil ich mich als zu dick empfand. Die Mädchen saßen drum herum, nahmen die Zeit und betupften in den Pausen die blutigen Knöchel und geschwollenen Handgelenke mit nassen Tüchern. Schauen, wer stärker war, wer länger durchhielt. Sich selbst und den anderen spüren. Nur so konnten sich Männer näherkommen. Nur wenn wir tranken, konnten wir nach den Schlägereien zusammen fertig auf der Couch rumliegen oder uns kurz übers verschwitzte Haar streichen und uns zumindest körperlich ein wenig nahe sein. Auch wenn wir uns gegenseitig durch das ganze Dorf nach Hause trugen und ins Bett brachten, war das möglich. Dieser Zustand wurde bei uns ›partyschwul‹ genannt; es ging nie über das Beschriebene hinaus und wurde als betrunkene Albernheit unter Männern akzeptiert. Noch tagelang waren die blauen Flecke zu spüren. Ich

15 Ebd.

begann, den Schmerz zu lieben, genoss dieses Körpergefühl und freute mich auf die nächste Runde.

Als ich dann eines Samstagsmittags verkatert aufwachte und mich nicht daran erinnern konnte, an welchem Wochenende ich das letzte Mal nicht so aufgewacht war, schwor ich mir, dass ich nie wieder trinken wollte. Mein Schwur hielt bis zum Abend.

In der Disko – Das gleiche Spiel in einer anderen Arena

Irgendwann fingen wir an, in die Disko im nächsten Dorf zu gehen. Dort standen zunächst alle am Rand, wie früher bei den Kinder-Diskos. Allen war es peinlich. Kein Mensch traute sich. Vor allem die Männer waren cool und hart und soffen an der Bar. Ich ebenso. Auch wenn ich nie viel bestellte, weil ich es mir nicht leisten konnte. Nach und nach stieg der Alkohol-Pegel im Raum. Der Spaß kam mit dem Alkohol. Beides gehörte zusammen. Auf einmal trauten sich die Menschen, die in unterschiedlichen Gruppen herumstanden, sich gegenseitig anzusprechen, Leute fingen an zu tanzen, zu singen und grinsend herumzulaufen, Leute knutschten in der Ecke, prügelten sich, kamen zusammen, trennten sich oder erbrachen sich in der Toilette. Es war jedes Mal eine magische Transformation. Der Alkohol fungierte als sozialer Katalysator und beschleunigte viele Dinge oder machte sie erst möglich. Es ging im Kern darum, die eigenen Hemmungen zu verlieren und dann einfacher die eigenen und die Grenzen anderer zu überschreiten. Es gab einen ungeheuren Gruppendruck, dabei zu sein und mitzumachen, der an alle, bis auf eine kleine Gruppe, gestellt wurde. Diese stand in einer anderen Ecke: Die Menschen, die fuhren und damit nicht tranken. Die, die heute Abend keinen Spaß haben würden. Um diese unliebsame Rolle wurde immer sehr viel gerungen. Keine*r wollte die*der Fahrer*in sein. Ich stand dort häufig. So konnte ich eine wichtige Rolle ausfüllen; Menschen hatten bei mir was gut, waren mir dankbar und meine Stellung in der Clique verbesserte sich vielleicht.

Bukowski – Mein Alkoholiker-Idol

Für viele meiner Freunde und auch mich war in dieser Zeit Charles Bukowski ein Vorbild. Ich entdeckte mein erstes Buch von ihm *Gedichte, die einer schrieb, bevor er aus dem achten Stock sprang* im Bücherregal meiner Mutter.

Das Thema Suizid faszinierte mich in der Zeit. Es war irgendwie schön, sich darüber Gedanken zu machen. Nicht viel, aber immer ein bisschen. Wenn du unglücklich bist, liegt das nahe und viele meiner Freund*innen waren oft unglücklich, deshalb redeten wir auch mal betrunken darüber. Welche*r Jugendliche*r ist nicht unglücklich? Welche Person überhaupt?

Ich nahm es also mit in mein Zimmer und verschlang es am Stück. Bukowski war ein meist betrunkener, → sexistischer Schriftsteller, der autobiografisch über seine Alkoholsucht, Frauen, Pferdewetten, sein Fertig-Sein und die Sinnlosigkeit der Existenz schrieb. In manchen Nächten tranken wir unzählige *Vodka7*[16] auf ihn. Ich sog damals alles von ihm in mich auf. Mich faszinierte, dass er trotz dieser Umstände kreativ war, sein Leben lebte und sogar Frauen auf ihn standen. Ich fühlte mich damals hässlich und unattraktiv, mit meiner Akne und meiner komischen Figur. Bukowski gab mir Hoffnung, dass ich doch noch was erreichen könnte, auch wenn ich mich ganz unten fühlte, meine Schule abbrechen und nur noch weg wollte aus diesem Dorf, auch wenn ich gar nicht wusste wohin. Irgendwie raus aus der jugendlichen Depression und Perspektivlosigkeit. Ich träumte davon, Autor zu sein und seine einfache Art von Gedichten gab mir diese Hoffnung.

In der freiwilligen Feuerwehr – Autos, Frauen und Leberzirrhose

Mein Feuerwehrleben war für mich schon damals sehr widersprüchlich.

Ich erinnere mich daran, wie ich meist den ganzen Tag vor dem Dienst Bauchschmerzen hatte und nie gerne dort hingegangen bin. Dennoch war ich fast jeden Freitagabend da, elf Jahre lang. Ich wurde oft gelobt und war geachtet, trotzdem ging das Bauchgefühl nie weg. Ich lernte dort viele technische Dinge, auch mutig und hart zu sein. Was männlich und was eher nicht männlich ist, schwang in kleineren und größeren Kommentaren mit. Ich lernte, mich in unzähligen, spaßig-verhassten Wettkämpfen zu behaupten und in der informellen Hierarchie weiter aufzusteigen. Ich zog in dieser Zeit viel Selbstwertgefühl daraus. Ab meinem 16. Lebensjahr war ich nicht mehr bei den Jugendlichen, sondern bei den Erwachsenen. Alkohol spielte hier natürlich eine Rolle. Abends nach den Diensten, wenn über die klassischen Männerthemen wie Autos, Frauen, Fußball und Technik geredet

16 Wodka mit *7 Up*.

wurde, saß ich schweigend daneben. Rückblickend könnte das schon ein Teil meiner Nicht-Konformitäten gewesen sein. Mich interessierten diese Themen nicht und ich kannte mich deshalb meist nicht mit ihnen aus, was wiederum die Angst auslöste, etwas Falsches zu sagen. Zudem war ich einer der wenigen, der auf 's Gymnasium ging, während die anderen größtenteils (handwerklichen) Ausbildungen nachgingen oder schon lange im Beruf waren. Es wurde zu allen Anlässen getrunken. Zu besonderen Events[17], die wir entweder öffentlich veranstalteten (z.B. Osterfeuer, Schützenfeste) oder privat (z.B. Geburtstagsfeiern, Vatertag) miteinander verbrachten. Auf diesen Feierlichkeiten füllte ich mich entweder selbst ab, was ich angenehmer fand und besser kontrollieren konnte, oder ich wurde abgefüllt, was immer mit der Angst verbunden war, dass ich dann vielleicht ins Bordell im nächsten Ort gebracht würde. Es gab das Gerücht, dass alle Männer, die bis 18 noch keinen Sex gehabt hatten, da hingebracht wurden, um sich ›die Hörner abzustoßen‹. Ich hatte sehr große Angst davor und eine sehr andere Vorstellung von meinem ersten Mal. So verschwieg ich ab da meine Geburtstage und dachte, dass ich bestimmt irgendwann auffliege.

Nachdem eine paar Kameraden sehr schlechte medizinische Befunde, Leberwerte und teils vermutlich Alkoholsucht attestiert bekommen hatten und erst noch johlend darüber lachten, veränderte sich mit der Zeit langsam die Stimmung nach den Diensten. Anstatt Bier und Schnaps gab es jetzt eher Softdrinks und Wasser und anstatt Pizza und Döner immer häufiger Salat. Nichts davon konnte und wollte ich mir leisten; ich musste mein kleines Taschengeld sparen und sagte, dass ich keinen Hunger oder schon zu Hause gegessen hätte, während mein Bauch knurrte. Es gab anfänglich noch viele Witzeleien über das neue Konsumverhalten, während über die Gründe nie wirklich geredet wurde.

In Australien – Rausch, Gewalt und Erkenntnis

Als ich nach meinem Zivildienst nach Australien reiste, veränderte sich mein Konsumverhalten. Ich hatte große Angst, betrunken irgendeinen Mist zu bauen, ausgeraubt zu werden oder meine wichtigen Unterlagen

17 Dabei war ein Nebeneinander von Menschen, die vom übermäßigen Konsum bewusstlos wurden und von uns medizinisch versorgt bzw. vom Rettungswagen abgeholt werden mussten, und Menschen, die fröhlich weiter feierten und konsumierten (uns eingeschlossen), so normal wie auf allen anderen Festen.

oder meinen Pass zu verlieren und deshalb in Schwierigkeiten zu geraten oder das Jahr abbrechen zu müssen. Zudem war Alkohol in Australien sehr teuer. Und nur ein bisschen Alkohol zu trinken, machte für mich keinen Sinn, sondern war eher Geldverschwendung. Also hielt ich mich, wenn mir Alkohol angeboten wurde, ganz schön zurück (etwas, das mir vorher nicht sonderlich gut gelungen war).

Als wir uns auf eine zweitägige Jeep-Fahrt nach Fraser Island vorbereiteten bekam jede Jeep-Crew zwei Kühlboxen. Eine für Essen und eine für Alkohol. Der Fokus war also gesetzt. Der billige Wein schoss mir auf dem Campingplatz in den Kopf. Ich konnte fast nichts mehr sehen und hatte auf dem Weg zum Klohäuschen die ganze Zeit Angst, auf eine Schlange zu treten oder in sie hineinzufallen und dann zu sterben. Trotzdem trank ich weiter. Alle tranken. Über Ängste redeten wir nicht.

Später in Cairns traf ich einen alten Bekannten und wir gingen zusammen mit seinem Kumpel feiern. Es war wunderschön. Wir tranken Bier aus Dosen und tanzten im Club zur gleichen Musik, es war wie damals an der Nordsee. Dann wurde auf einmal die Musik abgedreht und wir waren mitten in einem Wet-T-Shirt-Contest. Ich hatte so etwas noch nie gesehen. Immer mehr Wasser wurde über den jungen Frauen ausgeleert. Am Ende gewann diejenige 500 Dollar, die sich komplett nackt ausgezogen hatte. Die Menge tobte und ich stand irgendwie neben mir. Danach wateten wir mit unseren Flip-Flops durch das knöcheltiefe Kotze-Alkohol-Wasser-Gemisch nach draußen, der aufgehenden Sonne entgegen.

In Darwin schlief ich sehr lange in einem *10-Bed-Dorm*. Irgendwann zog dort ein Pärchen ein. Sie waren so ein glückliches, hübsches, verliebtes Paar – am Tag. In der Nacht kamen sie dann betrunken und sehr laut ins Zimmer. Er schlief sofort ein und zerbrach dabei sein Bier, das ihm aus der Hand rutschte. Sie räumte es weg und kuschelte sich an ihn, bis er kurze Zeit später aufwachte und wütend wurde. Er schrie sie an, wo sein Bier sei. Dann gab er ihr eine Ohrfeige.[18] Sie schrie und weinte. Ich dachte damals, es wäre ihre Sache. Kein Mensch griff ein. Es waren keine kleinen Kinder da, die nach ihrer Mutter riefen und so den Streit beendeten. Als wenn Menschen laut Sex in diesem Zimmer hätten, hieß es nun: Ohrstöpsel rein,

18 »Oft sind die Täter alkoholisiert: 51 % der Männer, die gegenüber ihrer Partnerin körperlich und/oder sexuell gewalttätig sind oder waren, trinken zu viel Alkohol« (AA 2020).

wegdrehen und darauf warten, dass es bald vorbei war. Am nächsten Tag reiste sie alleine ab. Er irgendwann auch.

An dem Tag kam in mir das erste Mal die Frage auf, ob Alkohol wohl mehr Schlechtes als Gutes auslöste in der Welt.

Als wir eines Nachts im Januar 2010 in Alice Springs ausgingen, kamen wir an einem streitenden Paar vorbei. Als wir uns etwas entfernt hatten, schlug er so hart zu, dass sie auf den Bordstein fiel und schrie. Er schlug ihr wieder und wieder ins Gesicht und ihr Schädel schlug dumpf auf dem Bordstein auf, während wir uns in die Nacht davonstahlen. Wir hatten Angst und wollten keinen Stress.[19]

Am nächsten Tag fuhr ich weiter ...

Daumen raus. Ein Auto hält sofort an. Ich öffne die Beifahrer*innentür. Im Fußbereich rollen leere Bierdosen hin und her. »Ich kann dich mitnehmen, aber ich trinke«, werde ich begrüßt. »Kein Problem.« Ich brauche den Lift, denke ich. Will weiterkommen.

Beim Trampen in Australien wurde ich des Öfteren von Menschen mitgenommen, die am Steuer tranken. Dieser erzählte mir, dass er oft von seiner Frau und seinen Kindern wegmusste, weil sie so anstrengend waren. Dann fuhr er einfach los, fuhr ziellos herum und trank. So musste es mein Vater auch gemacht haben. Er war früher oft stundenlang weg, kein Mensch wusste wo und auch auf Nachfragen kam da nichts. Der Oettinger-Kasten im Kofferraum gehörte so zu ihm wie der feste Händedruck zur Begrüßung. So sparte er sich den Weg in die Wohnung. Ob dieser Typ oder mein Vater auch tranken und fuhren, wenn die Familien mit im Auto waren, oder sie sich nur allein diesem Risiko aussetzten, weiß ich nicht.[20]

Aufhören – Mich auch nüchtern mögen?

Im März 2010 couchsurfte ich bei David in Melbourne. Er meditierte viel, trank jeden Morgen einen grünen Smoothie und achtete auf seinen Körper. Er redete davon, dass sein Körper sein Tempel sei, den er nicht vergiften wolle. Wie ich, wollte er bewusster leben. Deshalb konsumierte er seit Längerem keine Drogen und keinen Alkohol mehr. Er wollte alle Gefühle

19 Heute würde ich anders handeln, eingreifen und Verantwortung übernehmen.

20 »In 2016 ereigneten sich in Deutschland insgesamt 13.403 Alkoholunfälle mit Personenschaden. Bei diesen Unfällen wurden 16.770 Menschen verletzt. Insgesamt starben 225 Menschen durch Alkoholunfälle« (AA 2020).

bewusst mitkriegen und sich auch nüchtern Sachen trauen, einfach so ausgelassen, verspielt, mutig, locker und traurig sein. Er wollte alles genau wahrnehmen. Ich hörte ihm gerne beim Reden zu und die Idee leuchtete mir ein. So hörte ich au,f Alkohol zu trinken. Ich wollte auch nüchtern eine Person sein, die ich mochte. Ich wollte auch spontan, lustig mutig sein und mich fallen lassen können, ohne getrunken zu haben. Ich wusste, dass es für mich viel zu lernen, zu entdecken, zu entwickeln und auszuprobieren gab.

Ich schaute auf meine gesellschaftliche Umgebung und die vielen negativen Erlebnisse mit Alkohol, die ich gemacht hatte, und wollte weg davon. Ich wollte nicht so werden wie die alkoholisierten Männer, die ich in meinem Leben kennengelernt hatte. Ich hatte Angst, dass diese männliche Gefahr, Aggressivität und Übergriffigkeit in mir ist – weitervererbt[21] und ansozialisiert –, dass sie unter der Oberfläche lauert und darauf wartet, jederzeit hervorzubrechen und mir nahe Menschen und (damit) auch mich selbst zu verletzten. Ich wollte die Kontrolle über mein Leben, meine Gefühle und mein Handeln behalten und mein Umfeld vor mir schützen.

Zurück an der Nordsee

Dieses Gefühl und die guten Vorsätze, die ich mir in Australien ein paar Monate vorher gegeben hatte, halfen mir jetzt nur wenig. Ich hörte die tolle Musik von drinnen nach draußen schallen, die ich in Australien so vermisst hatte. Ich war hier mit den Menschen zusammen, die ich mochte und die ich so vermisst hatte. Alles war so gleich und irgendwie auch gar nicht. Meine Nüchternheit machte einen riesigen Unterschied und das machte mich krass fertig. Ich fühlte mich abgestoßen von meiner Umgebung.

Als ich meinen Zivildienst zwei Jahre zuvor an der Nordsee begonnen hatte und wir zum Feiern in die Dorfdisko gegangen waren, war dort vieles anders gewesen als in der Disko, die ich von zu Hause kannte. Es war uns nicht peinlich gewesen, die Tanzfläche zu eröffnen; was am Alkohol lag, aber auch daran, dass wir als ›die Naturschützer‹ sowieso schon die Freaks waren. Ich hatte mich neu entdecken können. Kein Mensch kannte mich hier. Kein Mensch drückte mich in meine alte Schublade zurück. Ich hatte

21 »Kinder aus Alkoholiker*innen-Haushalten sind gefährdet, im späteren Leben selbst zu Tätern zu werden. Das Risiko, später selbst alkoholabhängig zu werden, liegt bei Kindern aus suchtbelasteten Familien bis zu sechsmal höher als in Familien ohne Alkoholmissbrauch« (AA 2020).

das stundenlange, ausgelassene Tanzen für mich entdeckt. Wir tanzten sehr unmännlich mit unseren langen Haaren, mit viel Arm- und Arschbewegungen und sangen oft quietschend hoch und schrill mit. Der Alkohol gab mir hier die Gelassenheit und die Ausdauer, unmännlich zu sein.

Nun, zwei Jahre später, schaffte ich es nur zusammen mit Peter, endlich die Disko zu betreten und steuerte gleich die Bar an. »Nüchtern überstehe ich das hier nicht«, sagte ich. Meine abstinente Zeit war an diesem Punkt auf jeden Fall zu Ende. Er bestellte uns zwei Cola. Und brachte mich zur Tanzfläche.

Als ich dastand und anfing zu tanzen, waren meine Gedanken und Zweifel so laut. Ich erschöpfte viel schneller oder ich nahm die Erschöpfung schneller wahr. Ich hatte nicht so viel Spaß und musste mich immer wieder ausruhen. Aber das Schlimmste war, dass ich nicht mehr so tanzen konnte wie früher. Die ganze Intensität war verebbt. Ich fühlte es nicht mehr. Ich gab mehr auf die Blicke der anderen und war nicht mehr in meinem eigenen Film oder unserer gemeinsamen Blase. Ich machte trotzdem weiter und probierte es. Hatte ich in den letzten Jahren jemals getanzt, ohne dass ich betrunken war? Als ich mich nach dem Aufwachen auch noch in einem verkaterten Zustand befand, einfach durch das lange Wachbleiben und viele Tanzen, merkte ich, dass die Aufgabe sehr schwer war, die ich mir gestellt hatte. Aber ich wollte sie schaffen. Ich wollte ohne Alkohol ich sein.

Ankommen in Berlin – Erste nüchterne Erfahrungen

Als ich nach Berlin kam, war ich von Anfang an die Person, die nicht trank, was vieles einfacher machte. Alle kannten mich nur so und es wurde in der linken Szene, in der Uni und in meiner WG akzeptiert. Ich kann mich nicht an viele Situationen erinnern, in denen mich Menschen überreden wollten. Ich sagte meist nicht, dass ich nicht trinke, sondern lehnte eher nur dankend ab und fragte nach oder nahm ein anderes Getränk. Ich legte mir auf Partys die Angewohnheit zu, immer irgendetwas in der Hand zu haben. Oft sagten mir Menschen, dass sie gar nicht bemerken würden, dass ich nichts getrunken habe, weil ich trotzdem so locker und lustig war. Und ja, ich schwang teilweise in dieser Stimmung mit, berauscht von Koffein und Zucker. Oft konnte oder wollte ich den Menschen aber nicht zu den Orten folgen, zu denen sie sich mithilfe ihres Konsums bewegten. So sah ich mich öfters einsam[22] zurückbleiben in einer berauschten Menge, aus der heraus ich manchmal hörte, dass ich mal nicht so dreinblicken und mal lächeln sollte. In der Zeit hörte ich häufiger, dass Menschen nicht mehr mit mir feiern gehen wollten, weil ich mich am nächsten Tag noch an alles erinnern kann und ihnen das peinlich ist. Dies war für mich sehr schmerzhaft. Ich verstand immer weniger, wieso sich Menschen die ganze Woche aufs Wochenende freuten, wenn sie sich dann doch nicht mehr an viel erinnern konnten und sich die Hälfte der Zeit sehr schlecht und verkatert fühlten.

Natürlich gab es immer Menschen, die meinen Nicht-Konsum ganz interessant fanden, meine Gründe wissen wollten oder mich immer wieder mal fragten, ob ich es nicht vermisse oder es noch einmal probieren wolle. Oft vermuteten sie, dass ich (trockene*r) Alkoholiker*in war oder dass etwas Schlimmes in meiner Herkunftsfamilie passiert war. Beides verneinte ich meistens und sagte stattdessen, dass ich nie wirklich den Geschmack von Alkohol mochte (Was ja ebenfalls der Wahrheit entspricht). Danach waren die Gespräche meistens beendet. Oft erzählten mir Menschen ungefragt von ihrem Konsumverhalten, wenn sie auf mein Nicht-Trinken aufmerksam wurden. Ich sehe darin Parallelen zu meinen früheren ›Outings‹ als Veganer*in. Mir wurde dann oft erzählt, wie viel oder wenig Fleisch und Fisch gerade gegessen wird und wieso und dass sie meine Disziplin bewundern, aber so nicht essen könnten. Mein Vater fand es auch gut, als er herausfand, dass ich nicht mehr trank, was eine komische Taubheit, einen glasigen Blick und ein schreiendes Schweigen in mir hervorrief. Irgendwie zerriss mich dieser Widerspruch mal wieder.

Friedrich – Wieder mit einem Alkoholiker wohnen

In Berlin drängt sich das Thema erst auf und wurde mir auf einer anderen Ebene bewusst, als Nina, die Freundin meines Mitbewohners Friedrich, sich von ihm trennte. Er trank vorher schon viel und regelmäßig. Nach der Trennung nahm das Trinken allerdings eine andere Dimension an. Sein halbes Zimmer stand irgendwann voller Leergut. Er geriet öfter in Schlägereien, verlor seinen Job und konnte nicht mehr in die Essenskasse einzahlen, weil er sein gesamtes Geld in Bier investierte. Zudem hatte er oft epileptische Anfälle, wenn er ausnüchterte. Ich verstand nicht, warum er wegen dieser

22 Nur 3,6 % der 18- bis 64-Jährigen trinken keinen Alkohol (AA 2020).

ganzen Faktoren nicht ›einfach aufhörte‹. Im Grunde waren es dieselben Vorwürfe, die ich immer wieder meinem Vater machte. Mehrere Mitbewohnerinnen zogen aus und wir wussten uns nicht anders zu helfen, als die Regel einzuführen, beim monatlichen WG-Plenum nüchtern zu erscheinen. Auf Gespräche über und Hilfe in Bezug auf seinen Alkoholkonsum ließ er sich nicht ein. Was mich am meisten belastete und verunsicherte, war, dass ich jetzt zu jeder Tages- und Nachtzeit einer betrunkenen Person in meiner WG begegnen konnte, die meist nicht mehr zu verstehen war oder einfach vor sich hin starrend in der Tür stand. Mit Peters Unterstützung führte ich ein Gespräch mit ihm und bat ihn darum, weniger zu trinken. Dort erwähnte ich das erste Mal meinen Vater, der Alkoholiker war. Ich merkte, dass ich nicht mehr länger so wohnen konnte. Die Situation veränderte sich nach dem Gespräch zwar ein wenig, aber leider nicht grundlegend. Irgendwann zogen Peter und ich aus unterschiedlichen Gründen ebenfalls aus der WG aus.

Fußball – Raumeinnahme überall

Für mich hängen Männlichkeit und Alkoholkonsum zusammen. Für mich gehört die Grenzüberschreitung und Ausgelassenheit dazu, die physische, gedanklich-emotionale und akustische Raumeinnahme[23], die damit noch größer wird, als sie sonst oftmals schon ist. Große betrunkene Männergruppen, die sexistische Sprüche klopfen, Angst verbreiten und Aggressivität versprühen, es abfeiern oder gar nicht mitbekommen. Ein Sinnbild dafür sind für mich Fußballfans.

Wie viele (queere und/oder nicht cis-männliche) Personen, mit denen ich geredet habe, fürchte ich mich vor betrunkenen Menschen, vor allem vor betrunkenen Männern. Ich hoffe immer, dass sie mich nicht entdecken, wenn wir uns irgendwo begegnen. Wenn ich geschminkt im ICE oder der S-Bahn sitze und irgendwelche betrunkenen Fußballfans einsteigen, halte ich den Kopf nach unten und hoffe, dass es schnell vorbeigeht. Wenn ich bemerke, dass ich nicht die einzige Person bin, die sich nicht mehr auf ihre Arbeit am Laptop konzentrieren kann oder wie Kinder die ganze Zeit verängstigt Richtung Bord-Bistro schauen, wenn die Gesänge wieder an-

23 Diese geht meist damit einher, dass Grenzen anderer nicht respektiert werden und auch nach Thematisierung dieser Raumeinnahme keine Veränderung eintritt.

fangen, während das weibliche Bordpersonal angemacht und das männlich eingeschüchtert wird, dann kann ich nur noch den Kopf darüber schütteln, verängstigt, wütend, paralysiert vor mich hinstarren und mich so klein wie möglich in meinem Sitz machen. Ohrstöpsel rein und Film oder Musik ganz laut. Wie ist das möglich? Wieso wird das von allen geduldet? Wieso dürfen die den ganzen physischen und emotionalen Raum beanspruchen, sich dabei noch gut fühlen und oft noch nicht einmal die Furcht der anderen mitbekommen? Das alles frage ich mich, während ich meine lackierten Fingernägel in meinen Hosentaschen vergrabe und mich darüber ärgere, heute geschminkt zu sein oder mich vor der Bahnfahrt nicht abgeschminkt zu haben.

Kritische Männlichkeiten – Auseinandersetzung in der Szene?

Auch unter cis Männern in der linken Szene ist das Nachdenken über Alkoholkonsum, Männlichkeit und Gewalt wenig verbreitet. Als das Thema schließlich bei der *Pro_feministischen Akademie*[24] aufkam, waren die cis Männer von diesem Zusammenhang überfordert. Bei der Akademie machen sie meist 90 % der Teilnehmenden aus. Es geht bei den Veranstaltungen um die Auseinandersetzung mit → pro_feministischen Themen, meist auf einer sehr persönlichen Ebene. Dass sich → FLINT* sowieso von ihnen, alleine durch ihre Anwesenheit und ihre Anzahl und dann noch mehr unter Alkoholeinfluss, bedroht fühlen könnten, war für viele ein neuer Gedanke. Sie fühlten sich angegriffen, eingeschränkt und ungerecht behandelt. Als ich mit anderen FLINT* darüber redete, stellen wir fest, dass wir wiederum von dieser Reaktion total verwirrt waren. Für mich ist eine kritisch männliche Position auch eine anti-alkoholische oder alkohol-kritische. Das ist aber anscheinend nicht Konsens und wir brauchten drei Stunden, um eine Lösung (kein Alkohol in der Bar, sondern nur an einem Ort am Lagerfeuer) für den letzten Abend zu finden. Auch für die Studis, die sich am Nachmittag bei einem von mir geleiteten Workshop zu kritischen Männlichkeiten erst einmal ein Bier aufmachten, das von den Organisator*innen bereitgestellt worden war und sich damit entspannt in den Kreis setzten, ist es so, dass

24 Für mehr Informationen über die *Pro_feministischen Akademie* siehe auch den Beitrag von Daniel Holtermann in diesem Band.

Alkoholkonsum uneingeschränkt selbstverständlich zu sein scheint. Ich konnte nichts dazu sagen. Ich traute mich (auch hier) mal wieder nicht.

Mir fällt es schon schwer Nein zu sagen, wenn mich zum Beispiel Menschen fragen, ob sie eine rauchen dürfen. Ich mag es überhaupt nicht und müsste mich eigentlich immer dagegen entscheiden. Wenn es um das Trinken von Alkohol geht, wird meistens gar nicht erst nachgefragt. Es gibt anscheinend wenig Wissen über und wenig Sensibilität für das Thema und vielen ist nicht bewusst, dass es zahlreiche Menschen gibt, die mit Alkoholkonsum mehr oder weniger negativ verstrickt sind.

Alkohol und (queeres) Dating

Die meisten queeren Menschen, die ich kenne, hatten ihre queeren ersten Male unter Alkoholeinfluss.[25] Erst dann trauten sie sich, über diese Grenze und die verinnerlichte Abwertung zu gehen. Ich frage mich manchmal, ob ich meine queeren ersten Male schon schneller und früher in Berlin gehabt hätte, wenn ich da noch getrunken hätte. Wahrscheinlich schon. Ein großer Teil des queeren Kulturlebens findet in Räumen statt, in denen konsumiert wird: in Bars oder Diskos. Wie häufig wurde ich früher dort von gutaussehenden Typen intensiv angeschaut. Wenn es konkreter zu werden schien, dann nahm ich schnell Reißaus. Locker war ich in diesen Momenten auf keinen Fall. Meine internalisierte Homofeindlichkeit[26] tat da ihr Übriges. Und gleichzeitig fragte ich mich immer wieder, ob ich diesen Menschen, wenn sie alkoholisiert waren, überhaupt näherkommen oder mit ihnen etwas anfangen wollte. Meine Antwort, zu der ich nicht stehen kann, lautete oft Nein. Aber das weckte in mir die Zweifel, ob ich jemals irgendwen kennenlernen würde, denn es gab und gibt nur diese Orte. In meinem Freund*innenkreis gab es sehr lange Zeit keine Queers. Also schied diese Option aus, die ich in Hetero-Kontexten oft für neue Beziehungen genutzt und gemocht hatte. Ich konnte mich also am Wochenende entscheiden,

---

25 Vgl. Gisela Wolfs Buch *Substanzgebrauch bei Queers: Dauerthema und Tabu* sowie das ›Minority Stress Model‹.

26 Auch verinnerlichte Homofeindlichkeit genannt, bezeichnet die gesellschaftlich geprägten negativen Bilder und (Selbst-)Abwertungen bezogen auf Homosexualität, die (queere) Menschen dann auch gegen sich selbst richten. Das kann zu einem niedrigen Selbstwertgefühl, Scham und zu Hemmungen führen, sich auf gleichgeschlechtliche körperliche oder emotionale Nähe einzulassen.

mit meinen Freund*innen ›normal‹ zu feiern oder allein auf eine queere Party zu gehen.

Ich lernte mit der Zeit, dass Menschen Substanzen einnahmen, um Dinge zu tun, die sie sich sonst nicht trauten. Ich kann das schon nachvollziehen. Ich wünsche mir das oft und gleichzeitig lehne ich es ab. Ich möchte es ja ohne können. Für mich waren die Erfahrungen super schmerzhaft, wenn eher hetero cis Männer auf mich standen und ab dem Zeitpunkt, an dem sie wieder nüchtern waren, es nicht mehr taten. Sich vor mir und sich selbst erschreckten und sich jetzt erst einmal fragen mussten, ob sie schwul waren, bis sie nichts mehr von mir wissen wollten und mich wegstießen. Ich war teilweise so verknallt, dass ich nur darauf wartete, dass sie wieder drauf waren. Ich hatte immer ein offenes Ohr für den Stress in ihren Hetero-Poly-Beziehungen und wartete darauf, dass dieser abflaute und ein wenig Platz für mich bzw. uns entstand, was jenseits des Rausches allerdings nie passierte. Gleichzeitig standen für mich die Fragen im Raum, worauf Menschen bei mir stehen oder als was sie mich einlesen. Musste ich mich misgendern[27] lassen, um begehrt zu werden oder musste ich mich outen – aber wie ging es dann weiter?

Heute

Ich bin die ganzen Geschichten und mein Leben mit und um Alkohol leid. Auch die vielen Kompromisse, die ich immer wieder geschlossen habe oder immer wieder schließe. Ich habe keine Lust mehr darauf. Ich habe Entscheidungen getroffen, um aus einigen Dynamiken auszusteigen, auch wenn ich natürlich immer wieder mit dem Thema konfrontiert werde. Seit drei Jahren wohne ich jetzt in einer alkohol- und drogenfreien WG. Ich gehe nicht mehr feiern. Ich habe es irgendwann nicht mehr gemocht. Vor allem abends und nachts werde ich oft recht negativ und ich brauche das Tageslicht mehr denn je. Auch begann ich am Wochenende mehr zu arbeiten. Ich fühle mich sehr entlastet, diesen Feier-Druck und die Angst, etwas zu verpassen, nicht mehr zu spüren, weder den, der aus mir selbst kommt, noch den aus meinem Umfeld. Ich mache am Wochenende jetzt viele schöne Dinge, auf die ich mehr Lust habe.

27 Menschen absichtlich oder unabsichtlich dem falschen Geschlecht zuordnen.

Durch das Schreiben dieses Artikels ist das Thema Alkohol in meinem Leben wieder präsenter. Ich habe dadurch angefangen, über Alkoholismus in meiner Herkunftsfamilie und mit meiner Herkunftsfamilie ernsthaft ins Gespräch zu kommen. Vorher ging das nicht. Sich alleine und gemeinsam zu fragen, was Alkohol mit unserer Vergangenheit gemacht hat, ist interessant, aufwühlend und belastend. Mit meinem Vater habe ich bisher nicht darüber geredet und weiß gerade nicht, ob es je dazu kommen wird (Hallo Papa, wenn du das zufällig mal lesen solltest).

Mit Bekannten und Freund*innen bin ich durch den Artikel mehr über Alkohol ins Gespräch gekommen. Fast alle hatten einen negativen Bezug zum Thema in Verbindung mit ihrer Herkunftsfamilie. Darüber geredet haben wir vorher nie. Es ist ein gesellschaftliches Tabu, das sich bewusst und unbewusst durch alle Bereiche zieht. Ein Gespräch hatte ich mit einer Freundin, mit der ich fünf Jahre lang in einer Kritischen-Männlichkeiten-Gruppe war. Wir arbeiteten in den Jahren viel zu unserer Vergangenheit und damit auch viel zu unseren Herkunftsfamilien. Ich erwähnte nur im Nebensatz, als ich über diesen Beitrag redete, dass mein Vater Alkoholiker ist. »Das hast du noch nie erzählt!« »Echt nicht?«, erwiderte ich fassungslos und wir saßen danach noch recht lange, schweigend nachdenklich zusammen.

Ich merke, dass ich auf bestimmte Dinge keine Lust mehr habe. Ich möchte den Geruch von Alkohol nicht mehr um mich haben, genauso wenig wie betrunkene Leute. Wie ich trotzdem anderen Menschen, zum Beispiel anderen Queers, näherkommen kann, weiß ich gerade nicht. Wie ich mit Menschen zusammen sein soll, die trinken, weiß ich gerade auch nicht. Ich kann auch nicht von irgendwelchen Geburtstagsfeiern verschwinden, weil sich da eine Person ein Bier oder einen Wein aufmacht. Es ist unrealistisch und daher versuche ich, nicht so strikt sein, da ich viele Situationen dann doch ganz gut aushalte.

Wenn sich Alkohol mit Männern oder Männlichkeit mischt, komme ich damit meist nicht gut klar. Es erinnert mich an zu viele unangenehme Situationen. Ich merke immer wieder, dass ich tendenziell die Männer mag, die nicht trinken. Mit Menschen, die Alkohol abfeiern, kann ich immer weniger anfangen. Möchte ich nur noch ein abstinentes Umfeld? Manchmal. Trinken einige meiner Bekannten und Freund*innen, um irgendwie mit ihrem Leben klar zu kommen? Ja. Mag ich nicht mehr in irgendwelche Bars oder Clubs gehen? Ja. Wünsche ich mir mehr alkohol- und drogenfreie (Party)Räume? Ja. Wünsche ich mir eine größere Sensibilisierung und Enttabuisierung für das Thema? Unbedingt. Bin ich immer noch dabei, meinen Weg im Umgang mit dem Thema Alkohol zu finden? Ja. Stehe ich ganz am Anfang dieses Weges? Nein. Ich bin schon viele kleine und große Schritte gegangen in den vergangenen elf Jahren ohne Alkohol. Ich bleibe immer mal wieder stehen und schaue mich um. Und dann gehe ich weiter.

Ich habe gemerkt, wie und wo Alkohol mich immer wieder betrifft. Diese Substanz hat mein Leben, so wie das von vielen anderen, maßgeblich geprägt. Alkohol war bei den meisten Zusammenkünften, Feiern und Initiationen meines Lebens als kulturell-machtvoller Bestandteil anwesend. Er ist gesellschaftlich akzeptiert, strukturiert diese, ist überall un_sichtbar_spürbar[28]. Dabei spielt die Nicht-Benennung von Alkohol als ›Droge‹ eine zentrale Rolle, um ihn von illegalisierten Drogen abzugrenzen und somit gesellschaftlich zu normalisieren.[29] Der Konsum wird auf diese Weise gesellschaftlich positiv besetzt, gefördert, gefordert und selten kritisch hinterfragt.

Konformitätsdruck und Gruppenzwang sind dabei entscheidende Faktoren. Alkoholkonsum ist eine Anforderung, die an Erwachsene im Allgemeinen und Männer im Besonderen gestellt wird, die, um als solche anerkannt zu werden, häufig immer noch erfüllt werden muss. Nimmt der Alkoholkonsum bei Menschen allerdings überhand, was subjektiv sehr unterschiedlich wahrgenommen wird und vielen häufig nicht einmal auffällt, wird dieses Verhalten meist pathologisiert und individualisiert. Die entsprechenden Personen werden an den gesellschaftlichen Rand gedrängt, bis sie wieder ›gesund‹ sind. Genauso passiert es mit den Gewalttaten, die aus diesem Konsum resultieren.[30] Es geht immer um das richtige, un_sichtbare Maß und un_sichtbare Regeln. Dabei ist eine Veränderung dieser Kultur durch eine kritische Thematisierung, die

28 Sowohl sichtbar, spürbar, unsichtbar und unspürbar als auch die Übergänge dazwischen.

29 Siehe dazu die Filmdokumentation Alkohol – Der globale Rausch von Andreas Pichler.

30 Bei den beschriebenen Dynamiken kommt es oft zu einem komplexen Zusammenspiel von verschiedenen Diskriminierungsformen, wie Rassismus, Klassismus und Sexismus, damit diese gesellschaftlichen Ausschlüsse konsequent durchgesetzt werden.

Einschränkung von Verfügbarkeit und Werbung durchaus möglich, wie andere Länder zeigen.[31]

Beim Schreiben dieses Artikels ist mir noch einmal bewusstgeworden, wie schwer mir die Auseinandersetzung mit der Thematik fällt. Mich hat es viel Überwindung und schlechte Gefühle gekostet und ich habe bemerkt, wie stark Alkohol mit Männlichkeit und Alkohol mit mir verknüpft ist. Gleichzeitig ist die (gesellschaftliche) Tabuisierung so massiv und die (gesellschaftliche) Sensibilisierung so gering. Ich denke, wir können alle durch eigene und kollektive (biografische) Aufarbeitungs- und Reflexionsprozesse und das Sprechen darüber dazu beitragen, dass sich dieser Zustand ändert.

Quellenverzeichnis

Aktionswoche Alkohol (2020) (AA 2020). *Wissenswertes über Alkohol.* Zugriff am 01.06.2020 unter https://www.aktionswoche-alkohol.de/hintergrund-alkohol/ https://www.aktionswoche-alkohol.de/hintergrund-alkohol/

Bourdieu, Pierre (2005). *Die männliche Herrschaft.* Frankfurt am Main: Suhrkamp Verlag.

Connell, Raewyn (1999). *Der gemachte Mann.* Wiesbaden: Springer VS.

Lambrou, Ursula (2010). *Familienkrankheit Alkoholismus.* Hamburg: Rowohlt Verlag.

Pichler, Andreas (2020). *Alkohol – Der globale Rausch.* Zugriff am 01.06.2020 unter https://www.arte.tv/de/videos/080991-000-A/alkohol-der-globale-rausch/

Wolf, Gisela (2017). *Substanzgebrauch bei Queers.* Göttingen: Wallstein Verlag.

31 Siehe dazu Projekte, die in der Doku vorgestellt werden (Alkohol – Der globale Rausch).

Ricci Eggemann

Depression, who cares? Oder wie ich anfing, meine Depression und Männlichkeit zusammenzudenken

Ich vermute, dass ich depressive Phasen habe, seitdem ich ca. zwölf Jahre alt bin, sie begleiten mich mehr Zeit meines Lebens, als dass sie es nicht getan haben. Am Anfang war mir nicht bewusst, was mit mir passierte. Ich hatte keine Worte für das, was ich fühlte, ich hatte und habe oft das Gefühl, nicht in diese Welt zu passen, und nicht selten den Wunsch, diese Welt zu verlassen. Diese depressiven Phasen, wie ich sie heute nenne, haben ein immer wiederkehrendes Grundmuster. Zumeist gibt es einen Auslöser: irgendeine Art der Veränderung z.B. eine Trennung, ein Umzug, eine neue Situation, eine Zurückweisung oder Verletzung. In kürzester Zeit habe ich körperliche Symptome, einen unglaublichen Druck auf der Brust, Schwächegefühle, Schlafstörungen und Appetitlosigkeit. Zusätzlich kreisen die Gedanken, sie werden negativer und existenzieller, besonders was meine sozialen Beziehungen oder Interaktionen betrifft. Die Gedanken lassen mich zweifeln an der Möglichkeit einer besseren, schöneren Zeit in der Zukunft. Ich sehe mich von außen, wenn ich spreche, hinterfrage jedes Wort und jede Handlung, habe große Angst, etwas Falsches zu tun. Dann warte ich nur darauf, von allen gehasst und verstoßen zu werden. Diese Unsicherheit lässt mich verkrampfen, sozial distanziert oder unverhältnismäßig werden, ich rege mich auf und schäme mich, ich verliere jeden Bezug zu dem, was noch okay ist und was nicht. Ich steigere mich in Situationen und Aussagen hinein. Ich habe permanent das Gefühl, völlig zu versagen, nichts mehr zu können, egal was ich tue. Am liebsten möchte ich gar nicht mehr da sein, nicht mehr existieren. In ›gesunden‹ Zeiten erscheint mir all dies absurd und lächerlich, doch in den depressiven Phasen ergibt verrückterweise alles einen Sinn. Die Folge aus diesen Gedankenkreisen ist das Bedürfnis, niemanden zu nerven oder zur Last zu fallen, und die Konsequenz daraus, mich sozial zurückzuziehen und alles alleine bewältigen zu wollen.

Nun bin ich fast 30 und staune noch immer darüber, dass ich es bis hierher geschafft habe. Wie ich aus den jeweiligen depressiven Phasen herausgekommen bin, ja, wie ich sie, wortwörtlich und metaphorisch gesprochen, überlebt habe, kann ich nur zum Teil rekonstruieren, manchmal erscheint es mir wie ein Wunder, dass ich es überhaupt geschafft habe. Einmal habe ich mich so heftig verliebt, dass alles Negative wie weggeblasen war, einmal habe ich meine beste Freundin kennengelernt, und ein anderes Mal konnte ich durch ein politisches Projekt, das mir Kraft und Halt und vor allem eine Zukunftsperspektive gegeben hat, meine Selbstwirksamkeit langsam wieder aufbauen.

Ich erinnere mich nicht an den einen Moment, in dem ich angefangen habe, etwas zu verstehen, zu benennen, zu bearbeiten oder mit anderen Menschen darüber in einen Austausch zu gehen bzw. mir Hilfe zu suchen und Umgangsweisen für mich zu finden. Dennoch muss mir irgendwann klar gewesen sein, dass es nicht okay sein kann, so durch die Welt zu laufen und sich selbst zu verachten. Es ist auch nicht so, dass ich keine Freude empfinden konnte oder nur in diesen beklemmenden Situationen steckte, aber sie waren meine ständigen Begleiter und irgendwie lauerten sie immer auf einen Auslöser, der mein Selbstwertgefühl schwächte, mich unsicher machte, um dann mit voller Wucht zurückkehren zu können.

Mir ist eines klargeworden: Diese Situationen werden immer wieder auftauchen, sie werden mich vermutlich mein ganzes Leben lang begleiten, und wenn ich dieses Leben will, dann muss ich mir überlegen, wie die Depression ein Teil meines Lebens sein kann, ohne dass ich pausenlos versuche, sie zu entfernen. Der langfristige Umgang mit einer Depression ist von Ausprobieren geprägt. Ich habe intensiv Zeit darauf verwendet, mir Handlungsoptionen und Notfallpläne zu erarbeiten, ich habe etliche Therapien gemacht, um der Sache auf den Grund zu gehen, mehr über mich zu verstehen und zu wissen, wo meine *Trigger* sind.[1] Meine *Trigger* sind z.B. Momente, in denen ich mich einsam fühle, in denen ich wenig Kontrolle habe, in denen ich in großen Gruppen keine Bezugsperson habe oder in denen ich ganz allein große Entscheidungen treffen soll. Solche Situationen fördern die depressiven, selbstverachtenden Gedanken und führen im Zweifelsfall in eine depressive Phase. Ich muss deshalb konkret überlegen,

1 Trigger (engl. auslösen oder Auslöser) sind bestimmte Reize, Geräusche, Gerüche, Situationen oder ähnliches, die bei einem Menschen starke emotionale Reaktionen auslösen.

welchen Situationen ich mich aussetzten kann und welchen nicht. Wo kann ich mit welchen Menschen hingehen, welchen Konstellationen muss ich aus dem Weg gehen? Dass ich die Möglichkeiten habe, so viel ausprobieren zu können und in meiner Suche ernst genommen zu werden, führe ich auf meine gesellschaftliche – in vielerlei Hinsicht privilegierte – Position zurück. Wo mir die meisten Therapien weitergeholfen haben, machen andere Menschen in der professionellen Behandlung weitere diskriminierende Erfahrungen, werden nicht ernst genommen, stigmatisiert[2] oder haben generell keinen bzw. weniger Zugang zu den Angeboten.[3]

Der Prozess meiner Auseinandersetzung war nicht einfach. Eine Krankheit, die einen ein ganzes Leben lang begleiten wird, anzuerkennen und als Teil der eigenen Persönlichkeit anzunehmen, ist schmerzhaft und anstrengend. Besonders in den letzten Jahren habe ich einen positiveren und akzeptierenderen Umgang mit meiner Depression gefunden, was zu einem großen Teil an meinem Umfeld liegt. Diese Last nicht mehr alleine tragen zu müssen, sondern nahe Menschen zu haben, die für mich da sind und mit mir Strategien erarbeiten, wie ich durch diese schweren Phasen komme, hat mein Leben verändert. Besonders wichtig erscheint es mir, ein stabiles und wohlwollendes Umfeld zu haben, Menschen, die bei mir sind, mir Bestätigung und Anerkennung schenken und vor allem, deren Zuneigung und Liebe ich (zumindest in einem gewissen Rahmen) als gegeben ansehen kann. Ich habe Absprachen mit meinen engsten Bezugspersonen darüber, was ich brauche, wenn ich mal wieder in eine depressive Phase komme. Ich bin sehr dankbar für die Menschen, die mich begleiten und begleitet haben, wann immer es mir nicht gut ging und geht. Ich bin mir sicher, ohne sie wäre ich nicht mehr auf dieser Welt. Ich bin dankbar, dass diese Menschen sich eingelassen haben auf die schwierigen, oft nervenaufreibenden, existenziellen Phasen mit mir.

2 Dies zeigen Sue et al. (2007) sehr eindrücklich in ihren Untersuchungen zu professionellem counseling bei BlackIndigenousPeople of Color (BIPoC), die durch Mikroaggressionen in der Behandlung weitere rassistische Erfahrungen machen. Hinzu kommt, dass natürlich auch im Bereich der Depression die westlichen psychiatrischen Behandlungsansätze auf weißen Dominanz- und Wissensstrukturen aufbauen (vgl. Lerch, 2019, S. 52 ff.).

3 Unsere klassenstrukturierte Gesellschaft und darin auch das Gesundheitssystem verunmöglicht oder erschwert es Menschen, eine adäquate Behandlung in Anspruch nehmen zu können (vgl. Seeck, 2020). Zugang und Ressourcen sind durch sozialen und kulturellen Ausschlusses ungleich verteilt.

Ent-Individualisierung

Ich habe immer mehr verstanden, dass ein kollektiver Ansatz in der Bewältigung von Depression erfolgreicher ist als ein individueller. Momente des Rückzugs und der Scham davor, mich anderen zu öffnen, gibt es noch immer, aber ich habe ein Bewusstsein dafür, dass sie meine Depression nähren, die Unsicherheiten schüren und die Überwindung, meine Höhle wieder zu verlassen, in weite Ferne rücken.[4]

Einen weiteren Grund für eine kollektive Auseinandersetzung und einen kollektiven Umgang mit Depression habe ich durch die Texte von Mark Fischer erhalten: Fischers Text »Good for nothing« liefert eine gesellschaftskritische Perspektive auf Depression, eine Perspektive, die sie außerhalb der individualisierten Krankheit verortet.[5] Ich bin weit davon entfernt, hier eine umfassende Kapitalismuskritik vorzunehmen, glaube aber, dass eine Einordnung von Depression in kapitalistische Zusammenhänge wichtig und notwendig für die nachfolgenden Thesen zu einem ent-individualisierten Umgang mit Depression sind. Fischer beschreibt, wie eine ›innere‹ Stimme den Selbsthass nährt, wie sie das Gefühl der eigenen Unfähigkeit fördert und dazu aufruft, sich zusammenzureißen und zu funktionieren. Fischer fordert, diese Stimme nicht als persönliches Versagen anzuerkennen, und betont, dass es sich vielmehr um einen gesellschaftlichen Zwang handelt, der sich aus neoliberalen Verhältnissen ergibt: »Natürlich ist diese Stimme überhaupt keine ›innere‹ – es ist der internalisierte Ausdruck tatsächlicher sozialer Kräfte, von denen manche ein persönliches Interesse daran haben, jede Verbindung von Depression und Politik zu leugnen.«[6].

In Anschluss an Fischer vertritt auch David Doell die These, dass das neoliberale kapitalistische Konkurrenz- und Leistungsnarrativ westlicher Gesellschaften sich als ›Kontrollgesellschaft‹ ausprägt. Den ›hyper-verantwortlichen Individuen‹ wird das Gefühl gegeben, niemals genug leisten zu können und sich dafür schuldig fühlen zu müssen.[7] Anstatt die Depression

4 In der wundervollen Broschüre von UFO Mink wird deutlich, warum kollektive Unterstützungsarbeit sowohl den betroffenen als auch den unterstützenden Personen zugutekommt (vgl. UFO Mink, 2019).

5 vgl. Fischer, 2014.

6 Fischer, 2014, Übersetzung ins Deutsche von Doell, 2017.

7 vgl. Doell, 2017.

daraufhin als ein Produkt bzw. gefördert durch ökonomische Leistungsanforderungen zu verstehen, wird sie von einer gesamtgesellschaftlichen kapitalismuskritischen Auseinandersetzungen abgespalten.[8] Problematisch ist dabei, dass kein struktureller bzw. kollektiver Umgang veranlasst wird, sondern Depression weiter als individuelles Problem einzelner Personen, die nicht funktionieren, gesehen wird. Des Weiteren ist es notwendig, den wenig vorhandenen kollektiven Umgang mit der Strukturkategorie → Geschlecht[9] als verschränkt anzuerkennen. Dies ist unabdinglich, wenn wir verstehen wollen, wie Kapitalismus zugleich Produkt von als auch Bedingung für geschlechtliche Binarität und toxische Maskulinität ist.

Aus einer kapitalismuskritischen Perspektive heraus, ist es wichtig anzuerkennen, dass Depression eingebettet ist in ein verwobenes, mehrdimensionales Netz aus Macht- und Diskriminierungsstrukturen. Jeder Mensch hat theoretisch die biologischen Voraussetzungen, unter Depressionen zu leiden, aber die Verteilung der Bedingungen/Ausgangssituationen und Ressourcen beeinflusst, inwieweit dies real ein- oder zutrifft. Entlang unterschiedlicher → Diskriminierungsachsen wird Menschen eine Depression unterschiedlich hart treffen. Kategorien wie Geschlecht, Herkunft, sozialer und finanzieller Status, Körperlichkeit uvm. haben einen starken Einfluss auf das Erleben, die Diagnose bzw. das Ernst-genommen-Werden und die Behandlung der Depression.[10]

Dies zeigt, wie wichtig eine intersektionale und kapitalismuskritische Perspektive für den kollektiven Umgang mit Depression ist. Gerade deshalb hat Depression das Potenzial, einen emanzipatorischen geschlechtergerechten Prozess anzustoßen. Aus diesem Grund möchte ich im Folgenden auf die Verschränkungen von Depression und Männlichkeit(en), und hier insbesondere auf die Rolle von → cis Männern, eingehen. Zwei Themenbereiche nehme ich dabei in den Blick: zum einen die Care-Arbeit von cis Männern für eine nahestehende depressive Person und zum anderen das Verhältnis zwischen den eigenen depressiven Erfahrungen und gängigen → Männlichkeitsanforderungen.

---

8 vgl. Fischer, 2014.
9 Alle mit einem → gekennzeichneten Begriffe werden im Glossar erläutert.
10 vgl. Lerch, 2019, S.55.

Die Problematik

Irgendwann ist mir aufgefallen, dass die Themen Männlichkeiten und Depression vermeintlich nicht zusammenfinden oder zusammenpassen wollen. Dies werde ich im Folgenden an fünf Beispielen darstellen:

- Die gängigen psychologischen Statistiken zu Depression geben an, dass doppelt so viele Frauen* an Depressionen leiden und generell gefährdeter zu sein scheinen, Depressionen zu bekommen, als Männer*.[11] [12] Die Ergebnisse dieser Studien gilt es zu hinterfragen. Haben Frauen* tatsächlich häufiger Depressionen oder gibt es andere Mechanismen, die diese Zahlen generieren? Ich erlebe in meinem Umfeld, dass cis Männer über ihre eigenen Depressionen oder andere (psychische) Probleme viel weniger und seltener (offen) sprechen können.
- In Hinblick auf die kollektive Verantwortungsübernahme realisierte ich, dass in dem Kreis der Menschen, die mich während depressiver Phasen unterstützen, cis Männer einen verschwindend geringen Anteil haben. Sie setzten sich auch langfristig wesentlich seltener damit auseinander, wie sie für Menschen in depressiven Phasen da sein können.
- Es ist auffällig, dass in den Workshops, die ich unter dem Titel ›Support your Favourite Depressed Person – Unterstützer*in sein für Menschen mit Depression‹ gebe, die große Mehrzahl der Teilnehmenden keine cis Männer sind.
- In Interviews mit zwei cis-männlichen Freunden[13], die ich während der Arbeit an diesem Artikel geführt habe, konnte ich viele der vorherigen

11 Leider bewegt sich die wissenschaftliche Forschung noch immer innerhalb einer Geschlechterbinarität. Die Untersuchten oder Proband*innen, gerade in der Psychologie, werden nach Männern und Frauen aufgeschlüsselt. Ich kritisiere diese Dichotomie grundlegend und fordere einen Ansatz, der alle Geschlechter miteinbezieht und die Normalisierung und Naturalisierung von Geschlecht grundsätzlich hinterfragt. Die Unsichtbarmachung von Menschen in diesen Studien ist nur ein Teil eines wirkmächtigen Ganzen, das Unterschiede, Ungleichheiten, Hierarchien und Machtebenen (re-)produziert. Ich verwende deshalb ein * um sichtbar zu machen, dass Menschen in dieser binären Forschung unsichtbar gemacht werden und diese Unsichtbarmachung ein Instrument gesellschaftlicher Diskriminierung ist.

12 vgl. z.B. Krumm, Kilian, Beschoner, Becker & Gündel, 2018, S. 23.

13 Ich bin Andre und Martin sehr dankbar, dass sie sich für diesen Beitrag mit mir ausgetauscht haben und mir so persönliche Einblicke in ihre eigene Auseinandersetzung mit Depression und Männlichkeit gegeben haben.

Punkte bestätigt sehen. Entgegen all dieser Beobachtungen gibt es einen vielbenannten Aspekt, an dem sich eine Verbindung zwischen Männlichkeitsanforderungen und Depression dann doch überdeutlich zeigt: Dabei handelt es sich um das sogenannte ›Geschlechterparadox‹ von Depression und Suizid. Das Paradox besteht darin, dass der Anteil an Männern*, denen eine Depression diagnostiziert wird, nur halb so groß ist wie der Anteil an Frauen*, die Suizidrate bei Männern* aber doppelt so hoch ist wie bei Frauen*.[14 15]

Who does really care? Fürsorge und Geschlecht

Wie schon erwähnt, bemerkte ich, dass sich die Unterstützungsarbeit, wenn es um meine Depression geht, hauptsächlich auf meine FLINT*-Freund*innen verteilt. Es ist nicht so, dass ich keine cis-männlichen Freunde habe. Sie sind nur einfach nicht so präsent und unterstützend, schon gar nicht, wenn es um schwere und langwierige depressive Phasen geht. Ich habe sehr darunter gelitten, zu sehen, wie sich cis-männliche Freunde von mir abwandten oder meine Situation unterschätzt haben. Sie waren wenig in Kontakt mit mir, haben nicht gefragt, was ich brauche, und schienen eher mit sich selbst beschäftigt zu sein. Diese Erkenntnis macht mich traurig und wütend zugleich. Eigentlich würde ich mir sehr wünschen, dass meine cis-männlichen Freunde, vor allem die, die ich seit Jahren kenne, auch diesen Teil meiner Persönlichkeit mehr in den Fokus nehmen und für mich da sein können, wenn ich es brauche. Andererseits sehe ich aus einer feministischen Perspektive die Verteilung von (emotionaler) Care-Arbeit als einen Hauptknackpunkt der Geschlechterungleichheit – strukturell, aber natürlich besonders sichtbar auch im Zwischenmenschlichen und Individuellen. Care-Arbeit und speziell die emotionale Care-Arbeit wurde und wird noch immer zu einem überwie-

14 An dieser Stelle möchte ich darauf hinweisen, dass die WHO Personen, die von Unterdrückung betroffen sind, als besonders gefährdet bezeichnet, um durch Suizid zu sterben: »such as refugees and migrants; indigenous peoples; lesbian, gay, bisexual, transgender, intersex (LGBTI) persons; and prisoners« (vgl. WHO, 2019). Da auch Männer* intersektional von unterschiedlichen Unterdrückungsmechanismen betroffen sein können, kann Mann*-Sein oder Männlichkeit niemals als alleiniger Faktor gelten, jedoch: »Männlichkeitsnormen richten sich an alle Männer [sic!]« (Sie, 2019, S. 26) und bilden somit eine zentrale Analysekategorie.

15 vgl. z.B. Förster, 2019.

genden Teil von Frauen* und Queers* geleistet.[16][17] In diesen neoliberalen Zeiten, wo Aufwertung von Autonomie, bei gleichzeitiger Abwertung von Abhängigkeit und Care-Arbeit, Standard geworden ist, erhalten gängige → Geschlechteranforderungen nicht die notwendige Dekonstruktion, die es für eine geschlechtergerechte Gesellschaft bräuchte, sondern schreiben sie weiter fort.[18]

Wenn ich von emotionaler Care-Arbeit spreche, dann meine ich explizit die Arbeit in zwischenmenschlichen Beziehungen, die wir aufwenden, um füreinander da zu sein, uns zu reflektieren, uns zu helfen und zu stützen, uns zu erholen und zu genießen. Care-Arbeit ist eine fortlaufende ›soziale Praxis‹.[19] Ich schreibe explizit nicht von der Care-Arbeit, die institutionalisiert stattfindet, wobei natürlich auch im professionalisierten Bereich der größte Teil der Care-Arbeit von → FLINT*-Personen übernommen und nicht selten auf Migrant*innen ausgelagert wird.[20] Ich spreche hier von der emotionalen Care-Arbeit, die stattfindet, weil Menschen in Beziehungsgefügen zueinander stehen. In diesem Sinne ist das Sorgen um Menschen in unserem Umfeld, die depressive Phasen erleben, eine freiwillige und unbezahlte Praxis. Wir tun es nicht, weil wir uns davon explizit etwas erhoffen, sondern weil wir die betroffenen Menschen lieben oder wertschätzen und wir uns wünschen, dass es ihnen gut geht. Und natürlich tun wir es, weil wir gelernt haben, uns um andere zu kümmern. Das ›Kümmern um‹ ist allerdings eine strukturell vergeschlechtlichte Praxis, die ihre Wurzeln in der Sozialisation einer*eines jede*n einzelnen von uns hat.[21] »Gerade weil der Bereich der Fürsorge, verstanden als der Ort, an dem soziale Reproduktion des Lebens erfolgt, in kapitalistischen Gesellschaften normativ den Frauen [sic!] zugeordnet und symbolisch mit Weiblichkeit verknüpft ist, konstituierte sich ein

16 Wie Sabine Beckmann anschaulich aufschlüsselt, liegt dies, vereinfacht gesagt, an einem historisch-gewachsenen traditionellen Rollenverständnis der kapitalistischen Arbeits- und Sphärenteilung in öffentlich und privat (vgl. Beckmann, 2015; Maihofer, 2019, S. 64 ff.).

17 vgl. z.B. Lehner & Theißl, 2019.

18 vgl. Beckmann, 2016.

19 Beckmann, 2016, S. 4.

20 vgl. Care Revolution Netzwerk; Beckmann 2016, S. 31.

21 vgl. z.B. Theißl & Kettner, 2019.

widersprüchliches Verhältnis von Männern [sic!] und Männlichkeiten zu Aspekten der Lebenssorge.«[22] [23]

Da sein, dranbleiben und nachfragen

Vielleicht wird der ein oder andere cis-männliche Freund von mir, wenn er diese Zeilen liest, sagen: ›Ja, aber du hast doch auch nie gefragt. Wie kannst du erwarten, dass ich für dich da bin, wenn du mich nicht darum bittest?‹ Darauf möchte ich zwei Antworten geben:

Erstens, aus einer depressiven Perspektive: Ich glaube erkannt zu haben, dass es für eine Person ohne Depressionserfahrungen praktisch unmöglich ist, dies nachzuempfinden, aber: In einer depressiven Phase bin ich eben NICHT in der Lage, um Hilfe zu bitten. Schon gar nicht ist es mir möglich, mich an eine Person zu wenden, die auch in stabileren Zeiten wenig emotionale Beziehungsarbeit übernimmt. Nur über eine längere emotionale Verbindung und das Vertrauen, dass die Person in depressiven Zeiten für mich auch wirklich da ist, wird mir die Möglichkeit gegeben, mich fallen zu lassen und auch etwas fordern zu können. In allen anderen Fällen werde ich fortlaufend das Gefühl haben, Leute zu nerven oder zu überfordern oder zu zeitraubend zu sein, was mich davon abhalten wird, um Hilfe zu bitten. Die Menschen, die für mich da sind, sind es, weil sie eine Veränderung an mir merken, wenn es mir langsam oder auch plötzlich schlechter geht, weil sie aufmerksam und nah an mir dran sind. Sie sind in der Lage, mir dann, ohne dass ich es einfordern muss, mit Liebe und Halt zu begegnen. Und sie sind es, weil ich in ruhigeren Zeiten die Möglichkeit hatte, mit ihnen über meine depressiven Phasen zu sprechen. Um Unterstützung und Präsenz zu bitten, wenn man sich selbst am wenigsten liebt, ist praktisch unmöglich. Deswegen, und ja es klingt vielleicht zu viel erwartet, wünsche ich mir, dass diese Zuneigung und der Support da sind, dass ich sie nicht einfordern muss und dass der Vertrauensaufbau schon viel früher beginnt, sodass ich in den jeweiligen Situationen darauf zurückgreifen kann.

Die zweite Antwort entspringt einer feministischen Perspektive: Natürlich habe ich nicht explizit um Hilfe gefragt, aber es ist auch sehr an-

22 Auch an dieser Stelle soll das sic! angeben, dass ich die binäre Bezeichnung über ›Männer und Frauen‹ hinterfrage und kritisiere.

23 Heilmann, Korn & Scholz, 2019, S.14.

strengend meine cis-männlichen Freunde ständig auf etwas hinzuweisen, was ich eigentlich gerne von ihnen als gegeben nehmen wollen würde. In Beziehung zu sein, heißt auch immer, gegebenenfalls eine schwierige Phase mit einer betroffenen Person durchzustehen. Sich dem zu entziehen bzw. nur auf explizite Anfrage hin zu reagieren, bedeutet, sich einer kollektiven Verantwortung um das Wohlergehen nahestehender Personen zu entziehen und in der Konsequenz die Last und Arbeit des emotionalen Supports auf andere – in den meisten Fällen nicht-cis-männliche Schultern – zu laden.[24] Aus einer emanzipatorischen Haltung heraus bedeutet Freund*innenschaft, präsent und anwesend zu sein und auch die schwierigen Situationen zu erkennen, zu benennen und auffangen zu können. Es kann nicht sein, dass diese Arbeit weiterhin nur von denjenigen Menschen getragen wird, die aufgrund ihrer geschlechtlichen Sozialisation ohnehin schon diese Anteile leben, sondern muss gerade deshalb von allen Menschen erlernt und geübt und etabliert werden.

Natürlich bedeutet dies, Zeit, Mühe und Ressourcen bereitzustellen, es bedeutet, dranzubleiben, nachzufragen und in (teilweise schwierigen, nervenaufreibenden) Kontakt zu gehen. Und es bedeutet, seine eigenen Bedürfnisse nach Freiheit, Unverbindlichkeit, Autonomie und Raumeinnahme (zumindest zeitweise) zurückzustellen. Es bedeutet »patriarchale Strukturen und die Privilegien aber auch Verletzungen darin in emotionalen Beziehungen zu erkennen und sie zu ändern«.[25] Großartigerweise bedeutet es auf der Kehrseite aber auch, eine starke Bereicherung und einen Gewinn an Tiefe, Vertrauen und Verbindung in einer zwischenmenschlichen Beziehung erleben zu dürfen und nicht nur oberflächlich daran zu kratzen.

Die Care-Schieflage sichtbar machen

Versteht mich nicht falsch, ich will damit nicht sagen, dass es nicht sehr viele liebevolle, engagierte cis Männer gibt, die sich um Menschen mit Depressionen oder anderen körperlichen und seelischen Bedürfnissen kümmern. Ich weiß, dass es sie gibt, aber eben zu einem viel geringeren Anteil als nicht-cis-männliche Personen. Auffällig hierbei ist zusätzlich, dass die

24 vgl. Theißl & Kettner, 2019, S.19.
25 U'n'S, 2017; vgl. Theißl & Kettner, 2019, S.20.

cis Männer, die Care-Arbeit leisten, diese Aufgabe hauptsächlich in Liebesbeziehungen erfüllen, manchmal noch in engen Freund*innenschaften, »sehr selten aber mit befreundeten (hetero-) cis Männern«.[26] Ich wünsche mir keine Gesellschaft, in der weniger Care-Arbeit stattfindet, ganz im Gegenteil, aber ich finde es wichtig, zu sehen, wie die derzeitige Verteilung ist und was sich für eine geschlechtergerechte Gesellschaft ändern müsste. Wenn die emotionale Care-Arbeit von allen Menschen hauptsächlich an FLINT*-Personen herangetragen wird, dann wird sie auch weiterhin zum größten Teil auf den Schultern von FLINT*-Personen verteilt sein, was zu einer immer stärker werdenden Kapazitäten-Schieflage und zu einer Festigung der zweigeschlechtlichen und patriarchalen Rollenverteilungen führt.[27] Klar ist, dass vergeschlechtlichte Strukturen es cis Männern individuell erschweren, diese Art von Care-Arbeit zu leisten. Care-Arbeit ist kein Bestandteil eines klassischen Männlichkeitsbildes. Die entscheidende Frage ist, was braucht es, um diese Schieflage sowohl individuell als auch strukturell und sicherlich auch institutionell zu beheben?

Männlichkeitsanforderungen: eine doppelte Hürde

Die Brücke von Care-Arbeit zu Männlichkeitsanforderungen schlagend, möchte ich mich im Folgenden der Beobachtung widmen, dass sich auch die Symptome von Depression und klassischen Männlichkeitsanforderungen diametral gegenüberstehen: Depression ist in den Lehrbüchern beschrieben als eine zumeist individuell internalisierte Praxis, die sich in »Niedergeschlagenheit, Erschöpfung und Resignation« zeigt.[28] Typische Symptombeschreibungen von Betroffenen sind Gefühle von Hilf- und Hoffnungslosigkeit, Schwäche, Kontrollverlust, Schwermut, Fragilität, Handlungsunfähigkeit, Abhängigkeit, Schmerz, Ängste und Trauer. Hinzu kommt das Gefühl, unfähig oder eingeschränkt zu sein, wenn es darum geht, für sich und andere zu sorgen, bzw. die Angst, anderen zur Last zu fallen oder bedürftig zu erscheinen.[29]

Wenn wir uns dagegen die Merkmale anschauen, die in westlichen kapitalistischen Gesellschaften stereotyp mit Männlichkeit assoziiert werden,

26 U'n'S, 2017; vgl. Theißl & Kettner, 2019, S.19f.
27 vgl. U'n'S, 2017; Theißl & Kettner, 2019, S.19f.
28 Krumm et al., 2018, S.23.
29 vgl. z.B. Fischer, 2014.

dann sind das »körperliche Kontrolle, Unabhängigkeit, Selbstbezüglichkeit, Stärke, Robustheit und Härte«[30] sowie das Gefühl, handlungsfähig, klar, zielstrebig, ehrgeizig, rational und autonom zu sein.[31] Diese Merkmale und Verhaltensweisen werden sichtbar in einem Sich-behaupten-Müssen in homo- wie auch heterosozialen Systemen, wie Connell in dem ›relationalen Ansatz‹ der hegemonialen Männlichkeit beschreibt.[32] Für ein weitreichendes Verständnis geht es zusätzlich darum, neben der individuellen Ebene, gesamtgesellschaftliche Dynamiken als reproduktive, ›performative‹ Praxis zu sehen, in der sich Männlichkeitsnormen fortlaufend konstituieren.[33]

Es folgt ein Teufelskreis, der schwer zu durchbrechen scheint: Die Anerkennung der Depression wird für cis Männer individuell zu einer doppelten Hürde, weil sie sich nicht nur mit ihrer Depression auseinandersetzen müssen, sondern sich zugleich gegen ihre internalisierten erlernten Praktiken des männlichen Habitus wenden müssen. Scham und Selbststigmatisierung erschweren oder verhindern zusätzlich, sich externe Hilfe zu suchen.[34] Natürlich sind männliche Geschlechtsanforderungen nicht die einzigen Anforderungen an cis Männer, es wird durchaus komplexer, wenn wir weitere Strukturkategorien wie beispielsweise Be_hinderung, Klasse oder Herkunft miteinbeziehen. Dennoch ist es mir wichtig, deutlich zu machen, dass es cis Männern aufgrund der prägenden Anforderungen ›Mann zu sein‹ schwerer gemacht wird über Depression zu sprechen. Es gibt wenig Öffentlichkeit und positive Vorbilder, die es Betroffenen ermöglichen, zu lernen, wie man unbefangen eine Depression zeigen kann.

Die Folgen sind oft geprägt von einem immensen Leidensdruck und enden im schlimmsten Fall tödlich. Dem Bild von Männlichkeit zu widersprechen, z.B. durch das Benennen, Behandeln oder Sichtbar-Machen einer Depression, ist für viele schwierig. Geschlechtsanforderungen führen häufig dazu, dass cis Männer keine externe Hilfe in Anspruch nehmen. Dies er-

30 Krumm et al, 2018, S. 24.

31 Wie dieses Männlichkeitsbild entstanden ist, zeichnet Andrea Maihofer eindrücklich nach, indem sie die »Durchsetzung einer neuen bürgerlichen-patriarchalen Gesellschafts- und Geschlechterstruktur mit ihrer spezifischen geschlechtlichen Arbeitsteilung und heteronormativen Zweigeschlechterordnung« Ende des 18./Anfang des 19. Jahrhunderts beschreibt (Maihofer 2019: 64).

32 Connell, 2004, S. 98 ff.

33 vgl. Butler, 1990, S. 190 ff.

34 vgl. Žilinská & Smitková, 2017, S. 91.

klärt auch die doppelt so hohe Suizidrate und das härtere Vorgehen bei der Selbsttötung von cis Männern.[35] Auch hier wird deutlich, dass individuelle anstatt kollektive Auseinandersetzungen den Heilungsprozess hemmen. Zusätzlich ist der mittlerweile anerkannte *Gender-Bias*[36] in der Forschung und Behandlung von Depression Grund für häufige Fehldiagnosen bei cis Männern und verhindert einen adäquaten Umgang.[37]

Anstöße für Veränderungen

Wenn man den Untersuchungen und meinen Gesprächen mit cis-männlichen Personen glaubt, kann eine Depression aber auch Anlass sein, sich mit Männlichkeitsnormen und anderen Strukturkategorien auseinanderzusetzen. Die Auseinandersetzung mit Depression kann Anstoß für eine individuelle Transformation weg von den toxischen Verhaltensweisen sein. So beschreiben einige cis Männer, dass der Umgang mit der eigenen Depression zu einer erhöhten Wahrnehmung der eigenen Vulnerabilität, einer Sensibilität für ihre eigenen und die Gefühle anderer und einer Fokussierung auf kollektive anstatt individuelle Verantwortungsübernahme im Zusammenhang mit Depression geführt haben.[38] Martin und Andre, mit denen ich für diesen Artikel gesprochen habe, erwähnten beide, dass die depressiven Phasen unter anderem Anlass waren, sich mit der eigenen Positioniertheit und den persönlichen Rollenverstrickungen auseinanderzusetzen, und dass sie eine positive Veränderung bemerkt haben. So war es beispielsweise möglich, die Konstellationen, in denen Beziehungsarbeit für sie geleistet wurde, zu hinterfragen und für Freund*innen selber besser da sein zu können. Angelehnt an die Untersuchungen zu Transformationsprozessen von Andreas Heilmann könnte auch die Auseinandersetzung mit Depression ein Ausgangspunkt sein, »männliche Subjektivität […] insbesondere mit den geschlechtsspezifischen Aspekten gesellschaftlicher Machtverhältnisse [zu] konfrontier[en], denn das

35 vgl. Sie, 2019, S. 25 f.

36 Der *Gender-Bias* in der Depressionsforschung bezeichnet das Phänomen, dass bei Frauen*, im Gegensatz zu Männern*, eine Depression viel schneller und einfach diagnostiziert wird. Dies ist nachweislich nicht auf vermeintlich biologische Merkmale zurückzuführen, sondern ergibt sich durch die auf weibliche Symptome ausgelegten Analysekategorien der Forschung, welche zwangsläufig zu diesem Ergebnis führen müssen (vgl. Krumm et al., 2018, S. 23 f.).

37 vgl. z.B. Krumm et al., 2018, S. 23 f.; Förster, 2019, S. 1 f.

38 vgl. Žilinská & Smitková, 2017, S. 91.

›Einlernen‹ eines fürsorglichen Selbst- und Weltbezugs stellt hegemoniale männliche Privilegien infrage und gerät in Konflikt mit möglicherweise tief habitualisierten patriarchalen Dominanzansprüchen«.[39] [40]

Notwendig für eine gesellschaftliche Veränderung ist, die individuelle mit der gesellschaftlichen Ebene zu verknüpfen. Jeder cis Mann sollte sich die Frage stellen, wo er ganz konkret unaufgefordert Care-Aufgaben leistet und seine eigenen Schwächen sichtbar machen und damit auch mal über seinen gewohnten Horizont der Interaktion hinausgehen kann. Beispielweise können cis Männer, die sich in Unterstützungsarbeit üben wollen, betroffene Personen in stabileren Zeiten fragen, welchen Umgang sie sich wünschen und was konkret geleistet werden muss. Offenheit gegenüber und Interesse an den depressiven Phasen kann Nähe und Vertrauen schaffen, auf die dann während einer akuten Episode zurückgegriffen werden kann.

Für uns als Betroffene bedeutet es außerdem, individuell entscheiden zu können, wo wir unsere Depression politisch machen: Darüber sprechen, Sichtbarkeit, wohlwollendes Interesse, Räume schaffen und Entstigmatisierung – all das verändert die öffentliche Wahrnehmung von Depression. Gleichzeitig muss gezielt Bildungsarbeit geleistet werden, um eine neue Form des Austausches und der geschlechtergerechten Unterstützung zu etablieren. Wir müssen lernen, Hilfe anzunehmen und kollektiv statt individuell zu denken.

Abschließend möchte ich einige Wünsche formulieren: Ich wünsche mir, dass die (emotionale) Care-Arbeit im Bereich psychischer Gesundheit, Krisen und Depression zu einem gleich großen Anteil von nicht-cis Männer und cis Männer geleistet wird. Ich wünsche mir, dass immer mehr cis Männer sich darin üben, auch diesen Anteil an Verantwortung in der Beziehungsarbeit gleichberechtigt zu übernehmen, und es nicht im Sinne des traditionellen Geschlechterbilds den zumeist weiblich* sozialisierten Menschen überlassen. Dafür braucht es Zeit, Mut, Fehlerfreundlichkeit und kritische Unterstützung von außen. Es ist nicht unmöglich und der

39 Die einleitende Geschichte in Heilmanns Artikel macht deutlich, dass eine achtsame Beziehung zu der Natur und zu sich selbst über die tägliche Praxis des Fotografierens einer Landschaft, Auslöser sein kann, um die eigenen Strukturen zu hinterfragen und zu verändern (vgl. Heilmann 2019: 187 ff.). Ich gehe davon aus, dass die Auseinandersetzung mit Depression ein eben solcher Auslöser sein kann.

40 Heilmann, 2019, S. 190; Hervorhebung im Original.

einzige Weg zu einer geschlechtergerechten Gesellschaft und geschlechtergerechten Beziehungen.[41] Das bedeutet auch, dass cis Männer langfristige Beziehungsarbeit leisten, um dann in schwierigen Situationen selbstständig und ohne explizite Aufforderung, reagieren zu können. Es bedeutet, dass cis Männer auch Initiative ergreifen und sich nicht bitten lassen, wenn es um die Verteilung von Care-Arbeit geht. Und ich wünsche mir, dass (emotionale oder unterstützende) Care-Arbeit generell, egal von wem sie geleistet wird, Sichtbarkeit und Wertschätzung erhält.[42]

Ich wünsche mir für alle cis Männer, dass sie die Möglichkeit haben, auch ihre Schwächen und Krisen zu teilen und sichtbar zu machen, obwohl und gerade weil sie den gängigen Vorstellungen von Männlichkeitsanforderungen widersprechen. Ich glaube, dass dies der Schlüssel sein kann, um auch ein gesamtgesellschaftliches Umdenken bezüglich Depression zu bewirken.

Und ich wünsche mir, dass es einen grundlegenden strukturellen Wandel gibt, der Depression als gesamtgesellschaftliches Problem und vor allem als Produkt anerkennt, das aus den neoliberalen und kapitalistischen Konkurrenzzwängen entsteht. Somit ist Depression mitnichten ein individuelles Problem, das jede*r für sich selbst zu lösen hat. Depression braucht eine politische Einordnung, um die Macht, die diesem sozialen Gefügen inhärent ist, sichtbar zu machen.[43]

Quellenverzeichnis

Beckmann, Sabine (2016): *Sorgearbeit (Care) und Gender: Expertise zum Siebten Altenbericht der Bundesregierung.* Berlin: Deutsches Zentrum für Altersfragen. Zugriff am 24.04.2020 unter https://bit.ly/3dTTZQ7

Butler, Judith (1990): *Gender Trouble. Feminism and the Subversion of Identity.* Routledge: New York.

Care Revolution Netzwerk (o.J.): *Bildung und Care, Bildung ist Care.* https://care-revolution.org/bildung/ (Zugriff am 18.05.2020)

Connell, Raewyn (2000): *Der gemachte Mann: Konstruktion und Krise von Männlichkeiten.* Opladen: Leske + Budrich.

Doell, David (2017): *Good for Something: Depressive Erfahrungen als politische Fragestellung.* https://www.klassegegenklasse.org/good-for-something/ (Zugriff am 22.04.2020)

41 Für Anregungen vgl. UFO Mink, 2019.
42 vgl. ebd., S.31
43 vgl. Fischer 2014

Fischer, Mark (2014): *Good for nothing.* https://theoccupiedtimes.org/?p=12841 (Zugriff am 16.04.2020)

Förster, Martin (2019): *Depression, Geschlecht und Gender.* https://bit.ly/2MNsgET (Zugriff am 27.04.2020)

Heilmann, Andreas / Korn, Aaron/ Scholz, Sylka (2019): *Vom Wachstum zur Fürsorge? Männlichkeiten in der Transformation kapitalistischer Gesellschaften.* In: Scholz, Sylka / Heilmann, Andreas (Hrgs.), *Caring Masculinities? Männlichkeiten in der Transformation kapitalistischer Wachstumsgesellschaften* (S. 13-37). Oekom Verlag: München.

Heilmann, Andreas (2019): *Strukturübungen antiimperialer und antipatriarchaler Lebensweisen? Zum Transformationspotential von Caring Masculinities.* In: Scholz, Sylka / Heilmann, Andreas (Hrgs.), *Caring Masculinities? Männlichkeiten in der Transformation kapitalistischer Wachstumsgesellschaften* (S. 187-200). Oekom Verlag, München.

Krumm, Sylvia / Kilian, Reinhold / Beschoner, Petra / Becker, Thomas / Gündel, Harald (2018): *Wenn Mann sein zum Problem wird. Zum Verhältnis von Männlichkeitsorientierung und Depression.* In: *sozialpsychiatrische information*, 48 (1), S. 23-26.

Lerch, Leonore (2019): *Psychotherapie im Kontext von Differenz, (Macht-)Ungleichheit und globaler Verantwortung. Diversity & Intersectionality als hilfreiche Perspektiven für eine gesellschaftskritische Psychotherapie.* https://bit.ly/2YrQzxE (Zugriff am 20.04.2020)

Maihofer, Andrea (2019): *Wandel und Persistenz hegemonialer Männlichkeit und die Grenzen des Konzepts Caring Masculinities.* In: Scholz, Sylka / Heilmann, Andreas (Hrgs.), *Caring Masculinities? Männlichkeiten in der Transformation kapitalistischer Wachstumsgesellschaften* (S. 63-77). Oekom Verlag, München.

UFO Mink (2019): *Für Unterstützende von Menschen in Krisen.* https://publish.barrikade.info/IMG/pdf/fu_runterstu_tzende.pdf (Zugriff am 16.04.2020)

Seeck, Francis (2020): *Hä, was heißt denn Klassismus?* In: *Missy Magazine.* 12(01/20). https://bit.ly/3hopL9Y (Zugriff am 18.05.2020)

Sie, Evangelista (2019): *Traditionelle Männlichkeit macht krank.* In: *an.schläge. Das feministische Magazin.* 33(3/19), S. 25-26.

Sue, Derald Wing / Capodilupo, Cristina M. / Tornio, Gina C. / Bucceri, Jennifer M. / Holder, Aisha M.B. / Nadal, Kevin L. / Esquilin, Marta (2007): *Racial Microaggression in Everyday Life. Implications for Clinical Practice.* In: *American Psychologist,* 62(4), S. 271-286.

Theißl, Brigitte & Kettner, Verena (2019): Kuscheln auf der Couch. In: *an.schläge. Das feministische Magazin.* 33(3/19), S. 19-20.

Theißl, Brigitte (2019): *Alle profitieren.* In: *an.schläge. Das feministische Magazin. 33(3/19), S. 17-18.*

U'n'S (2017): *»Können wir jetzt über was anderes reden?«. Unsere Erfahrungen in Beziehungen mit cis-Männern.* https://bit.ly/2YtHswj (Zugriff am 24.04.2020)

WHO (World Health Organisation) (2019): *Suicide.* https://www.who.int/news-room/fact-sheets/detail/suicide (Zugriff am 28.04.2020)

Žilinská, Miroslava / Smitková, Hana (2017): *Boys don't cry: Male depression through gender lens.* Psychologie a její kontexty 8(1). https://psychkont.osu.cz/fulltext/2017/2017_1_7_Zilinska-V.pdf (Zugriff am 29.04.2020)

Gustavo Hernández

Im Stuttgarter Schlossgarten: Schnittstelle von zwei Marginalitäten

Vom Cruisen an einem Nicht-Ort

An öffentlichen Orten ereignen sich je nach Tageszeit unterschiedliche Situationen, die mal mehr mal weniger öffentlich bzw. geduldet sind. Ein solcher Ort ist der Stuttgarter Schlosspark. Er ist ein linear gestalteter Park mit drei verschiedenen Abschnitten. Der erste Abschnitt umfasst den zentralen Platz, auf dem sich das neue Württembergische Schloss befindet. Der Barockbau aus dem 18. Jahrhundert, der im Rahmen des politischen Projekts von Herzog Karl Eugen von Württemberg ins Auge gefasst wurde, sollte die Infrastruktur des Herzogtums modernisieren und wurde im Stil der absoluten Monarchien der damaligen Zeit gebaut.[1] Dieser Teil des Parks erstreckt sich bis zum Hauptbahnhof und beherbergt die Staatsoper, die Staatsgalerie, das Kunstgebäude, das Staatstheater, das Stuttgarter Ballett und mehrere andere Gebäude, die diesen Bereich zum kulturellen Herz der Stadt machen. Der zweite Abschnitt umfasst den Bereich um den Hauptbahnhof und erstreckt sich bis zur Cannstatter Straße. Der südliche Teil dieses Abschnitts befindet sich derzeit im Bau, da der neue Hauptbahnhof und der dazugehörige architektonische Komplex, bekannt als Stuttgart 21, errichtet wird. Kolossale Kräne, Zäune mit Hunderten von Graffitis bemalt, provisorische Aluminiumrampen, der Lärm von Bohrern vermischt mit dem der Autobahnen, die das Zentrum der Stadt durchqueren, die Hasen, die zwischen den Bäumen verschwinden, sie alle schaffen eine gemeinsame Komposition und verleihen dem Ort seine eigene Identität. Im zentralen Teil befinden sich die Ruinen des ehemaligen Neuen Lusthauses[2] und ein Ansammlung von flachen Tümpeln parallel zum Hauptfußgängerweg.

1 vgl. Fix, Andrea & Klaus, Merten. 1981, S. 19-20.

2 Das als ›Neues Lusthaus‹ bekannte Gebäude wurde in den Jahren 1584 und 1593 unter Herzog Ludwig von Württemberg erbaut. Das Gebäude galt als ein Beispiel für die Architektur der Spätrenaissance. Die Nutzbarkeit dieses Gebäudetyps zeichnet sich dadurch aus, dass er ein Raum für Feiern, Einkehrtage oder Kunst

Hinter den Tümpeln befinden sich mehrere Bänke, die von mittelgroßen Büschen umgeben sind: perfekte Bedingungen zum cruisen. Daran schließt sich eine ausgedehnte Strecke von zwei Kilometern an, die das Stadtzentrum mit Museen, Sportkomplexen und dem Industriegebiet der Stadt verbindet.

Häufig findet man *Cruising-Areas*[3] in den Büschen der größten städtischen Parks einer Stadt, auf den Ringstraßen, in den öffentlichen Toiletten von Bahnhöfen oder Einkaufszentren, auf den Terrassen oder Treppen von Parkhäusern. Dieses Repertoire an städtischen Räumen beinhaltet in der Regel Orte des Transits, ohne Identität für einen großen Teil der Gesellschaft.[4] Die unterschiedlichen Prozesse der sozialen Ausgrenzung und Entfremdung haben jedoch dazu geführt, dass marginalisierte Praktiken und Menschen in diesen Städten einen Platz finden.[5] Somit bieten diese Orte ideale Voraussetzungen auch für Migrant*innen, die obdachlos sind oder sich in einer prekären oder wirtschaftlichen Notlage befinden. Dadurch sind diese sogenannten Nicht-Orte zu einem Treffpunkt zwischen zwei Nicht-Subjekten geworden: den sexuell Unterdrückten und den Migrant*innen im Ausnahmezustand. Es ist jedoch auch wichtig zu sagen, dass sich dort nicht nur sich der LGBTIQI+-Community zugehörig fühlenden Männlichkeiten treffen, sondern dass ebenso viele Menschen, die sich noch im binären und heteronormativen System befinden, diese Cruising-Areas nutzen, um ihren Phantasien Ausdruck zu geben, die sie wahrscheinlich nie in Worte zu fassen wagen würden. Ein Treffpunkt also zwischen verschiedenen Männlichkeiten aus weit entfernten Orten innerhalb des grauen Spektrums sexueller Identitäten.

---

ist. Im ›Neuen Lusthaus‹ in Stuttgart fanden die wichtigsten Feste und Feiern des Herzogtums statt.

3 Cruising-Areas sind umgangssprachlich öffentliche Orte für sexuelle Begegnungen. Diese Praxis ist in der homosexuellen Gemeinschaft recht populär, wird aber auch von Heterosexuellen praktiziert.

4 Der Soziologe Marc Augé schlägt in seinem Buch *Nicht-Orte. Einführung in eine Anthropologie der Supermodernität* vor, diese Plätze ›Nicht-Orte‹ zu nennen. An diesen würden seiner Meinung nach Identität, Geschichte und Beziehungen nicht dargestellt bzw. aus dem sozialen Gefüge eliminiert werden. Weiter wird im Text geschrieben, dass im Gegensatz zu dem, was der Autor vorschlägt, einige Marginalitäten ihre Identität, Geschichte und Beziehungen genau in diesen physischen Räumen aufgebaut haben, die man als die Ecken der Öffentlichkeit bezeichnen könnte.

5 vgl. Augé, Marc. 1992.

Um diese Treffpunkte und die Menschen dort dreht sich dieser Text. Es werden anhand der Lebensgeschichte Aladárs und des Autors das gleichzeitige Wirken von zwei Marginalisierungen, Rassismus und → Homofeindlichkeit[6], verdeutlicht und abschließend Handlungsmöglichkeiten aufgezeigt.

Aladár in Stuttgart

Als ich Aladár kennenlernte, lebte ich seit etwa zwei Jahren in Stuttgart. Aladár lebte seit einigen Monaten auch hier: auf einer kleinen, im Gebüsch des Schlossgartens versteckten Wiese. An diesem Abend war es besonders kühl. Obwohl die streng geometrisch geformten Springbrunnen und Schwimmbecken noch fast gefroren waren, machte die leicht frühlingshafte Luft Spaziergänge im Garten möglich. Dieser Stadtteil ist das Epizentrum des Stuttgarter Kulturlebens, weshalb er einen ständigen Besucher*innenstrom verzeichnet. Dieser Verkehr ist jedoch nachts erheblich reduziert, und viele Bereiche des Parks werden dann besonders dunkel und einsam. Aus diesem Grund entstehen dort soziale Dynamiken unterschiedlicher Art: die sexuelle Begegnung zwischen Männern ist eine davon.

An diesem Abend hatte ich mich bei den Bänken, in der Nähe des Parkausgangs, der zu einer der U-Bahn-Stationen führt, aufgehalten. Ich hatte bereits Augenkontakt mit Aladár, aber er war es, der später die Initiative ergriff und auf mich zukam, um eine Unterhaltung mit mir zu beginnen. Nachdem er sich vorgestellt hatte, im Hintergrund waren noch die Lautsprecher des Hauptbahnhofs zu hören, wie sie die Abfahrt der nächsten Züge ankündigten, erzählte er mir mit Mühe die Geschichten, die er durchleben musste, um von einem abgelegenen Dorf in Westungarn nach Deutschland zu gelangen. Wenige Wochen nach seinem siebzehnten Geburtstag hatte er beschlossen, nach Deutschland auszuwandern, wo ein Onkel von ihm lebte. Aufgrund des in Ungarn bestehenden Ausmaßes an → Diskriminierung und sozialer Ausgrenzung von Sinti und Roma sehen sich viele Menschen mit Schwierigkeiten in ihrer persönlichen, schulischen und sozialen Entwicklung konfrontiert.[7] Der in der ungarischen Gesell-

6 Alle mit einem → gekennzeichneten Begriffe werden im Glossar erläutert.

7 Nach Angaben der Vereinigung für bedrohte Völker hat die Europaparlamentarierin Victoria Mohácsi wiederholt die Mängel beim Zugang zu Bildung, Gesundheit und Rechten angeprangert, die in der europäischen Gesellschaft und insbesondere

schaft vorhandene Rassismus war jedoch nicht der einzige Grund, der zu Aladárs Entscheidung geführt hatte. Nachdem er sich seiner sexuellen Orientierung bewusst geworden war und eine Identität als homosexueller Mann lebte, sah er sich ständig Repressalien seitens seiner Familie und seiner Community ausgesetzt: Seine sexuelle Orientierung passte nicht zu deren moralischen und sozialen Kodex. Der homofeindliche Kodex umfasste ein Repertoire an Strafen, Drohungen, physischer und verbaler Gewalt und Einschränkung in der Privatsphäre. Zusätzlich sah er sich mit den rassistischen Einschränkungen konfrontiert, die Sinti und Roma in Ungarn ohnehin erleben.

Genauso wie ich kam Aladár 2017 nach Stuttgart. Im ersten Jahr lebte er bei seinem Onkel, doch die Situation verschlechterte sich, da er immer wieder dazu gedrängt wurde, seine sexuelle Identität zu verleugnen, und es zahlreiche Episoden körperlicher und verbaler Gewalt gab. Diese Situation zwang ihn dazu, das Haus seines Onkels zu verlassen und eine Notunterkunft aufzusuchen, da es ihm an Geld fehlte und der Zugang zu Sozialleistungen aufgrund seiner mangelnden Deutsch- und Englischkenntnisse schwierig war. Ein weiterer bestimmender Faktor für seine Migrationserfahrung war der Mangel an höherer Bildung, der es ihm unmöglich machte, eine Arbeit zu finden. In diesem ersten Jahr gab es nur wenige Momente, die es Aladár ermöglichten, seine Sexualität und damit seine Identität zu erforschen und zu entwickeln. Nachdem er sich über nächtliche Treffpunkte auf öffentlichen Plätzen informiert hatte, fand er dort Gelegenheiten für seine ersten sexuellen Begegnungen. Als ich ihm beim Reden zuhörte, konnte ich im Hintergrund die Ruine des Neuen Lusthauses sehen. Nur eine der beiden Seitengalerien des Gebäudes war erhalten geblieben, zusammen mit den jeweiligen Treppen, die zum oberen Stockwerk führten. Ich fand diese Ruinen besonders bewegend, denn sie erinnerten mich an die Feierlichkeiten, die dort organisiert worden waren, an das Lachen der ehemaligen Hofgäste, wenn sie die vom Herzog angebotenen Bankette und Dienste genossen. Und plötzlich war da das Bild von Treppen, die durch den Krieg zerstört und durch die Jahre abgenutzt waren, Säulen, die erschöpft in der Mitte des Parks in der Nähe der Büsche stehen, wo einige

in Ungarn nach wie vor bestehen. Dies wird weiterhin kritisiert, weil die Ziele des von der Europäischen Kommission ausgerufenen Jahrzehnts der Roma-Integration 2005–2015 nicht erreicht wurden.

auch das sexuelle Vergnügen suchen. Dann sah ich, wie Aladár versuchte, die kaputten Treppen hinaufzusteigen, und dabei immer wieder stolperte.

Ich als Au-pair in Deutschland

Meine Erfahrung war anders, da ich z.B. vor meiner Migration nach Deutschland eine Identität als Homosexueller entwickelt hatte und somit mein sexuelles und emotionales Leben früher begann. Für mein Au-pair lebte ich ein Jahr in einer kleinen Stadt in der Nähe von Stuttgart. Im Rahmen des Arbeitsprogramms gibt es Auflagen wie z.B. den Zwang, im Haus der Gastfamilie, die die Einwander*innen aufnimmt, zu leben, mit etwa 300 Euro im Monat auszukommen und in einigen Fällen, wie in meinem, in Gebieten fernab der städtischen Zentren zu wohnen. So ein Wohnort stellt in vielen Fällen ein Hindernis für die Entwicklung und soziale Integration der Einwander*innen dar. In meinem Fall brauchte ich etwa zwei Stunden, um in die nächste Stadt zu gelangen. Die etwa dreihundert Euro, die ich als Au-pair pro Monat erhielt, reichten nicht einmal aus, um die Fahrtkosten und die Kosten für die Sprachkurse vollständig zu decken, obwohl die Kosten für Unterkunft und Verpflegung von der Gastfamilie getragen wurden.

Ich hatte das Glück in zwei Gastfamilien mit liberalen Wertvorstellungen zu leben, die meine sexuelle Orientierung nie als Problem sahen und mich zusätzlich finanziell unterstützten, damit ich meine beruflichen und persönlichen Ziele erreichen konnte. Während ich in Stuttgart nie einen physischen Übergriff aufgrund meiner sexuellen Orientierung erlebt habe, war ich in Berlin davon betroffen: Einmal haben uns drei Männer verfolgt und geschlagen, nachdem sie mich und meinen Partner händchenhaltend gesehen hatten. Diese Situation ereignete sich auf einer belebten Straße in der Stadt, allerdings griff niemand bei dieser homophoben Gewalttat ein. Die Menschen schauten nur zu.

Das System Au-pair

Der Aufenthalt in Deutschland hat mir bewusster gemacht, wie viele von uns Migrant*innen entschlossen sind, außerhalb ihres Heimatlandes zu leben – und fast alle müssen um ihre Grundrechte kämpfen, wie zum Beispiel das Recht auf eine Arbeit, ein anständiges Gehalt und auf eine gleichberechtigte soziale Teilhabe an der Gesellschaft.

Das Au-pair-Sein ermöglichte mir, mich weiterzuentwickeln, gleichzeitig betrachte ich es kritisch: Viele Migrant*innen innerhalb dieses Programms stoßen auf Widrigkeiten aufgrund einer Reihe von Vorurteilen, die häufig mit der rassistischen Vorstellung von Männlichkeit und Weiblichkeit in der westlichen Gesellschaft verbunden sind, d.h. mit den Vorstellungen, die dem Patriarchat und seiner jeweiligen Aufteilung und Zuweisung von Aufgaben sowohl im öffentlichen als auch im privaten Bereich zugrunde liegen. Wie für viele Migrant*innen bedeutete der Aufenthalt in Deutschland für mich, die Möglichkeit zu haben, meinen beruflichen Werdegang weiter zu verfolgen und meine wirtschaftliche Lage zu verbessern; ich hatte jedoch das Gefühl, dass dies aufgrund dieser besonderen Arbeitsbedingungen zulasten meiner persönlichen Freiheit ging. Eine Person, die als Au-pair arbeitet, bewegt sich ständig zwischen den Grenzen des Privaten und des Öffentlichen. Auf der einen Seite berührt das private Familienleben und die Fürsorge für die Kinder ständig das Herz: Man wird eingeladen, ein zeitweiliges Mitglied der Familie zu sein. Auf der anderen Seite erfordert die Rolle des Au-pairs eine professionelle Distanz.

Obwohl das Au-pair-Programm vielen Menschen zugutekommt, reproduziert es oft ein System der sozialen Marginalisierung, indem es innerhalb der Familie stattfindet, der sozialen Institution, die par excellence für die Verteilung und Zuweisung von geschlechtsspezifischen Privilegien, Werten, Aufgaben und Positionen zuständig ist. Ich zeigte mich bei dem Au-Pair-Programm als homosexueller → cis Mann. Die überwiegende Mehrheit der Au-Pairs sind cis Frauen, trotzdem wurde ich ins Programm genommen. Mir sind keine Fälle bekannt, in denen → Transgender im Au-pair-Programm arbeiten.

In der Regel kommen die Au-pairs aus dem *globalen Süden*[8]. Die praktizierte Aufteilung der Aktivitäten, sowohl im privaten als auch im öffentlichen Bereich, ist eine Folge der vom Patriarchat auferlegten Regeln, die als ein Verhaltensregime etabliert wurden, das auf einer binären Aufteilung der Geschlechter, der sexuellen Identitäten, der Erotik und der

8 In diesem Text wird der ›globale Süden‹ nach der Definition von Diana Mitlin und David Satterthwaite aus dem Buch *Urban poverty in the Global South* genutzt: »Zum globalen Süden gehören alle von der Weltbank als Länder mit niedrigem und mittlerem Einkommen eingestuften Nationen in Asien, Afrika, Lateinamerika und der Karibik. Nicht eingeschlossen sind Mittel- und Niedriglohnländer in Osteuropa, einschließlich der Russischen Föderation, obwohl diese eindeutig ernsthafte Probleme mit städtischer Armut haben.«

sexuellen Praktiken beruht. Nach den Statistiken einer deutschen Versicherungsagentur, die sich auf Dienstleistungen für Migrant*innen spezialisiert hat, die als Au-pair arbeiten, waren die Hauptherkunftsländer im Jahr 2018 Georgien, die Ukraine, Kolumbien, Tansania, Russland und Mexiko.[9] Fünfzig Prozent der gesamten Au-pairs kamen aus diesen Ländern. Dies deutet auf die ökonomischen Aspekte der Migration hin. Es migrieren Menschen, die nach besseren Wirtschafts- und Arbeitsbedingungen suchen, als sie von ihrem Herkunftsland geboten werden. Der Arbeitsmarkt für potenzielle Au-pairs basiert auf einer durch die Kolonialgeschichte der Welt bestimmten Arbeitsstruktur, in der das Human- und Arbeitskapital des globalen Südens gezwungen ist, für eine bessere Lebensqualität in den globalen Norden abzuwandern. Die Regeln dieser Migration werden vom globalen Norden diktiert, der die Einwanderungsbedingungen bestimmt und beschneidet.

Intersektionalität: Marginalitäten im Takt

Aufgrund seiner wirtschaftlichen Stabilität hat sich Süddeutschland in den letzten Jahrzehnten zu einem beliebten Ziel für Migrant*innen entwickelt, vor allem für Bürger*innen aus den Randstaaten der Europäischen Union sowie von Bürger*innen verschiedener Länder des globalen Südens. Die Aufnahmebedingungen dieser Migrant*innen werden von verschiedenen Faktoren beeinflusst, darunter Herkunftsort, Bildungsniveau, Kenntnisse der deutschen Sprache, Geschlecht, Geschlechtsidentität[10], Hautfarbe und andere. Europäische Bürger*innen haben tendenziell mehr Rechte als andere Migrant*innen, und ihre Integration gelingt in der Regel in relativ kurzer Zeit[11], aber in einigen Fällen tun sich Barrieren unterschiedlicher Art auf, die prekäre Bedingungen und Notstände reproduzieren, wie z.B.

9 Walter-Bolhöfer, Cordula (Hrsg.) (2018).

10 In diesem Text wird Geschlechtsidentität nach der Definition von M. G. Shively und J. P. de Cecco in ihrem Artikel *Components of sexual identity* benutzt. »This paper examines the four components of sexual identity: biological sex, gender identity, social sex-role, and sexual orientation.« Übersetzt werden die folgenden Begriffe im Artikel verwendet: körperliches Geschlecht, Geschlechtsidentität, Geschlechtsausdruck und sexuelle Orientierung.

11 Laut dem Bericht der Europäischen Kommission stammten im dritten Quartal 2015 49,9 % der in diesem Jahr nach Deutschland gekommenen Einwander*innen aus einem der 28 Mitgliedsländer der Europäischen Union. Von diesen Personen wählten 85 Prozent im folgenden Jahr Deutschland als Wohnort.

Kenntnisse der Sprache des Ziellandes, die Anforderungen des Arbeitsmarktes, berufliche Fertigkeiten für prekäre Arbeit.

Als ich Aladár traf, erkannte ich, dass wir beide trotz der Tatsache, dass jeder von uns unterschiedliche Privilegien hatte, immer noch in einer Situation der Marginalität und Prekarität steckten. In seinem Fall hatte er als europäischer Staatsbürger das Privileg der Mobilität innerhalb des Schengen-Raums, die Möglichkeit, ohne Einschränkungen am Arbeitsmarkt teilzunehmen und konnte die sozialen Vorteile der europäischen Gemeinschaft in Anspruch nehmen. Seine mangelnden Kenntnisse der deutschen und englischen Sprache, das Fehlen einer höheren Bildung, geringe finanzielle Mittel und seine sexuelle Orientierung waren jedoch Faktoren, die seine Migrationserfahrung bestimmten und ihn zur Prostitution zwangen. In meinem Fall hatte ich das Privileg, einen Arbeitsvertrag zu haben und somit die entsprechenden Sozialleistungen in Anspruch nehmen zu können.

Die unmittelbare Reaktion von mir, als ich Aladár traf, war Mitgefühl, das sich schnell in Solidarität umwandelte. Obwohl wir aus unterschiedlichen Gründen migriert waren, erkannten wir die Gemeinsamkeit in unseren Geschichten: Wir beide teilen einen marginalisierten Ausgangspunkt innerhalb der Gesellschaft. Wie in jedem Fall der Zusammenarbeit und Solidarität bestand mein erster Schritt darin, offen zu sein und mir seine Geschichte anzuhören. Die doppelte Marginalisierung, die sowohl Aladár als auch mich betrifft, ist ein klares Beispiel für Intersektionalität, ein Fall, in dem zwei oder mehrere Formen der Unterdrückung, Beherrschung oder Diskriminierung gleichzeitig auftreten und sich verschränken.

In der Situation von Aladár und mir zeigt sich ein Schnittpunkt der Marginalisierungen oder in anderen Worten eine → Intersektionalität: Auf der einen Seite gibt es die Marginalisierung, die sich aus der postkolonialen Struktur ergibt und in der innerhalb der Migrationserfahrung je nach Herkunftsland verschiedene Privilegien zugeteilt werden. Auf der anderen Seite gibt es die Marginalisierung der sexuellen Orientierungen, die nicht in das binäre und → heteronormative Regime passen. Sie müssen sich einen Raum suchen. Sowohl im öffentlichen als auch im privaten Bereich – einen Ort, um zu sein. Diese beiden Systeme hatten einen direkten Einfluss auf die Entwicklung von Aladárs Leben und auch auf meines. Die Marginalisierungen durch die Nord-Süd-Teilung und das Patriarchat funktionieren gleichzeitig, schließen sich nicht aus, sondern wirken ineinander. Diese Marginalisierungen manifestieren sich in der Aufteilung des öffentlichen

Raums. Der Stuttgarter Schlossgarten ist ein gutes Beispiel für dieses Phänomen. Wenn das Theater der Öffentlichkeit verschwindet, wird er zum Aufenthaltsort von Migrant*innen im Ausnahmezustand, die keinen physischen Ort haben, um sich niederzulassen. Es wird zu einem Garten, in dem sich ausgeschlossene sexuelle Identitäten und ihre jeweiligen Praktiken manifestieren können.

Durch die Kompatibilität der beiden Systeme, der Nord-Süd-Teilung und des Patriarchats, wird ein komplexes Bild gezeichnet, in dem es Menschen gibt, die sich je nach Herkunft, ihrem Geschlecht, ihrer sexuellen Identität, ihrer Hautfarbe, ihres Bildungsniveaus und anderen Faktoren in einem Wechselspiel von Privilegien und Benachteiligungen befinden. In diesem Szenario der Ungleichheit müssen wir uns positionieren und uns fragen, wie wir uns mit Menschen, die sich in einer Situation der Unterdrückung befinden, solidarisch zeigen können.

Solidaritätsaktionen synchronisieren: eine Verantwortung von allen für alle

Aus Aladárs und meinen Erfahrungen ergeben sich für eine Veränderung der Situation von mehrfach marginalisierten Menschen verschiedene Konsequenzen. Es braucht vielschichtige Interventionen sowohl auf der gesellschaftlichen als auch auf der individuellen Ebene. Auf der aktivistischen Ebene, wäre z.B. eine engere Kooperation zwischen den Initiativen, die sich bisher z.T. nur mit einer Diskriminierungsdimension (z.B. Rassismus oder Homophobie) beschäftigt haben, vonnöten. Es sind zwar verschiedene soziale Bewegungen, Theorien und politische Initiativen des Widerstands entstanden, aber es gilt, nun eine *gemeinsame* Agenda zu verfolgen und neue Strukturen der Zusammenarbeit zu schaffen, die ein gemeinsames solidarisches politisches Handeln ermöglichen. Im Laufe des 20. und 21. Jahrhunderts wurden zahlreiche Aktionen von → feministischen, queeren und postkolonialen Aktivist*innen durchgeführt, aber es gab nur wenige Fälle, in denen sie für ein gemeinsames Ziel Hand in Hand gearbeitet haben. Angesichts des Zusammenwirkens von kolonialem System und Patriarchat ist es jedoch unerlässlich, dass die unterschiedlichen Kämpfe eine gemeinsame politische Agenda haben und dass die Beteiligten sich selbst als Marginalisierte erkennen, die durch dasselbe Unterdrückungssystem ausgeschlossen und an den Rand gedrängt werden. Es genügt, die Entstehung der bürgerlichen Gesellschaften des 19. Jahrhunderts zu untersuchen, um zu erkennen, dass sowohl das Patriarchat als auch das koloniale System Produkte derselben gesellschaftlichen Strukturen sind.

In Bezug auf den Prozess der Anerkennung der Privilegien, die vom Herkunftsland und der sozialen Klasse, sowie der Privilegien, die von der Position im heteronormativen Sexualregime abhängen, sollten wir uns fragen, wie diese Privilegien dekonstruiert werden können. Durch eine Dekonstruktion kann eine neue Ordnung des Privaten und des Öffentlichen etabliert werden, um Prozesse der Marginalisierung zu vermeiden. Dabei spielt die Sprache eine große Rolle, denn die durch sie reproduzierten sozialen Kategorisierungen geben dem System der strukturellen Diskriminierung und Marginalisierung in der Gesellschaft Ausdruck. Diese Kategorisierungen beinhalten oft vorgefasste Vorstellungen über andere Menschen sowie den städtischen Raum und die jeweiligen Nutzungen. Da der öffentliche Raum und die Praktiken, die er erlaubt, implizite und explizite Verhaltens- und Benutzungsregeln enthalten, sollten wir uns fragen, wie wir diese Räume zu Orten machen können, an denen nicht nur die Interessen eines Teils der Gesellschaft berücksichtigt werden. Heterosexuelle, binäre, liberale, *weiße* Menschen sind verpflichtet, die politischen und wirtschaftlichen Privilegien anzuerkennen, die sie genießen, um den Anfangspunkt für das Modell einer solidarischen Gesellschaft zu setzen, in der diese politischen und wirtschaftlichen Privilegien auf jeden marginalisierten Menschen ausgedehnt werden.

Die Etablierung von Hilfezentren für Menschen in Notsituationen sowie die Schaffung von Bürgerinitiativen sind für die Emanzipation von Menschen, die von wirtschaftlicher oder geschlechtsspezifischer Marginalisierung betroffenen sind, von großer Bedeutung. Dies wurde bereits von einigen Autor*innen wie zum Beispiel von Andrew Tolson, Pierre Bourdieu, Sarah White, Diane Sainsbury, Andrew Kimbrell und Raewyn Connell hervorgehoben. Genauso wichtig ist es, eine politische Öffentlichkeit zu schaffen, die die kulturelle und geschlechtsspezifische Diversifizierung der Bürger*innen durch Aufklärungskampagnen, politische Aktionen und eine schützende Rechtsprechung der gefährdeten Minderheiten fördert. Außerdem müssen Netzwerke gegründet werden, die nicht nur Nothilfe leisten, sondern auch psychologische, rechtliche und soziale Unterstützung anbieten. Wir dürfen jedoch nicht aus den Augen verlieren, dass unser Ziel, das System der Marginalisierung bestimmter Gruppe abzuschaffen, nur durch die soziale und kulturelle Emanzipation eben dieser Gruppen erreicht werden kann.

Diese emanzipatorischen Handlungen brauchen die Unterstützung der gesamten Gesellschaft. Deshalb sind Bürger*inneninitiativen, friedliche Demonstrationen für gleiche Rechte sowie verschiedene Herangehensweisen notwendig, die sich mit der Geschlechterperspektive und der Einbeziehung von marginalisierten Communitys befassen. Kostenlose Sprachkurse, Integration in die lokalen Kulturen sowie der Zugang zu Arbeit, Wohnung und Bildung sind Initiativen, die auch von Bürger*innen ausgehen können. So hätte der Integrationsprozess sowohl für Aladár als auch für mich aussehen können – was er aber nicht tat. Wir hätten mehr Unterstützung gebraucht, um Deutsch zu lernen, den Eintritt in den Arbeitsmarkt zu erhalten und unsere sexuellen Identität leben zu können. Wenn es spezielle Zentren gäbe, in die sich Menschen, die von Mehrfachdiskriminierung betroffen sind, in einer Notsituation begeben könnten, oder unabhängige Unterstützungsgruppen von Bürger*innen, wäre es möglich, zu verhindern, dass Menschen wie Aladár zur Prostitution gezwungen werden. Je mehr die Menschen über ihre privilegierte Stellung Bescheid wissen, umso solidarischer können sie sich zeigen. Sich selbst eine privilegierte Position einzugestehen ist ein großer Schritt im individuellen Reifeprozess hin zu einem sozial verantwortlichen politischen Bewusstsein. Und auf der gesellschaftlichen Ebene führt die Zunahme diese (Selbst-)Bewusstseins für Privilegien hoffentlich zu einer entsprechenden Verantwortungsübernahme und wird so zu einem Gewinn für die gesamte Gesellschaft, sowohl für die Marginalisierten als auch für die Privilegierten.

Für diesen Wandel braucht es jedoch vor allem ein Engagement der höchstprivilegierten Menschen, insbesondere *weißer*, heterosexueller cis Männer. Diese reproduzieren einen Großteil der diskriminierenden Praktiken, ohne dass sie sich dessen in den meisten Fällen bewusst sind. Zudem verfügen sie über viele Ressourcen.

Für diese Auseinandersetzung braucht es zum einen eine Kritikfähigkeit der Männer und zum anderen offene Diskussionsräume – nicht nur im öffentlichen Bereich, sondern vor allem auch im privaten Bereich der Familien und der Freund*innenkreise. Deren Grundlage sollte eine Sensibilität für die eigene Ausdrucksweise, die eigenen Privilegien und die Situation von marginalisierten Menschen (z.B. Migrant*innen, Menschen mit Migrationsgeschichte und Menschen mit nicht heterosexueller Orientierung) sein.

Dabei kann es helfen, mit marginalisierten Personen und deren Initiativen in Kontakt zu treten, um den eigenen Erfahrungshorizont zu erweitern und zu diversifizieren. So verläuft der gesellschaftliche Wandel auch immer auf einer individuellen Ebene.

Quellenverzeichnis

Augé, Marc (1992): *Non-Places: Introduction to an Anthropology of Supermodernity.* London, New York: Verso Verlag.

Bem, Sandra (1986): *Au-delá de l'androgynie. Quelques préceptes oses pour une identité de sexe liberé.* In Hurtig, M.C.; Pichevin, M.F., eds. *La différence des sexes, questions de psychologie.* París: Éditions tierces.

Bourdieu, Pierre (2005): *Die männliche Herrschaft.* Frankfurt am Main: Suhrkamp Taschenbuch Wissenschaft.

Bracht, Astrid (2011): *Ungarn macht verbesserte Roma-Integration zu Hauptthema seiner EU-Präsidentschaft.* Gesellschaft für bedrohte Völker. Verfügbar in: http://www.gfbv.it/3dossier/sinti-rom/ungarn.htmlhttp://www.gfbv.it/3dossier/sinti-rom/ungarn.html

Butler, Judith / Ernesto Laclau (1999): »*Los usos de la igualdad*«, in: Cuerpo, ley y sujeto, Debate Feminista Año 10. Vol. 19, April 1999: México.

Connell, Reawyn W: (1995): *Masculinities.* Berkeley: University of California Press.

Walter-Bolhöfer, Cordula (Hrsg.) (2018): *Konjunkturumfrage 2018: Entwicklungen und Trends im deutschen Au-pair-Wesen.* Neunkirchen-Seelscheid: Calypso Verlag, 2018 https://www.dr-walter.com/fileadmin/data/Bilder_Presse/Calypso_Konjunkturumfrage_2018_web.pdf (26.11.2020)

Employment, Social Affairs and Inclusion department of the European Commision (2015): *Demography Report, Short analytical webnote 3/2015.* S. 13-22. https://ec.europa.eu/eurostat/documents/3217494/6917833/KE-BM-15-003-EN-N.pdf/76dac490-9176-47bc-80d9-029e1d967af6 (26.11.2020)

Fix, Andrea / Klaus, Merten (1981): *Die Gärten der Herzöge von Württemberg im 18. Jahrhundert.* Stuttgart: Werner'sche Verlagsgesellschaft.

Köslin, August (1870): *Das alte herzogliche Lusthaus in Stuttgart.* In »Allgemaine Bauzeitung«. S. 186-190.

Mitlin, Diana / Satterthwaite, David (2013): *Urban poverty in the Global South.* London: Routledge Verlag.

Shively, Michael G., & de Cecco, John P. (1977): *Components of sexual identity. Journal of Homosexuality, 3(1)*, S. 41-48. https://doi.org/10.1300/J082v03n01_04

Tolson, Andrew (1977): *The Limits of Masculinity.* New York: Harper & Row.

Hubert Gotz

Gewaltbetroffenheit und Privilegien: (Un)mögliche Gleichzeitigkeiten?

Am Anfang

Für ›männlich gelesene → cis Menschen‹[1] [2] gibt es in dieser Gesellschaft soziale, wirtschaftliche und politische → Privilegien: Es ist einfacher an Führungspositionen zu kommen, mehr Geld als → FLINT* zu verdienen und man(n) wird ernster genommen, unabhängig davon, ob eine Kompetenz vorhanden ist oder nicht. Außerdem brauchen cis Männer, wenn sie z.B. feiern gehen, in den meisten Fällen keine Sicherheitsvorkehrungen zu treffen, um sich vor Übergriffen zu schützen. Und darüber hinaus werden cis Männer vor allem durch andere cis Männer gedeckt, wenn sie übergriffig waren oder sexualisierte Gewalt ausgeübt haben.[3]

Vor dem Hintergrund der privilegierten Position von cis Männern, stellt sich die Frage: Was passiert, wenn diese Männer selbst Betroffene[4] von Gewalt werden? Insbesondere wenn die Gewalt von Frauen ausgeht, wie es bei mir der Fall ist? Um das Erforschen der Frage der (un)möglichen Gleichzeitigkeiten von Gewaltbetroffenheit und Privileg geht es in diesem

1 Ich verwende im Artikel des Öfteren die Wendung ›männlich gelesene Menschen‹. Das dient zur Verdeutlichung, dass Geschlecht und die entsprechenden Zuschreibungen nicht eindeutig sind und von außen nicht erkennbar ist, welche Geschlechtsidentität die jeweilige Person hat. Ich werde z.B. männlich gelesen, meine Geschlechtsidentitäten sind aber vielfältig.

2 Alle mit einem → gekennzeichneten Begriffe werden im Glossar erläutert.

3 Vgl. Orenstein (2020): 174.

4 Im Artikel unterscheide ich zwischen den Wendungen ›Opfer (von Gewalt) sein‹ und ›(von Gewalt) betroffen sein‹. Ein Opfer bin ich im Moment der Gewalt, danach bin ich davon betroffen. ›Opfer sein‹ wird oft abwertend benutzt und mit Passivität verbunden. ›Betroffen sein‹ rückt die Gewaltwiderfahrnisse in ein anders Bild, diese sind ein Teil der Biografie, aber nicht die einzigen Erfahrungen, die mich ausmachen. Im Vordergrund steht die aktive Auseinandersetzung und das, was heute wichtig ist.

Artikel. Für mich ergeben sich bei der Auseinandersetzung mit der Frage drei Herausforderungen:

- Privilegierte Position: Ich spreche und erlebe die Welt aus einer privilegierten männlich sozialisierten und gelesenen Position. Mir stellt sich die Frage, wo ich vor dem Hintergrund der alltäglichen Gewalt, die FLINT* widerfährt, überhaupt einen öffentlichen Raum für meine Auseinandersetzung habe? Die strukturelle Gewalt gegenüber FLINT* und meine individuell erlebte Gewalt möchte ich nicht gleichsetzen und meine Betroffenheit nicht in den Vordergrund stellen.
- →Sexismus: Ich verstehe mich als →pro_feministischer Mensch. Vor diesem Hintergrund versuche ich, die verschiedenen Privilegien zu sehen und mich solidarisch mit marginalisierten Gruppen zu zeigen, zu der meine damalige Freundin gehört. Mir geht es um eine Kritik an dem gewaltvollem Verhalten meiner Ex-Feundin, diese soll aber nicht zum gesellschaftlichen Sexismus mit entsprechender Abwertung von Frauen beitragen.
- →Männlichkeitsanforderungen: Verletzlich sein, Schwäche, Trauer und Schmerz zu zeigen, sind keine Eigenschaften, die männlich konnotiert sind. Im Rahmen der geschlechtlichen Sozialisation und aufgrund der entsprechenden Männlichkeitsanforderungen habe ich verlernt, diese anzuerkennen und zu artikulieren. Zusätzlich sind Männlichkeitsanforderungen verbunden mit einem Ideal der Unverletzbarkeit. Wenn dieses Ideal nicht mehr aufrechterhalten werden kann, führt das oft zu Irritationen oder Unverständnis. Betroffener von partnerschaftlicher Gewalt[5] durch eine Frau zu sein, ist etwas, das nicht mit Männlichkeiten zusammenpasst. In öffentlichen Diskursen sind Männer fast immer ›die Täter‹ und Frauen ›die Betroffenen‹ von Gewalt, nicht andersherum.

Vor dem Hintergrund dieser Herausforderungen ist die Aufarbeitung der Gewaltwiderfahrnisse schwierig. Insbesondere über erlebte Gewalt zu schreiben und zu reden, bedeutet jedes Mal wieder eine Überwindung. Es

5 2019 wurden von der polizeilichen Kriminalstatistik 141.792 Opfern vollendeter und versuchter Delikte der Partnerschaftsgewalt erfasst, davon waren ca. 81 % weiblichen und 19 % Personen männlichen Geschlechts. (Bundeskriminalamt 2019: S. 4). Dies sind die offiziellen Zahlen, es ist davon auszugehen, dass es eine hohe Dunkelziffer gibt.

brauchte eine lange Vorbereitung, mich wieder an den Artikel zu setzen, und die Beschäftigung mit der Vergangenheit treibt mir oft Tränen ins Gesicht.

Dennoch verändert sich mit jeder Auseinandersetzung meine Sichtweise, ich bin weniger gefangen von der Vergangenheit und kann mich mehr auf meine zukünftigen Schritte fokussieren. Mir ist es wichtig, Gewalt zu thematisieren: Mit dem Schreiben möchte ich sowohl weiter in die aktive Auseinandersetzung mit dem Erlebten treten, als auch andere Menschen erreichen. Als Hinweis für Lesende des Artikels: Es werden physisch als auch psychisch gewaltvolle Szenen beschrieben.

Grundlagen meiner Werte

Was stereotyp mit Männlichkeit assoziiert wird, interessiert mich wenig: Autos, Fußball und Wettstreit finde ich langweilig. In der Schulzeit habe ich in den meisten Konkurrenzsituationen den Kürzeren gezogen und bin deswegen solchen Situationen aus dem Weg gegangen.

Was mir wichtig war und ist, ist, wie es anderen Menschen geht: Ich höre gerne zu, wenn andere Menschen erzählen, und fühle mich empathisch ein. Mich zeichnet aus, dass ich gerne für andere Menschen da bin und die Bedürfnisse der anderen über meine eigenen stelle. Dabei vergesse ich oft, was für mich wichtig ist. In Konflikten kann ich gut intervenieren und vermitteln. Durch diese Charaktereigenschaften passen die engen Erwartungen nicht, die an mich durch die Männlichkeitsanforderungen gestellt werden.

Ich sehe mich den als weiblich definierten Eigenschaften näher als den männlich konnotierten. Entsprechend fühle ich mich oft unpassend: in männlichen Räumen zu weiblich, in weiblichen Räumen zu männlich und in queeren Räumen nicht queer genug. Überall einsam in der Art und Weise, wie ich bin, da ich irgendwie ein Stück von allem bin.

Mobbing – Das passiert mir doch nicht

Die bis dato herausforderndsten Jahre waren für mich die von der elften bis zur dreizehnten Klasse: In dieser Zeit besuchte ich zum ersten Mal ohne meinen Zwillingsbruder die Schule, während wir uns vorher auf Schritt und Tritt begleitet hatten. Das hatte bis dahin den Vorteil gehabt, dass sich kaum eine*r der anderen Mitschüler*innen traute, mit uns Streit anzufangen und wir bei Aufgaben immer zusammenarbeiten konnten. Auf meinen Bruder konnte ich mich immer verlassen. Nun führten verschiedene Umstände dazu, dass dies ab der elften Klasse nicht mehr möglich war. Auf einmal war ich allein. Die individuelle Entwicklung meiner Mitschüler*innen war weit fortgeschritten und ich hatte einiges aufzuholen, was für andere schon klarer war, beispielsweise allein für meine Interessen einzutreten und mich wichtig zu nehmen.

Ich befand mich in einer Krise, für die es keine Worte gab. Genauer: für die ich damals keine Worte hatte. Ich war sehr mit mir selbst beschäftigt, ohne zu wissen, wie das geht. Es war so viel los in mir und nirgendwo gab es die Möglichkeit, darüber zu sprechen. Ich wusste ja noch nicht einmal, wie ich mir Hilfe holen konnte. Dazu hätte ich erst einmal ausdrücken müssen, dass etwas nicht stimmte. Ich fand niemanden, dem ich mich anvertrauen wollte oder konnte. Die Lehrkräfte hatten kein Auge dafür, was los war, und in meiner Familie wurde über Krisen oder emotionale Herausforderungen zu dieser Zeit nicht gesprochen. Diese Sprach- und Hilflosigkeit war sehr bedrückend. In Gesprächen über diese Zeit habe ich oft gehört, dass das typisch für die Pubertät sei. Ich führe das aber nicht auf die Pubertät zurück, sondern darauf, dass es keinen Übungsraum gab, um über mein eigenes Leben, Emotionen und das Scheitern an Männlichkeitsanforderungen zu sprechen. J.J Bola beschreibt das in seinen seinem Buch *Sei kein Mann* sehr ähnlich.[6] Wie es mir ging, hat nie eine Rolle gespielt, insbesondere in der Schule nicht. Wichtiger waren die Noten und die Erfüllung der Leistungen.

Zu der ohnehin schon schwierigen Situation kamen die Herausforderungen der Profiloberstufe an unserer Schule hinzu. Ich war mit denselben Mitschüler*innen in drei gleichen Kursen, Profil genannt. Nach sechs Wochen habe ich das Profil gewechselt. Im neuen Profil hatte sich bereits eine Gruppendynamik entwickelt und ich war somit lange der ›Neue‹.

Gerade von zwei Mitschülerinnen hörte ich die meisten verletzenden Kommentare und erfuhr konstantes Mobbing: »Du schon wieder!«, »Du kannst ja gar nichts!«, »Lass den Dicken das doch machen«, »Schwitzt du immer so?«. Sticheleien waren an der Tagesordnung und gaben mir zu verstehen, welche Position ich in der Gruppe hatte. Natürlich wurde ich bei Gruppenaufteilungen als Letzter gewählt. Ich habe versucht, die Leistungen

6 Vgl. J.J. Bola (2020): S. 136.

in der Schule zu erbringen, aber das war kaum möglich in einer Umgebung, die meinen Selbstwert mit Füßen trat.

Zwei Situationen sind mir besonders in Erinnerung geblieben: Als ein Mitschüler und ich eine Aufgabe im Darstellendes Spiel-Unterricht nicht hinbekamen, wurden wir dafür ausgelacht. Alle anderen hatten den entsprechenden Text allerdings auch nicht gelernt, doch nur wir wurden dafür ausgelacht. Ich wurde sauer und habe »Fuck you« zu den Mitschüler*innen gesagt. Für mich war das schon viel, überhaupt etwas über die Lippen zu bekommen. Doch meine Wut hatte einen gegenteiligen Effekt: Sie führte dazu, dass das Lachen umso lauter wurde. Ich wollte nur noch im Boden versinken. Ich steckte in einer Sackgasse: Wenn ich ausgelacht wurde und versuchte, meine Grenzen zu setzen, wurde ich noch mehr ausgelacht.

Die zweite Situation: Ich war in der 13. Klasse und ein Junge aus der 8. Klasse nervte mich über einen längeren Zeitraum. In jeder Pause sprach er mich an und sagte »Na, Dicki«. Auch vor ihm bekam ich Angst, fühlte mich unsicher, wusste nicht, was zu tun ist. Das ging so über Wochen und Monate, bis ich mich schließlich genötigt fühlte, ihn in einen Mülleimer zu stecken. Danach war er ruhig.

Diese und andere Ereignisse haben dazu geführt, dass ich mich oft versteckt habe, um soweit wie möglich nicht aufzufallen. Als großer, kräftiger Mensch ist das schwierig bis unmöglich. Ich hatte Angst, die Profil-Kurse zu besuchen und generell in die Schule zu gehen. Außenseiter zu sein war bis dato eine neue Erfahrung. Ernst nehmen konnte ich meine Bedürfnisse und Grenzen kaum und andere Menschen entsprechend auch nicht. Übermäßiger Alkoholkonsum an Wochenenden mit Freund*innen war kurzfristig eine Methode, um mit der Situation umzugehen, veränderte allerdings nichts.

16 Jahre später, in einem Seminar zum Thema Trauma wurde mir bewusst, dass ich in der Schulzeit eine für mich traumatisierende Zeit durchlebt habe. Über lange Zeit psychischem Stress ausgesetzt zu sein, kann Traumata auslösen. Ich brauchte Jahre, bis ich zu dieser Einsicht kam. Tief in mir drin hatte ich versucht, die Zeit aus meinen Erinnerungen zu streichen und mich nicht mehr damit zu beschäftigen. Opfer zu sein, das ging bisher nicht in meinen Kopf, so etwas passierte nur anderen. Ich bin mit den Erfahrungen gewachsen und ich hatte die Kraft, mit der Situation irgendwie umzugehen. Doch diese guten Vorsätze haben mich nicht davor geschützt, in einer gewaltvollen Beziehung zu landen.

Abgründe

Jolina[7] und ich haben uns über ähnliche Freund*innenkreise kennengelernt und waren drei Jahre zusammen. Sie bezeichnete sich als Feministin und war politisch sehr aktiv. Sie setzte sich für andere Menschen und gegen Ungerechtigkeiten ein. Das stand im Widerspruch zu unserer gemeinsamen Beziehung: Dort legte sie ganz andere Verhaltensweisen an den Tag. Jolina trank viel Alkohol und konsumierte auch andere Drogen. Oft bekam sie im Rausch cholerische Anfälle und konnte sich am nächsten Tag an nichts mehr erinnern. In der Trunkenheit konnte sie sehr verletzende Sachen sagen, erinnerte sich dann aber am nächsten Tag nicht mehr daran.

In unserer Beziehung habe ich viel Zeit mit Zuhören verbracht und war emotional präsent. Jolina konnte sehr ausgiebig erzählen, was anfangs interessant war. Wie es mir geht, hat irgendwann immer weniger eine Rolle gespielt. Ich solle mich nicht so anstellen, war ihre Antwort, wenn ich etwas über mich erzählte und von meinen Herausforderungen sprach. Die Zeit des Verliebtseins endete früh. Streit prägte ab da die Beziehung und oft führte er nicht zu einer Auflösung der Spannungen. Meine Reaktion bestand darin, dass ich mir die Schuld für die Konflikte gab und in meiner Person und in meiner Vergangenheit nach den Ursachen für die Konflikte suchte.

Wir führten eine offene Beziehung, in der wir uns erlaubten, mit anderen Menschen Sex zu haben. Diese entwickelte sich so, dass sie zwar regelmäßig Sex mit anderen Männern hatte, es aber nicht akzeptieren konnte, wenn ich mich mit anderen Frauen auch nur traf. Die bloße Erwähnung von Freundinnen, mit denen ich Kontakt hatte, löste Wutanfälle bei ihr aus, während ich akzeptieren musste, was sie tat. Neben verbalen Attacken und Abwertungen schmiss sie dann auch schon mal vor Wut Gläser in meiner WG auf den Boden. »Du machst mich so wütend«, sagte sie.

Die Schläge, die halte ich aus, die tun ja nicht so lange weh.

Nach anderthalb Jahren, also der Hälfte der Beziehung, konnte ich nicht mehr. Die Isolation von Freund*innen und meiner Familie wurde größer: Sie hasste meine Familie und fand meine Freund*innen langweilig. Der Zustand der hohen emotionalen Präsenz brannte mich aus. Ich hatte fast

7 Alle im Beitrag vorkommenden Namen sind geändert.

keine Zeit mehr für meine Selbstfürsorge. Ich musste bei ihr sein oder sie allein lassen, je nachdem, was sie gerade wollte. Wenn ich genug Kraft aufbringen konnte, um mir Raum für mich zu nehmen, ging das nie ohne Streit. Wenn ich nach Hause wollte, durfte das nur ganz kurz sein und sie war sauer über jede Minute, die ich länger brauchte, als ich angegeben hatte. Ich sollte eigenständig sein, aber wenn ich das zu sehr wurde, intervenierte sie und übte emotionalen Druck aus. Sie kontrollierte fast jeden Schritt von mir und bestimmte, wie wir gemeinsam auftraten. In öffentlichen Räumen war kein körperlicher Kontakt gewünscht, es sollte nicht so aussehen, als wären wir zusammen.

Ich war gefangen in einem Spannungsfeld von Wut und Schuld und konnte ihr zwangsläufig nicht gerecht werden. Jolina wurde in dieser Zeit deutlich gewalttätiger und aggressiver. Die emotionale Erpressung nahm zu und es kam zu physischen Gewaltakten. Jedes Mal wurden meine Grenzen ein Stück weiter überschritten: Sie bewarf mich mit Brötchen und schlug mir ins Gesicht, sodass mir schwindelig wurde. Irgendwie konnte ich das verkraften, wurde mit jedem Übergriff stumpfer. Ich hatte konstant Angst, dass sie wieder sauer wird, selbst wenn ich nicht bei ihr war. Ich habe versucht, mich so zu verhalten, dass die Chancen für einen Wutanfall gering waren. Das konnte natürlich nicht klappen. Streit gab es immer wegen irgendetwas. Ich möchte das anhand von drei Situationen verdeutlichen:

- Wir fuhren im Frühjahr an die Küste in ein Ferienhaus, um dort zu arbeiten bzw. für Prüfungen zu lernen. Zu dieser Zeit hatte ich meinem Bruder versprochen, während der Geburt seines zweiten Kindes bei der Betreuung des ersten zu helfen. Ich fuhr für einen Nachmittag zu meinem Bruder. Bei meinem Aufbrechen machte sie schon deutlich, dass es ihr schlecht ginge. Sie schrieb eine SMS, wann ich denn zurückkomme. Streit war vorprogrammiert und bei meiner Rückkehr ging sie dann auch sogleich in die Offensive. Sie sagte: »Ich hasse dich, wie kannst du mich nur allein lassen, wenn es mir so schlecht geht.« Es ging wieder nur um sie, nicht darum, dass ein Kind geboren wurde und ich deshalb aus gutem Grund einen Nachmittag nicht da war. Alles wurde für mich zum Balanceakt zwischen Anpassung und einem Eintreten für meine Bedürfnisse.
- Sie absolvierte ein Praktikum in einer anderen Stadt, wo ich sie oft besuchte. An einem Abend sind wir zusammen in eine Kneipe gegangen

und sie hat sehr viel getrunken. Auf einmal knutschte sie vor meinen Augen mit einem Mann rum. Das war definitiv nicht Bestandteil unserer Abmachungen in der offenen Beziehung. Ich wurde sauer, brüllte los, was das solle, und wollte sofort gehen. Am nächsten Tag konnte sie nicht verstehen, wieso ich mich so aufgeregt und den ganzen Laden zusammengebrüllt habe: »Du bist mir peinlich. Das war doch nicht so schlimm, wir haben doch nur geknutscht.« Das hat mich sehr fertig gemacht: In dem Moment, wo ich meine Grenzen aufzeigte, folgte sofort die Bagatellisierung ihrerseits. Meine Verletzungen und Gefühle hat sie stets nicht ernstgenommen, sondern stattdessen heruntergespielt.

- Wieder einmal stritten wir lange und intensiv in meinem Zimmer, inklusive Provokationen: »Wieso sagst du denn nichts, so kann es nicht weitergehen!«, »Du bist ein Versager!«. Sie fing an, Bilder von meiner Wand abzunehmen. Ich habe ihr gesagt, sie solle damit aufhören, was sie nicht tat. Dann habe ich sie festgehalten, und sie schlug auf mich ein. Ich drückte sie auf den Boden, um die Schläge zu beenden. Sie sagte, dass sie am längeren Hebel sitze und wenn ich sie nicht loslasse, allen in der Stadt sagen würde, dass ich sexuell übergriffig sei. Ich fühlte Panik in mir aufsteigen und wusste nicht, was zu tun ist. Egal was ich machte, es würde zu keinem guten Ausgang führen: Entweder ich ließe sie in meinem Raum machen, was sie wollte, oder ich würde in der Stadt nur noch als der ›Übergriffige‹ angesehen. Sie rief, so laut sie konnte: »Hilfe, ich werde vergewaltigt!« Mein Mitbewohner kam rein und fragte, was los ist. Das beendete die Situation, doch nichts war geklärt. Ich suchte die Schuld wieder bei mir und meiner Vergangenheit. Selbsthass. Ich machte mich noch kleiner und das brachte mich wieder ein wenig näher zu ihr: Je mehr sie über mich bestimmte, desto mehr Nähe erlaubte sie.

Meine sechswöchige Reise auf einen anderen Kontinent setzte schließlich den Schlusspunkt unter unsere Beziehung. Sie rief gleich am ersten Tag an und machte mir die Hölle heiß, wie ich denn weg sein könne und nicht bei ihr. Es gehe ihr so schlecht. Im Vorhinein hatte ich Jolina allerdings sogar gefragt, ob wir eine gemeinsame Reise machen wollten, das hatte sie aber abgelehnt. Es folgte ein stundenlanges Gespräch, während ich mich auf einer Feier befand. Dort hatte ich zum ersten Mal ernsthafte Suizidgedanken: »Ich kann das nicht mehr aushalten. Ich spüre gar nichts mehr.« Ich fühlte mich wie betäubt. Ein Ausweg wäre es, aus dem 14. Stock zu springen, dann wäre alles vorbei. Diese Gedanken in Verbindung mit der Beziehung zu Jolina zu bringen, hatte ich nicht geschafft. Rückblickend bin ich sehr froh, am Leben zu sein.

Am Tag meiner Rückkehr sagte sie, dass sie mich nicht mehr belügen möchte. Sie sei jetzt mit Franz zusammen und mit uns sei Schluss. Ich fiel erst einmal in ein Loch. Ich wusste nicht, wie mir geschieht, ich fühlte mich verlassen und war wütend.

Nachwirkungen

Drei Monate nach der Trennung zog ich in eine andere Stadt. In dem Jahr nach der Beziehung zu Jolina hatte ich noch drei kurze Beziehungen. Mir fiel auf, dass irgendetwas mit mir nicht stimmte. Die übliche Nähe zu den Partner*innen konnte ich nicht mehr aufbauen. Ich war emotional distanziert, konnte keinen Kontakt zu meinen Gefühlen aufbauen und hatte keine Ahnung, wie ich die Beziehungen führen wollte.

Nach der letzten der drei Beziehungen habe ich alle Kontakte zu Menschen, mit denen ich mir potenziell eine intime Beziehung vorstellen konnte, abgebrochen. Das waren in den meisten Fällen heterosexuelle Frauen. Auf einen Schlag hatte ich die Hälfte meiner Sozialkontakte aufgegeben. Ich brauchte die Zeit für mich, um mit mir wieder klarzukommen. Den meisten Kontakt hatte ich in der Folgezeit vor allem mit männlichen Freunden und nicht-heterosexuellen Frauen, und ich lernte diese Freund*innenschaften immer mehr zu schätzen. Diese Kontakte hatten Bestand und die Grenzen dort waren klarer für mich. Ich konnte mir damals nicht erklären, woher der Impuls kam, so viele Freund*innenschaften von heute auf morgen zu beenden, das wurde mir erst drei Jahre später bewusst.

Entdeckung und Schock

Fast drei Jahre, nachdem die Beziehung zu Jolina zu Ende gegangen war, und knapp zwei Jahre, nachdem ich die Beziehungen zu vielen mir nahestehenden Menschen aufgegeben hatte, las ich einen Artikel von Martin, er schrieb über seine Erfahrungen mit partnerschaftlicher Gewalt durch eine Frau.[8] Ich dachte mir, das kenne ich doch, dieselben Muster, dieselben

8 Eine gekürzte Version des Artikels ist hier zu finden: https://www.unrast-verlag.de/images/stories/virtuemart/product/576_malzahn_dabei.gebl_errata.pdf. Die

Geschichten, dieselben Verhaltensstrukturen. In der Auseinandersetzung mit dem Artikel und Martin ging mir dann auf, dass auch ich betroffen war, dass ich der Gewalt meiner Ex-Partnerin ausgesetzt war. Das war mir vorher nicht bewusst gewesen, ich hatte die Beziehung bis dahin nur als eigenartig definiert. Mich als Betroffenen von Mobbing zu begreifen, war schon hart gewesen … und jetzt auch noch von partnerschaftlicher Gewalt?

Mein Körper reagierte auf diese Entdeckung. Ich hatte häufiger Schüttelanfälle, Gelenk- und Gliederschmerzen. Es war sehr schwer, die Orte zu betreten, die ich mit Jolina verband. Eine Situation ist mir besonders in Erinnerung geblieben: Ich habe sonst einen ziemlich guten Orientierungssinn und verfahre mich selten. Dieser verließ mich aber, als ich in die Nähe von Jolinas ehemaliger Arbeitsstätte kam, in deren Umgebung ich zu einem Treffen wollte. Ich verfuhr mich eine Stunde lang und bekam Panikattacken. Ich fuhr mit dem Fahrrad Kreise um den Ort, zu dem ich wollte. Ich radelte immer schneller, kam dem Ziel dabei aber nicht näher. Glücklicherweise konnte ich mich irgendwann selbst beruhigen und auf meinen Atem achten.

Mittlerweile ist mir bewusst geworden, warum ich so viele Beziehungen beendet habe: Es waren die Auswirkungen der Betroffenheit von partnerschaftlicher Gewalt durch Jolina. Ich hatte das Vertrauen in Beziehungen mit heterosexuellen Frauen verloren und bei Menschen, die mir zu nahekamen, wurde ich wieder getriggert.

Worte finden

Mit wem sollte ich über die partnerschaftliche Gewalt sprechen? Wer verstand mich denn eigentlich? Das Thema fiel bei der Hälfte meiner Gesprächspartner*innen auf keinen fruchtbaren Boden. Wenn ich in Gesprächen mit Freund*innen das Thema ansprach, kam schnell eine bedrückende Stille auf. Die Folge war: Ich fühlte mich unverstanden. Dabei brauchte ich erst mal nichts, außer dass sie mir zuhörten und empathisch waren. Das Thema anzusprechen, war jedes Mal schwierig und mit den Wenigsten konnte ich in einen Austausch darüber gehen. Ich überlege mir heute eher, wem ich was erzähle, aus Selbstschutz. Früher war ich da offener. Ich kann

Langfassung des Artikels ist bisher noch nicht veröffentlicht und kann auf Anfrage hier erhalten werden: makoma@gmx.net.

jetzt besser nachvollziehen, wie sich andere Menschen fühlen müssen, wenn sie über Gewalt sprechen, keiner ihnen zuhört und sie nicht ernst genommen werden.

Im Nachhinein ist mir aufgefallen, dass ich Freund*innen während der Beziehung von der Gewalt erzählt habe. Doch keine*r hat damals etwas gesagt, an das ich mich erinnern kann, so etwas wie: »Hör auf – was machst du da?!« Das finde ich bis heute noch bemerkenswert: Keine*r hat sich getraut, eine deutliche Position zu der Gewalt zu beziehen. Das ist enttäuschend. Ich habe die entsprechenden Freund*innen mittlerweile nochmal angesprochen und gefragt, was ich erzählt und wie ich die Beziehung dargestellt habe. Ich habe noch einmal von den Übergriffen berichtet, aber die von mir im Artikel beschriebenen Situationen waren ihnen bekannt. In ihren Augen hatte ich die Geschehnisse aber so dargestellt, als wenn ich damit klarkommen würde. Ich hätte souverän gewirkt und die Situation mit einer Leichtigkeit und Selbstreflexion dargestellt, dass sie nicht auf die Idee gekommen seien, dass etwas nicht stimmen könnte. Außerdem war ich ja der körperlich Stärkere. Dass diese Art des Sprechens über die Gewalt meine Art des Hilferufs war, wussten zu diesem Zeitpunkt weder meine Freund*innen noch ich selbst. Ich habe meine Hilflosigkeit nicht gespürt und diese deshalb auch nicht vermitteln können. Ich würde die Reaktionen meiner Freund*innen auch als Abwehr lesen, um sich nicht mit dem Thema Gewalt und Verletzlichkeit auseinanderzusetzen zu müssen. Mich als souverän in den Gewaltsituation darzustellen, passt zur Wahrung der Männlichkeitsanforderungen und als Schutzfunktion von mir, mich selbst nicht als Betroffener zu sehen.

Einordnung

Ich bin heute erstaunt über mein damaliges Verhalten. Ich habe viel daraus gelernt, vor allem, was für mich gute ›Beziehungen‹ sind. Es hat drei Jahre gedauert, bis ich überhaupt definieren konnte, dass ich Betroffener von partnerschaftlicher Gewalt geworden war.

Ich wollte aus der Beziehung raus und konnte nicht. In meinen Tagebüchern habe ich oft geschrieben, dass ich mehr Raum bräuchte und es mit Jolina nicht mehr aushalten könnte. Und wenn ich jetzt nochmal die Beziehung Revue passieren lasse, kann ich mir nur an den Kopf fassen. Was habe ich da bloß gemacht? Wieso habe ich nicht einfach Schluss gemacht?

Mittlerweile würde ich darauf antworten, dass ich mich gefangen fühlte in der Beziehung: Ich wusste, dass irgendetwas nicht stimmte, und jeder Schritt hin zu mehr Autonomie wurde ihrerseits vor allem mit psychischer Gewalt beantwortet.

Jolinas Verhalten folgte dem Muster eines typischen Gewaltkreislaufes[9]: Es gab einen Streit wegen einer Nichtigkeit, sie wurde sauer und dann folgten physische und/oder emotionale Übergriffe. Danach beruhigte sie sich wieder, entschuldigte sich manchmal, beschwichtigte und alles war gut. Ich versuchte, mich immer mehr anzupassen, machte mich immer kleiner, war deeskalativ und vermied, mir Raum zu geben. Dann staute sich bei ihr wieder Spannung auf und sie wurde wegen einer anderen Nichtigkeit sauer. In dieser Spirale wurde ihr grenzüberschreitendes Verhalten von Mal zu Mal stärker. Neben den konstanten Demütigungen und der Ungewissheit, wann sie wieder einen cholerischen Anfall bekommen würde, war es am schlimmsten, dass sie nicht akzeptierte, wenn ich wegfahren oder meine Grenzen wahren wollte.

Was ich daraus mitnehme sind drei Erkenntnisse: Erstens ist es wichtig, über Beziehungen allgemein und über Gewalt im Allgemeinen zu sprechen. Insbesondere sollte Beziehungsgewalt thematisiert werden, um den Tendenzen, diese zu privatisieren, entgegenzuwirken.

Zweitens möchte ich von Freund*innen angesprochen werden, wenn sie wahrnehmen, dass etwas nicht stimmt. Insbesondere wenn Gewalt im Spiel ist. Um mir das Einlassen auf das Thema Gewalt zu ermöglichen, fände ich selbstreflexive Fragen gut, z.B.: »Ist es in Ordnung, wenn dich jemand schlägt?«, »Wie wünschst du dir eine gleichberechtigte Beziehung und sieht deine Beziehung gerade so aus?«

Drittens habe ich mir vorgenommen, dass ich selbst, wenn ich von Übergriffen mitbekomme, diese deutlich benenne und eine entsprechende kritische Position beziehe. Damit hoffe ich, meinen Teil beizutragen, um die Kultur der Übergriffe, in der wir leben, mehr und mehr abzuschaffen. Gerade in Paar- und Familienkonstellationen passieren sehr viele Übergriffe. Wie sollte sich das je ändern, wenn alle akzeptieren, dass es so ist?

Neben Therapien und Gesprächen mit Freund*innen hat mir die *Männer Radikale Therapie* (MRT) geholfen. Es war gut, zu sprechen, zu weinen

9 Vgl. https://www.woge-goettingen.de/Arbeitsbereiche/Taeterarbeit/Gewaltkreislauf/.

und wütend zu werden. All das, was damals nicht sein durfte, in einem wohlwollenden und nicht wertenden Raum auszuleben. Das hat mir geholfen, zu akzeptieren, dass ich Betroffener von emotionaler und physischer Gewalt bin. Indem ich meine Geschichte anerkenne, gewinne ich meine Handlungsfähigkeit zurück, ich muss weder die Vergangenheit wegschließen noch die Vorfälle bagatellisieren.

Selbstverantwortung

Was folgt für mich aus den Erfahrungen als Betroffener von partnerschaftlicher Gewalt? Die Täterin ist verantwortlich für die ausgeübte Gewalt. Ob und wie sie mit ihrer Verantwortlichkeit umgeht, kann ich nicht sagen, weil wir keinen Kontakt mehr haben. Was ich tun kann, ist für mich zu sorgen und zu schauen, was mir hilft, mit der Betroffenheit umzugehen. Mir geht es um die Verantwortungsübernahme für mein Handeln, meine Gedanken und meine Emotionen. Das heißt, dass ich mich frage, ob das, was gerade passiert, für mich okay ist oder nicht. Zentral ist, einen Umgang mit der Wut zu finden, der konstruktiv ist: Jedes Mal, wenn ich nicht sage, was mich ärgert oder mir nicht passt, staut sich Wut in mir auf. Um damit umzugehen, habe ich Praktiken entwickelt: Essen, Alkohol und Kaffee trinken und Computer spielen. Das sind autoaggressive Verhaltensmuster, die ich gegen mich selbst richte. Auf der anderen Seite will ich die Wut nicht in Form von Gewalt nach außen tragen. Die Wut ist wichtig, um mir anzuzeigen, wo meine Grenzen sind. Sie gibt mir die Kraft, mich für meine Grenzen einzusetzen. Je mehr ich formuliere, was ich will oder nicht, desto eher können Menschen darauf reagieren. Das kann auch heißen, dass ich einen Konflikt auslöse, um auf meine Grenzen zu achten. Eine wichtige Grundlage ist die Motivation, aus der heraus ich handle: Diese sollte im Idealfall Selbstliebe sein und nicht Angst vor der Ablehnung der anderen.

Meine Grenzen deutlich zu machen, hat bereits geholfen. Die Situation aus meiner Schulzeit, als ich den nervigen Jungen in den Mülleimer gesteckt habe, kann dafür als Beispiel dienen. Heute würde ich das nicht mehr tun. Stattdessen würde ich den Dialog suchen, ihn direkt darauf ansprechen und versuchen ihm klarzumachen, dass sein Verhalten nicht in Ordnung ist. Ich würde das im ersten Gespräch so nett wie möglich formulieren, und wenn sich die Übergriffe danach wiederholen, in einem zweiten Gespräch nochmal deutlicher werden. Falls das alles nicht hilft, würde ich mir in einem dritten Schritt Unterstützung suchen. Heute würde ich Jolinas Grenzüberschreitungen schneller und expliziter benennen, das konnte ich damals noch nicht. Dabei ist meine Wut wieder hilfreich: Sie kann mir helfen, mich zu trauen, aus mir herauszukommen und mich für mich einzusetzen. Es ist das Gegenteil von dem, was ich früher oft gemacht habe: mich anpassen und klein machen.

Für mich ist in der Auseinandersetzung mit Gewalt ganz wichtig, einen positiven Umgang mit meiner damaligen Handlungsunfähigkeit und Hilflosigkeit zu finden. Ich habe mich und meine Grenzen damals nicht ernst genug genommen, das kann ich jetzt akzeptieren. Die Betroffenheit beinhaltet, dass ich in aktuellen Beziehungen immer wieder getriggert werde und mich die Auswirkungen der Gewalt noch für längere Zeit in meinem Leben begleiten werden.

Die Diskrepanz zwischen Männlichkeitsanforderungen und Aufarbeitung

Das, was ich im Rahmen der Männlichkeitsanforderungen gelernt habe, stand dem Aufarbeitungsprozess diametral entgegen, denn dafür musste ich verletzlich sein, mich als Betroffener anerkennen und trauern. Das wurde mir und das habe ich mir im Rahmen der geschlechtlichen Sozialisation abtrainiert. Und Verletzlichkeit heißt nicht, alles hinzunehmen und in die Passivität zu gehen, sondern wahrzunehmen, was mir gut tut und was nicht. Das heißt auch, sich die Wut anzuschauen und sie zu leben. Nachdem ich meine Wut ausdrücken konnte, hatten der darunterliegende Schmerz und die Angst die Möglichkeit, sich zu zeigen und zu gehen. Und das ist tatsächlich einer der herausforderndsten Schritte gewesen, mit der Wut auf meine Ex-Partnerin umzugehen. Denn in meiner patriarchatskritischen Haltung bin ich sensibel geworden, was das Ausleben meiner Wut gegenüber FLINT* angeht. Ich möchte der Kritik in feministischen Diskursen Respekt zollen, dass Männer mit ihrer Wut und Aggressivität zu viel Platz einnehmen. Es gibt einen Unterschied zwischen meiner individuellen Betroffenheit von Gewalt und der strukturellen Gewalt, die FLINT* alltäglich erleben. Es ist klar, dass FLINT* auf eine strukturelle Weise von Macht- und Herrschaftsstrukturen und dadurch auch von unterschiedlichen Formen der Gewalt betroffen sind, was in keinem Widerspruch dazu steht, meine individuellen Gewalterfahrung zu benennen und das Handeln der ausübenden Person zu verurteilen. Jolina ist nicht nur Täterin von Gewalt, sondern sie hat mich mit einer potenziellen Diskreditierung in der Stadt und in der linken Szene erpresst. Das widerspricht für mich emanzipatorischen Diskursen und Praxen und ist Machtmissbrauch. Was ich daraus gelernt habe ist, dass jeder Mensch Gewalt ausüben kann. Das ist unabhängig von Privilegien, Diskriminierung, Herkunft, Alter, Geschlecht, Betroffenheit von Gewalt und/oder politischer Einstellung. Eine meiner Antworten, damit umzugehen, war, für meinen Prozess die Verantwortung zu übernehmen. Mit meinem Schmerz umzugehen und nicht die Verantwortung dafür an andere, insbesondere Frauen, abzugeben.

Für meine persönliche Aufarbeitung war es wichtig, mir Plätze für meine Auseinandersetzung zu suchen. Im Rahmen von Therapien und der MRT konnte ich meine eigene Verletzlichkeit wiederentdecken und gleichzeitig für mich und meine Grenzen eintreten, mir selber zuhören und mir meinen Raum erlauben sowie meine Wut in einer konstruktiven Weise ausleben.

Meine Erfahrungen bestätigen das, was ich bereits aus der Geschlechterforschung weiß: Geschlechternormen schränken ein – und zwar alle! Sie erzeugen Holzschnitte und einseitige Bilder davon, wie Menschen zu sein haben, sowohl in der Gesellschaft als auch in mir. Männlichkeitsanforderungen schränken mich auf der individuellen Ebene ein und erzeugen gesellschaftliche Ungerechtigkeiten. In mir wird ein Wertesystem geschaffen, das ich so nicht möchte: Ich soll in Konkurrenz zu anderen als männlich gelesenen Menschen stehen und lerne eine binäre Leseweise von Geschlecht. Das Fiese ist, dass das so selbstverständlich ist, dass es mir oft nicht einmal mehr auffällt. Ohne die einschränkenden Männlichkeitsanforderungen hätte ich vielleicht mehr Zugang zu meinen Gefühlen gehabt, hätte meine Wut und meine Verletzung ernst genommen und sowohl in der Schule als auch in der Beziehung mit Jolina die Möglichkeit gehabt, anders zu handeln und die Gewalt mir gegenüber zu verhindern.

Wie weiter?

Ich möchte auf eine Weise leben, in der Geschlecht keine Ungleichheiten und Hierarchien mehr zwischen mir und anderen schafft. Ich will meine Vielfältigkeit und die der anderen Menschen sehen und wertschätzen können. Durch die Akzeptanz der Vielfalt wird die Welt bunt. Damit sich etwas am Patriarchat ändert, braucht es vor allem bei Männern den Willen zur Veränderung, den Willen, sich der eigenen Verletzlichkeit zu stellen, wie es bell hooks in ihrem Buch *The will to change* so treffend beschreibt: »To heal, men must learn to feel again. They must learn to break the silence.«[10]

Wie soll das gehen? Das steht doch im krassen Widerspruch zu unseren Privilegien und den vorherrschenden → Geschlechtsanforderungen. Vielleicht liegt eine erste Antwort darin, das Dilemma anzuerkennen und produktiv zu nutzen. Ich erkenne an, dass ich sowohl Betroffener von Gewalt bin, als auch gleichzeitig in der Geschlechterhierarchie privilegiert, weil ich als cis-Mann gelesen werde in einer Welt, in der cis Männer den größten Teil der Gewalt gegen FLINT* ausüben. Ich habe Mitgefühl mit mir selbst und habe gleichzeitig im Blick, dass wir in einer Gesellschaft leben, die weiterhin hochgradig ungerecht ist. Diese Differenzierung ist heilsam und macht deutlich, dass ich mehr bin als das mir zugeschriebene Geschlecht oder der Betroffene von Gewalt.

Quellenverzeichnis

bell hooks (2004). *The Will to Change – Men, Masculinity, and Love*. New York: Washington Square Press, 2004

Bola, J.J. (2020): *Sei kein Mann – Warum Männlichkeit ein Albtraum für Jungs ist.* München: Carl Hanser Verlag

Bundeskriminalamt (2019): *Partnerschaftsgewalt Kriminalstatistische Auswertung – Berichtsjahr 2019*; 663852424 https://www.bka.de/SharedDocs/Downloads/DE/Publikationen/JahresberichteUndLagebilder/Partnerschaftsgewalt/Partnerschaftsgewalt_2019.pdf?__blob=publicationFile&v=2 (17.01.2021)

Orenstein, Peggy (2020): *Boys & Sex*. New York: HarperCollins Publisher

10 hooks (2004): 143; »Um zu gesunden, müssen Männer wieder lernen zu fühlen. Sie müssen lernen, das Schweigen zu brechen.« (Freie Übersetzung des Autors).

Bilke Schnibbe

Sprachlosigkeit – Vom Streiten und Nicht-Streiten mit Männern, die gute Verbündete sein wollen

Ich sah mir einmal mit einem Freund zusammen ein Musikvideo von Pietro Lombardi und Kay One an. Es kamen trainierte Typen und halbnackte Frauen vor, die Sonne schien, die Autos waren teuer. Sowas eben. Der Freund wurde im Verlauf der drei Minuten Video immer unruhiger und schließlich sagte er mir, dass er ja nicht gedacht hätte, dass gerade ich so etwas anschauen würde. Ich, die doch gerade durch solche Darstellungen von heißen Weibern und abliefernden Typen, abgewertet werde. Er war nicht direkt wütend, während er das sagte, aber er war sichtlich angefasst, zerknirscht. Ich spürte sofort die Wut in mir aufsteigen, dass er so etwas zu mir sagte. Wir haben versucht zu besprechen, was da gerade zwischen uns passierte, aber es war gar nicht so leicht in Worte zu fassen, was wir beide fühlten und warum. Die Sprachlosigkeit, wenn es darum geht auszuhandeln, ob und inwiefern da gerade → sexistische[1] Dinge in Beziehungen zwischen Männern und mir passieren, begleitet mich schon seit Langem. In diesem Text will ich sie beschreiben und spürbar machen, wie es für mich (und sicher auch viele andere → FLINT*-Personen) ist, in Konflikte mit Männern zu geraten.

Der Freund von mir ist einer von den Guten, das meine ich ganz unironisch: Er versucht sich ernsthaft, auch in therapeutischem Rahmen, mit sich selbst und seiner Angst vor Frauen (und anderen Männern), seinem Scheitern an Männlichkeit und seiner damit zusammenhängenden unterschwelligen Aggressivität auseinanderzusetzen. Dennoch sagt er hin und wieder Dinge zu mir, die mich wütend machen. In dem oben beschriebenen Beispiel brauchte es eine Weile, bis ich verstand, warum

1 Alle mit einem → gekennzeichneten Begriffe werden im Glossar erläutert.

mich sein Kommentar zu meiner Musikvideovorliebe ärgerte. Es kam mir vor, als würde eigentlich er sich erniedrigt fühlen durch die sexy Frauen, die er wohl nie würde haben können, weil er nicht wie Kay One und Pietro Lombardi muskelbepackt im Cabrio vorfährt. Er fühlte sich erniedrigt, weil ihn das Video auf seine mangelnde Männlichkeit hinwies. In dem Video stehen die heißen und damit prestigeträchtigen Frauen auf geile Typen mit Muckis und Autos. Das ist genau die Art Männlichkeit, die mein Freund nicht verkörpert, nicht verkörpern kann und auch nicht verkörpern will. Seinen Ärger darüber, dass er nicht das bekommt, was ihm zusteht, und sein Unbehagen mit der im Video dargestellten Form von Sexualität und Mann-Frau-Beziehungen dichtete er flugs meinem vermeintlich mangelnden → Feminismus an. Er wird passiv-aggressiv wütend auf mich, weil er nicht wirklich sauer auf mich sein kann, weil er, als Feminist, weiß, dass er mich nicht anpöbeln darf. Es ist vertrackt.

Ich will es ganz deutlich sagen: Man kann sich (und mich) natürlich fragen, warum ich als Feministin dieses Video schaue und ob das nicht uncool ist. Mich verletzt es aber, wenn das nur passiert, weil mein Gegenüber eigentlich selbst in seiner Männlichkeit gekränkt ist. So wird mein ›mangelnder Feminismus‹ nur zu dem Geschoss für den eigentlichen Ärger darüber, dass man nicht genug Frauen abkriegt. Das tut mir weh, denn es wertet auch mich ab.

In seiner Wut auf mich steckt auf eine verquere Art eine Anspruchshaltung an Weiber und Sex, die mich auf die Palme bringt. Es steckt das Gefühl darin, einen Anspruch auf Sex mit Frauen zu haben. Es ist schlimm für mich, wenn mir diese Anspruchshaltung aus den Aussagen und dem Verhalten von Männern entgegenspringt, die mir nahestehen. Mir ist klar, das ist unterbewusst und tief eingegraben in das Verhalten meiner Freunde. Und mir ist klar, dass mein Freund daran arbeitet, diese Einstellungen und Verhaltensmuster loszuwerden. Dennoch bleiben sie da und werden es bleiben. Es gibt kein Ende der Auseinandersetzung mit Männlichkeit. Damit ist man nie fertig. Solange ich mit meinem Freund befreundet bin, wird er mir immer wieder wehtun mit seiner Gekränktheit, dass er nicht alle Weiber haben kann. Er wird mir immer wieder zeigen, dass auch er unterbewusst, tief eingegraben in sich, gelernt hat, wo sein und wo mein Platz sein sollte in unserer Gesellschaft. Und es wird immer wieder schwierig sein, das zu besprechen.

Kannst du das nicht netter sagen?!

Solche Gespräche beinhalten nach meiner Erfahrung immer, dass ich eine ziemlich brachiale Kritik an meinem Gegenüber aussprechen muss. »Hey, kann es sein, dass du irgendwo in dir davon ausgehst, dass Frauen dir Sex/Aufmerksamkeit/Zuneigung/Unterordnung/Anerkennung schulden und dass du sehr gekränkt bist, wenn du das nichts kriegst, obwohl du doch so nett bist?« Wie soll ich das einem guten Freund verklickern, ohne dass er zumacht, wütend wird oder sich zumindest von mir entfernt?

Das würde wohl nur klappen, wenn ich mir sehr viel Mühe geben würde, einfühlsam, offen und annehmend zu formulieren, quasi wie eine verständnisvolle Vogelmami. In der Situation, die ich oben beschrieben habe und in der ich mich öfter wiederfinde, bin ich allerdings verletzt und wütend. Manchmal hasse ich in dieser Situation einfach alles, die ganze scheiß unfaire Welt. Warum zur Hölle bin ich mit meinem Körper, mit meiner potenziellen Weiblichkeit, mit meiner potenziellen Fickbarkeit, der Gradmesser für Männer-Egos landauf, landab. Wieso bin ich durch meinen Körper automatisch der Sextrash, auf den jeder Typ seine scheiternde Männlichkeit projizieren darf. Es ist zum Ausrasten, aber eigentlich ist es vor allem todtraurig. Das ist sicher nicht die Stimmung, in der ich meinen Freund trösten will und kann.

Um verstanden zu werden, müsste ich meinen Schmerz, meinen Ärger meine Trauer, runterschlucken und strategisch versuchen, möglichst sanft und liebevoll eine Kritik auszusprechen, die meinem Gegenüber durch Mark und Bein gehen muss, wenn sie ernst genommen wird. Wenn ich so ehrlich wäre, wie ich es mir wünsche, würde es ihm wehtun. Er müsste einsehen, wie abwertend er mit mir, einer ihm sehr nahestehenden Person, zeitweise umgeht, damit wir diesen Konflikt lösen können, ohne dass er sich oder ich mich zurückziehe. Das ist ein Dilemma. Viele kritische Männer nehmen sich ernsthaft vor, an sich zu arbeiten. Aber sie scheitern an der mangelnden Fähigkeit, Kritik aushalten zu können, ohne vor der kritisierenden Person Reißaus zu nehmen. Ich wünsche mir von Herzen, dass ich mehr Raum für meine Gefühle bekommen könnte und dass meine männlichen Gegenüber weniger ängstlich werden. Auch wenn es schwer ist, eine harte Kritik anzunehmen. Es ist, denke ich, ein wichtiger Punkt, um aus der Sprachlosigkeit herauszukommen.

Geltungsdrang, Anspruchshaltung und Abschiede

Ich habe mittlerweile einige männliche Freunde aus meinem Leben verabschiedet, weil sie meine Kritik an ihrer Anspruchshaltung gegenüber Frauen und auch mir gegenüber nicht verstanden haben. Dabei ging es nicht nur darum, dass diese Männer dachten, dass sie einen Anspruch auf meinen Körper haben. Vielmehr noch habe ich mit verschiedenen Männern in verschiedenen Kontexten die Erfahrung gemacht, dass sie einen Anspruch auf meine Unterordnung und Unterstützung erheben. Das passierte mir sowohl in romantischen, freundschaftlichen als auch in beruflichen Kontexten. Das waren (und sind) Männer, die ich sehr schätz(t)e.

Zu bemerken, wie tief selbst bei Männern, die ich mag, die Idee steckt, ein Anrecht auf Aufmerksamkeit, Körper, Geld und Unterstützung von Frauen zu haben, macht mich unfassbar traurig. In diesem Text will ich deshalb auch über die Trauer sprechen, immer wieder Menschen aufzugeben, aufgeben zu müssen, die an diesem Punkt an die Grenze ihrer Reflexions- und Veränderungsfähigkeit stoßen. Die es nicht hinkriegen (können), Verantwortung für ihr Verhalten zu übernehmen, weil sie es nicht einmal verstehen können. Ich will über meine Beobachtung sprechen, dass gerade Männer, die merken, dass auch sie darunter leiden ein ›richtiger Mann‹ sein zu müssen, Schwierigkeiten haben, sich solidarisch mit Frauen zu verhalten, von denen sie kritisiert werden.

Gerade für den letzten Punkt habe ich viele Beispiele. Männer in Politgruppen und im journalistischen Kontext, die mich lange förderten, nicht ohne zu betonen, wie wichtig es ist, auch FLINT*-Personen sichtbar zu machen. Nur um dann später an meinen Kritiken an ihrem Geltungsdrang massiven Anstoß zu nehmen. Ab dann war ich nicht mehr die coole Journalistin, sondern die streitsüchtige, schwierige Kollegin. Oder der Dude, der in einer Punkband spielte und mir erzählte, dass er Rap-Songs über sexuelle Gewalt nicht mehr hören könne. Das sei ihm zu krass. Er wurde mir gegenüber sexuell übergriffig. Auf meine eher harmlos formulierte Kritik an seinem Verhalten reagierte er mit reumütigen Nachfragen, was er nun tun solle. Oder der ältere Typ, der in seinen Vorträgen Männlichkeitsideale kritisiert und mir gegenüber damit prahlte, wie er einen weiblichen Fan nach einem Vortrag mit auf sein Hotelzimmer genommen hatte. Auf meine Kritik daran sagte er, sie hätten aber nur geknutscht.

Allen diesen Situationen ist gemeinsam, dass meine kritischen Nachfragen bei meinen Gegenübern eine schwankende Mischung aus Angst vor mir und Aggression gegen mich auslösten. Jeder dieser Männer, wie auch mein Freund im ersten Beispiel, hat mir im Verlauf unserer Gespräche an irgendeinem Punkt gesagt, dass sie Angst vor mir hätten oder eingeschüchtert seien. Dass sie auch wütend auf mich waren, war nur aus ihren Handlungen, ihrer Gestik und Mimik abzulesen. Das zuzugeben, war ihnen nicht möglich. Einige wurden lauter, einige sprachen hinter meinem Rücken schlecht über mich und wieder andere reagierten auf meine Versuche, zu klären, was passiert war, mit passiv-aggressivem Mauern und Rückzug. All das passierte zwischen uns, ohne dass es angesprochen werden konnte. Auf der Oberfläche waren diese Männer immer kooperativ, aufgeschlossen, bereit, an sich zu arbeiten, unterbewusst waren sie sauer auf mich, hatten Angst vor mir und blockierten ein gemeinsames Vorankommen. Und auf dieser Ebene einen Fuß in die Tür zu kriegen, das ist nicht einfach. Und oft habe ich freundschaftliche/romantische/professionelle Beziehungen mit Männern beendet oder sie wurden von diesen Männern beendet, weil ich nicht lockergelassen habe. Angst und Ärger ist keine Basis für eine enge Beziehung. Es blieb und bleibt mir die Wahl: Leute ziehen lassen oder eben Verantwortung übernehmen dafür, dass Männer mit Kritik an ihrem Platzhirsch- und Frauenheldgehabe nicht umgehen können.

Nicht ich, die anderen

Insbesondere ›linke‹ oder ›aufgeklärte‹ Männer vertragen es schlecht, auf diese Weise kritisiert zu werden. Es ist bequem, sich zu sagen: Die anderen sind sexistisch, aber ich bin ja feministisch, links, linksliberal, gebildet, aufgeklärt, kein Proll, eben keiner ›von denen‹. Ich sehe vor meinem inneren Auge, wie ihr diese Zeilen lest und in eurem Hirn kramt, ob ihr wohl schon einmal sowas gedacht habt. In der Diskussion um sexistisches Verhalten und →Privilegien steht für kritische Männer viel auf dem Spiel und es ist wichtig, keiner von ›den Arschlöchern‹ zu sein. Gerade diese Angst vor Verurteilung macht es so schwierig, sexistisches Verhalten zu kritisieren. Dabei ist es absolut unrealistisch, dass ihr nicht sexistisch handelt.

Es nützt nichts, immer und immer wieder die Schuld an eigenem Fehlverhalten abwehren und kleinreden zu wollen. Ihr müsst euch als Männer immer zu Männlichkeitsidealen verhalten. Genauso wie ich mich immer zu

Weiblichkeitsidealen werde verhalten müssen. Auch wenn man das alles als einzelne Person scheiße findet, das ganze Geschlechtersystem funktioniert trotzdem immer noch so. Andere Männer mit mehr Muskeln werden euch weiterhin auslachen und Frauen werden weiterhin Angst vor euch haben, wenn ihr ihnen nachts alleine auf der Straße begegnet. Man kann (leider) nicht einfach aussteigen. Alle können sich nur dem Schmerz stellen, dass sie da nicht rauskommen werden. Als Mann heißt das, einzusehen, dass man Menschen wehtut, weil man Arschlochsachen macht. Man muss sich und anderen eingestehen, dass man aggressiv wird, wenn eine Frau mehr erreicht als man selbst. Dass man wütend wird, wenn man keinen Sex von einer Frau bekommt. Dass man eine Frau dafür ablehnt, dass sie Kay One und Pietro Lombardi lustig findet. Dass man eine Freundin scheiße findet, die einen berechtigterweise für sexistisches Verhalten kritisiert. Ich weiß, ihr wollt das nicht, aber ihr tut solche Dinge. Der einzige Weg aus diesem Dilemma ist es, weich zu werden, die Mauer abzubauen und den FLINT* um euch herum die Möglichkeit zu geben, euch zu kritisieren und mit euch gemeinsam an diesen Problemen zu arbeiten.

Ich glaube, es ist als Mann nicht leicht, diesen Text an sich heranzulassen. Ich wünsche mir sehr, dass meine Worte nicht als Übertreibung abgetan werden. Ich wünsche mir auch, dass Menschen, die diese Worte ernstnehmen, nicht aus Schuldgefühlen oder dem Gefühl, ›wie schrecklich das alles ist‹, in Aktionismus verfallen, der nach kurzer Zeit verpufft. Ja, es ist scheiße, aber nachhaltige Veränderung und antisexistisches Handeln bedeutet kontinuierliche, mühselige, schmerzhafte Arbeit an sich selbst. Es klingt komisch, aber es wäre mir lieber, wenn ihr innehaltet und nachdenkt, wenn ihr nach euren Problemen mit Nähe zu Menschen, insbesondere Frauen, forscht. Ich wünsche mir, dass ihr lest und dass ihr den Frauen, die euch nahestehen zuhört, dass ihr ihnen gestattet, euch zu spiegeln, wo ihr es nicht hinkriegt, solidarisch zu sein. Ich wünsche mir, dass ihr nicht unter der Kritik an euren Aggressionen, an eurer Kälte, an eurer Nicht-Verantwortungsübernahme zusammenklappt, sondern dass ihr euch verletzlich machen könnt. Das ist nicht leicht. Ich hoffe in diesem Sinne, dass ihr, wenn ihr meinen Text als überheblich, selbstgerecht, scheiße empfindet, in euch horchen könnt, woher das Gefühl kommt. Ich wünsche mir, dass Männer im Umgang mit mir ein Bewusstsein dafür entwickeln, dass ihre Wut auf mich nicht heißt, dass ich eine Bitch bin. Sondern dass sie es vielleicht heimlich frech finden, von einer FLINT*-Personen gespiegelt und kritisiert zu werden, weil ich eigentlich laut Geschlechterhierarchie das Maul halten müsste. Ich wünsche mir, dass ich verzweifelt über meine Position in der Welt sein kann, ohne dass meine männlichen Freunde vor mir wegrennen müssen.

Sich immer weiter selbst befragen

In meinem Leben gibt es nur noch diesen einen Freund, mit dem ich bereit bin, daran zu arbeiten, wenn er sich mir gegenüber sexistisch abwertend und aggressiv verhält. Damit meine ich Situationen wie die mit dem Musikvideo. Ich habe in dieser Freund*innenschaft gelernt, wie viel Nähe und Vertrauen entsteht, wenn man einander zugesteht, Gefühle offen zu verhandeln. Ich glaube, diese Nähe und die Angst, die Männer vor dieser Nähe mit Frauen oder FLINT* haben, ist eine Ursache der Sprachlosigkeit, von der ich hier schreibe. Sich zu öffnen und zu reden, würde bedeuten, sich von der anderen Person abhängig zu machen und ihr (Deutungs-)Macht über die eigene Gefühlswelt zu geben. Man müsste vertrauen, man müsste sich hingeben, man müsste Kontrolle abgeben. Männlichkeit beinhaltet aber nun mal auch den Zwang, unabhängig zu bleiben, dominant gegenüber Frauen zu sein. Hingabe, Vertrauen, Nähe und männlich sein, das steht in einem Widerspruch. Das ist eine Barriere, die verhindert, dass Männer sich feministischen Kritiken an ihrem Verhalten öffnen können. Weil es bedeutet, sich einer Frau auszuliefern und sich abhängig zu machen. Und das ist viel zu beängstigend. Der Inbegriff des Kontrollverlustes.

Ich mache mich meinem Freund gegenüber verletzlich, indem ich ihm gestatte, mit mir ehrlich zu sein, was seine abwertenden Impulse Frauen und mir gegenüber angeht. Er traut sich (manchmal), mir gegenüber seine Gefühle zu äußern. Wir sind dadurch schon intensiv aneinandergeraten. Gleichzeitig sind wir uns dadurch nah und ich würde sagen, ein nicht unwesentlicher Teil meiner Zuneigung und meiner Liebe für diesen Menschen rührt daher, dass wir diese Kämpfe ausfechten. Dafür hat es Übung, Therapie, eine lange gemeinsame Geschichte und den Willen zum konstanten Selbstzweifel gebraucht. Ich wünsche euch, dass ihr die Fähigkeit findet, euch selbst gegenüber immer weiter skeptisch und für Kritik bereit zu sein.

Teil drei: **Ändern**

Ulla Wittenzellner

Boy meets Girl – Kritisches Vorwärtsstolpern in Heterobeziehungen

1. Heterobeziehungen mit cis Männern

Als Feministin denke ich mir ja, es gibt doch wirklich keinen guten Grund, Liebesbeziehungen mit →cis[1] Männern zu führen. Ich könnte mir eine Menge ersparen. Na ja. Jetzt bin ich aber nunmal größtenteils hetero und habe bisher alle langen Liebesbeziehungen mit cis Männern geführt. Es scheint etwas zu geben, was mich an Männern und Männlichkeit[2] anzieht. Gleichzeitig gibt es vieles, was mich aus politischen und persönlichen Gründen anstrengt, aufregt, beschäftigt, verletzt, nervt ...

Über die problematischen Seiten von Männlichkeit und wie sie sich in unseren Liebesbeziehungen zeigen, habe ich viel mit Freund*innen gesprochen.[3] So viel, dass mir die These kam, eine soziale und feministische Revolution wäre längst geschafft, wenn wir nicht ständig unsere Kapazitäten und Ressourcen darauf verschwenden würden, uns mit und über Liebesbeziehungen zu cis Männern auseinanderzusetzen. Das Reden mit

---

1 Alle mit einem → gekennzeichneten Begriffe werden im Glossar erläutert.

2 Männlichkeit verstehe ich grundsätzlich als gesellschaftliche Vorstellungen und Bilder, ein ›(kulturelles) Muster‹ (Debus & Stuve, 2012, S. 44), wie ein Junge, ein Mann sein sollte. Weiblichkeit verstehe ich äquivalent als Muster, wie ein Mädchen, eine Frau sein sollte. Mit diesen Bildern müssen sich alle Jungen/Männer, Mädchen/Frauen und alle anderen auseinandersetzen, wenn sie als ›richtiger‹ Junge/Mann bzw. als ›richtige/s‹ Mädchen/Frau anerkannt werden wollen. Sie treten ihnen als Anforderungen und Verlockungen entgegen, mit denen individuell sehr unterschiedlich umgegangen wird. Sie können abgelehnt, ihnen kann nachgeeifert und/oder sie können je unterschiedlich erfüllt werden. Das heißt nicht, dass alle Jungen/Männer oder Mädchen/Frauen diesem Bild entsprechen (wollen oder können). Wer Anforderungen nicht erfüllen kann oder will, ist jedoch häufig mit Abwertung konfrontiert.

3 Dieser Text, die Gedanken und Ideen darin sind nicht nur meinem Kopf entsprungen. Wie eigentlich immer entstehen und entwickeln sie sich im Austausch, durch die klugen Anmerkungen und Gedanken meiner Freund*innen, Kolleg*innen und (Ex-)Beziehungspartner. Vielen Dank an euch alle!

meinen Freund*innen hat mich dennoch in erster Linie weitergebracht. Für mich war besonders die Erkenntnis wichtig, dass viele meiner Erfahrungen keine individuellen und einzigartigen Merkmale meiner Liebesbeziehungen oder meiner Partner sind, sondern von vielen meiner heterosexuellen Freundinnen geteilt werden. Ich habe realisiert, dass hinter meinen Erfahrungen Strukturen und Muster stehen, die mit Geschlechterhierarchien, mit Männlichkeiten und Weiblichkeiten zusammenhängen. Erst durch diese Gespräche konnte ich aus der Vorstellung heraustreten, Ungleichheit in meinen Beziehungen und die gesamte Beziehungsdynamik seien in erster Linie von mir abhängig oder allein durch mich veränderbar (Wenn ich nur geduldig genug bin, wird sich die Person schon öffnen und Worte finden …), und sie im Gegenteil als einen Kernbestandteil der (Geschlechter-)Dynamiken in heterosexuellen Liebesbeziehungen verstehen.

> »In ihrer gegenwärtigen Form basiert die Heterosexualität auf Geschlechterunterschieden, die zumeist als Ungleichheit zwischen den Geschlechtern funktionieren; die Heterosexualität organisiert diese Ungleichheiten in einem emotionalen System, das die Verantwortung für den Erfolg oder Misserfolg von Beziehungen der individuellen Psyche aufbürdet, und zwar vor allem jener der Frau.«[4]

In heterosexuellen Liebesbeziehungen[5] werden Geschlechterhierarchien und Geschlechterdynamiken für mich besonders sichtbar und spürbar. Nirgends sonst treten mir Männlichkeit und das Zusammenspiel mit Weiblichkeit so eindringlich entgegen, da ich hier einen besonders intensiven, emotionalen, körperlichen, verbalen und handelnden Bezug zu Männern habe. In Beziehungen begegnen sich zwar immer Individuen mit ihren jeweils einzigartigen Hintergründen, Erfahrungen und Handlungsstrategien, dennoch sind viele dieser Erfahrungen und Strategien vergeschlechtlicht.

Es geht mir in diesem Text darum, die Muster und Strukturen in und hinter den Herangehensweisen in meinen Liebesbeziehungen zu betrachten. Welche Rolle spielen Männlichkeit und Weiblichkeit in meinen Liebesbeziehungen? Und das Zusammenspiel dieser vermeintlichen Gegensätze? Die Art und Weise, wie ich auf Geschlechterdynamiken blicke, ist dabei

---

4 Illouz, 2019, S. 29 f.

5 Meine Erfahrungen basieren auf Heterobeziehungen zwischen cis Menschen. Wenn ich im Folgenden von Liebesbeziehungen spreche, meine ich damit heterosexuelle Liebesbeziehungen. Meine Beziehungen waren bisher immer offene, teilweise Polybeziehungen.

stark geprägt durch meine theoretischen Auseinandersetzungen unter anderem im Rahmen meiner Lohnarbeit als Forscherin und Fortbildnerin zu Themen um Geschlechterverhältnisse.

Dieser Text beruht außerdem auf dem Weiterdenken eines Zines, in dem eine Freundin und ich 2016 unsere Auseinandersetzung niederschrieben: »Können wir jetzt über was anderes reden? – Unsere Erfahrungen in Beziehungen mit cis-Männern«[6]. Ich werde im Folgenden immer wieder Passagen und Gedanken aus unserer damaligen Auseinandersetzung aufgreifen. Alle Zitate stammen also, sofern sie nicht anders gekennzeichnet sind, aus diesem Zine.

2. Männlichkeit ohne Weiblichkeit?

In meiner anfänglichen Auseinandersetzung sah ich Männlichkeit häufig als Hauptgrund und Problem für Schwierigkeiten in Beziehungen:

> »In unseren Freund_innenkreisen und in unseren Hetero-Liebesbeziehungen machen wir sehr ähnliche Beobachtungen wer Beziehungsarbeit übernimmt. Eine unserer Hauptbeobachtungen ist, dass viele unserer cismännlichen Freunde sich dabei nicht mit besonderem Elan hervortun.«

Diese Beobachtung, dass bestimmte Geschlechterstereotypen und -sozialisationen weiterhin gelten und in Liebesbeziehungen zu anstrengenden und nervigen Dynamiken führen, ist nicht neu, aber leider immer noch aktuell. Tatsächlich habe ich viel Zeit in meinen Beziehungen darauf verwendet, die emotionale und Beziehungsarbeit quasi allein zu übernehmen. Es war mir überlassen, Probleme anzusprechen, Sorge und Emotionen auszudrücken und meine Partner darin zu unterstützen, Worte für ihre Gefühle zu finden (mehr als »gut«, »schlecht« und »müde« war in deren Repertoire selten verfügbar). Diese Unfähigkeit, Gefühle zu erkennen, zu benennen und in Auseinandersetzung darüber zu treten, schreibe ich

6 Das Zine, auf dessen Grundlage dieser Text entstand, geht stärker als dieser Text auf konkrete Situationen und Verhaltensweisen von cis Männern in Beziehungen (nicht nur Liebesbeziehungen) ein. Verlinkt ist es auf queertopia.blogsport.de (vielen Dank dafür!) http://queertopia.blogsport.de/images/ZineKoennenwirjetztueberwasanderesreden.pdf

männlicher Sozialisation zu (mehr dazu später).[7] Allerdings habe auch ich meinen Part in dieser Dynamik.

Denn Männlichkeit muss immer in Relation zu Weiblichkeit gesehen werden. Ein häufiger Fehler der kritischen Auseinandersetzung mit Männlichkeit ist, dass sie die Wechselwirkung mit Weiblichkeit außen vor lässt. In der Auseinandersetzung mit Männlichkeit passiert es leicht, dass Weiblichkeit ganz aus dem Blick gerät. Das Unsichtbarmachen von Weiblichkeit (und von Frauen und allen nicht-binären Personen) ist Teil einer patriarchalen, sexistischen Struktur, die auch vor dem emanzipatorischen Bemühen um Reflexion von Männlichkeit nicht Halt macht. Ein zentrales Merkmal vieler – besonders traditioneller – Männlichkeiten ist die Differenz zu Weiblichkeit. Was als weiblich gilt, wird abgewertet. Einerseits, indem Frauen abgewertet werden, ebenso aber, indem Männern, die weiblich markierte Eigenschaften, Verhaltensweisen oder Vorlieben an den Tag legen, ihre Männlichkeit abgesprochen wird. Zum Beispiel werden Männer, die weinen (außer beim Fußball) oder die sich schminken (außer beim Karneval) abgewertet. Alles, was als weiblich gilt, dürfen Männer nicht machen/mögen/sein. Dazugehört auch, Männer zu begehren. Schwule Männer werden abgewertet. Um Männlichkeit und Geschlechterverhältnisse zu verstehen, müssen also Weiblichkeit und Männlichkeit in ihrem Bezug zueinander betrachtet werden.

3. Moderne Frauen, moderne Männer, moderne Beziehungen?

In den letzten Jahrzehnten haben sich die Bilder von Weiblichkeit und die Anforderungen im Katalog von Weiblichkeit massiv verändert. Heute finden auch viele ehemalige Männlichkeitsanforderungen einen Platz in modernen Weiblichkeitsanforderungen.

In unten stehender Tabelle habe ich traditionelle Weiblichkeitsanforderungen in der linken Spalte und moderne Weiblichkeitsanforderungen auf der rechten Seite eingetragen. Dies ist keine vollständige Aufzählung. Vielmehr möchte ich hier deutlich machen, dass moderne Anforderungen häufig ehemals als männlich geltenden Verhaltensweisen und Eigenschaften

7 Interessanterweise hat eine meiner (nicht deutschen) Affären diese Eigenschaft auch als besonders deutsch beschrieben und die Ursache in einer Kultur der Härte und Autonomie in Deutschland gesucht. Das werde ich wohl weiter erforschen ☺.

entsprechen. Das Pluszeichen vor den modernen Anforderungen soll bedeuten, dass diese modernen Anforderungen die traditionellen nicht etwa ersetzt haben, sondern *zusätzlich* zu erfüllen sind.

Traditionelle und moderne Weiblichkeitsanforderungen

Traditionell	+ Modern
Beziehungsorientiert	+ Karriereorientiert
Emotional kompetent	+ Cool
Sorgend/Umsorgend	+ Selbstwirksam
Schön	+ Sexy
Schwach/Abhängig	+ Stark/nicht bedürftig
Wille zur Mutterschaft	+ Sexuell aktiv, Spaß am Sex
Heterosexuell	+ Beliebt bei Frauen, begehrt bei Männern
Als ›weiblich‹ geltende Interessen, z.B. Mode, Kochen, Beziehung …	+ Z.B. Sex, Fitness, Sport …

Was bedeutet das für Männlichkeitsanforderungen? Wenn sich Männlichkeit immer im Verhältnis und in Abgrenzung zu Weiblichkeit befindet, was macht der Wandel von Weiblichkeitsbildern dann mit Bildern von Männlichkeit?

Seit einigen Jahren scheinen sich zwei verschiedene, quasi gegenläufige Entwicklungen in Männlichkeitsbildern zu zeigen. Einerseits eine Beschwörung (vermeintlich) klassischer, traditioneller Männlichkeiten, die →sexistisch und →homofeindlich, immer stark und hart sind, wehrhaft und durchsetzungsfähig.

Für mich interessant ist die zweite Entwicklung in Männlichkeitsbildern. Ich möchte sie – angelehnt an moderne Weiblichkeit – moderne Männlichkeit[8] nennen. Hierbei handelt es sich um Vorstellungen von Männlichkeit, die ehemals als weiblich geltende Eigenschaften und Verhaltensweisen einbeziehen und ein modernes, weniger eindimensionales Bild von Männlichkeit und Männern entwickeln (wollen). Hier könnten auf der Modern-Seite der Tabelle zum Beispiel Fürsorglichkeit, Beziehungsfähigkeit, Zärtlichkeit, emotionale Kompetenz usw. stehen. Wichtig ist hierbei, zu sehen, dass dies weiterhin keine Anforderungen sind, die prinzipiell wichtig sind, um Aner-

8 Ich beziehe mich hier nicht auf existierende Konzepte moderner Männlichkeit, *Caring Masculinities* usw. Die Wortwahl gilt nur für diesen Artikel und ist durch die Anlehnung an ›moderne Weiblichkeit‹ bestimmt.

kennung *als Mann* zu erfahren. Männlichkeit erfordert diese Kompetenzen nicht. Männer, die fürsorglich sind, bekommen viel Zuspruch dafür. Zum Beispiel erzählen meine Freunde, dass sie für die Übernahme von Sorgetätigkeiten (Abwaschen, sich um Kinder kümmern, sich um Freund*innen und Familie kümmern, aufmerksam sein usw.) viel Aufmerksamkeit und positive Bestätigung erhalten – häufig von Frauen[9]. Werden die gleichen Tätigkeiten von Frauen ausgeführt, gilt das als Selbstverständlichkeit. Übernehmen Männer diese Arbeiten nicht, gefährdet das ihre gesellschaftliche Rolle aber in keiner Weise. Eine Form der Allzuständigkeit, wie sie bei Weiblichkeit derzeit besteht, gibt es hier also nicht.

Die Männer, mit denen ich Liebesbeziehungen führ(t)e, sind Männer, die sich als links und (pro)feministisch verstehen. Sie versuchen, ihre Rolle und ihre Verhaltensweisen in patriarchalen Verhältnissen zu reflektieren und Geschlechterhierarchien abzubauen.

Na, dann ist ja alles gut, oder? Moderne Frauen, die jetzt alles machen können, moderne Männer, die sich um alles mit kümmern, das muss doch die perfekte Beziehung ergeben!

Nun, ganz so einfach ist es, zumindest meiner Erfahrung nach, nicht.

4. Beharrliche Rollen

Trotz der Übernahme einiger Verhaltensweisen, die ehemals als ›typisch männlich‹ oder ›typisch weiblich‹ galten, sind nicht plötzlich alle gleich oder gelten nicht plötzlich die gleichen Anforderungen für alle Geschlechter. Zentral für (auch moderne!) Männlichkeit ist weiterhin Souveränität, die häufig über Dominanz und Kontrolle sowie die Abwesenheit von Schmerz und Ohnmacht hergestellt wird. Männlichkeit wird weiterhin – zumindest war es bei meinen Beziehungspartnern (und cismännlichen Freunden) so – durch jene wichtigen Momente der Sozialisationserfahrung erworben, in denen sie lernen, eigene und fremde Grenzen zu missachten, in denen dem Zeigen von Gefühlen mit Abwertung begegnet wird usw.

> »Unsere cismännlichen Freunde haben gelernt, die eigenen Gefühle nicht zuzulassen oder gar zu äußern und emotionale Arbeit und einen Großteil anderer

9 Männlichkeit wird häufig durch die Anerkennung und Akzeptanz durch andere Männer bestätigt. Das heißt nicht, dass die Anerkennung durch Frauen und andere Menschen unwichtig wäre. Das Bestehen als Mann vor anderen Männern ist aber besonders wichtig.

> Care-Arbeit Frauen zu überlassen. Michael Messner beschreibt in seinem Modell zu Männlichkeiten neben den Privilegien, von denen (cis) Männer profitieren, auch Kosten, die männliche Sozialisation mit sich bringt. Gefühle nicht wahrzunehmen und zuzulassen ist ein Punkt, den er unter diese Kosten subsumiert. Messner sagt:
> ›The promise of public status and masculine privilege comes with a price tag: Often, men pay with poor health, shorter lives, emotionally shallow relationships, and less time to spend with loved ones.‹«[10 11]

In unserem Zine haben wir vor allem diese Seite von Männlichkeit betont, mit der ich auch heute noch konfrontiert bin. Auch die modernen Männer, mit denen ich zu tun habe, sind durch diese Geschlechterschule gegangen und haben mit den Folgen zu kämpfen. Ein wichtiger Teil der Reflexion und Auseinandersetzung meiner Beziehungspartner ist, sich den Zugang zur eigenen Emotionalität und die Fähigkeit der Kommunikation darüber zurückzuerobern. Einer meiner Partner hat über Jahre seinen Gefühlszustand allein dem Wetter zugeschrieben (typischer Gesprächsverlauf: »Wie geht's dir?« – »Ah, nicht so.« – »Oh, was ist los?« – »Weiß nicht, regnet, nicht so geil.«). Scheinbar war das einfacher, als sich damit auseinanderzusetzen, von seinem Umfeld, seiner Vergangenheit und, ja, seiner Beziehung emotional berührt zu sein, abhängig zu sein.

> »Die von Messner beschriebenen Kosten tragen cis Männer aber nicht alleine. Wir Frauen tragen fleißig mit. Wenn wir etwas anderes als ›emotionally shallow relationships‹ (emotional oberflächliche Beziehungen) mit cis Männern haben wollen, müssen wir viel dafür tun: eben Beziehungsarbeit leisten.«

Die Struktur, die sich daraus – und den komplementären Weiblichkeitsanforderungen – ergibt, identifizierten wir so:

> »Vielen unserer cismännlichen Freunde fällt es schwer – oder sie sehen die Notwendigkeit nicht –, Emotionales von sich aus anzusprechen oder auf bereits Angesprochenes zurückzukommen. Das System funktioniert gut. Viele cis Frauen haben seit frühester Kindheit gelernt, Emo-Arbeit zu machen. Sie

---

10 »Das Versprechen von gesellschaftlichem Status und männlichen Privilegien bringt Kosten mit sich: Männer bezahlen mit schwacher Gesundheit, kürzerer Lebenserwartung, emotional oberflächlichen Beziehungen und weniger Zeit mit ihren Lieben« (Übersetzung d. A.).

11 Messner, 2000, S. 6

sind gut darin, zuzuhören, anzusprechen, aufmerksam zu sein, Emotionales in Worte zu fassen, Trost und Zuneigung zu spenden, verständnisvoll zu sein und so weiter. Das sind tolle Skills! Problematisch ist aber die Konstellation, dass sich cis Männer darauf ausruhen können, dass ihr Freundinnenkreis (oder ihre Partnerin) die Emo-Arbeit für sie übernimmt. Das nervt uns, da wir auch gerne umsorgt, bedacht, gefragt, gehört werden möchten und nicht der Großteil der Beziehungsarbeit auf unseren Schultern lasten soll.«[12]

Neben der erlernten Rolle, Beziehungsarbeit zu übernehmen und auch übernehmen zu wollen, steckt aber noch eine andere Anforderung in dieser Dynamik, die ich als eine der Hauptanforderung an Weiblichkeit ansehe: in Liebesbeziehung sein. Für Frauen besteht auch heute noch ein wesentlich größerer Druck, eine Liebesbeziehung zu führen, als für Männer.[13] Frauen erfahren Bestätigung in erster Linie in (heterosexuellen) Liebesbeziehungen, also als Anerkennung durch Männer. Liv Strömquist beschreibt in ihrem famosen Buch *Der Ursprung der Liebe* (2018), dass dies ein zentraler Motor für Frauen sei, sich überhaupt in Beziehungen zu begeben, obwohl es ihnen emotional ohne Liebesbeziehungen eigentlich besser ginge. Der Wunsch nach anhaltenden Liebesbeziehungen mag zwar auch bei Männern stark sein, die gesellschaftliche Stigmatisierung der Unzulänglichkeit, wenn keine Liebesbeziehung besteht, ist aber nicht vergleichbar.[14] Keine Liebesbeziehung zu führen, widerspricht – ab einem gewissen Alter – fundamental den Weiblichkeitsanforderungen. Zusätzlich fehlt es an positiven gesellschaftlichen (oder subkulturellen) Bildern, wie Frauen ohne Liebesbeziehung alt werden können.[15]

---

12 Eine gute Freundin hat mich auf einen weiteren Gedanken aus *Der Ursprung der Liebe* von Liv Strömquist hingewiesen. Ich möchte sie an dieser Stelle direkt zitieren: »Ich finde ja die These sehr interessant, dass Männer überhaupt nur ›frei‹, karriereorientiert, autonom etc. sein können, WEIL Frauen zu Hause die Beziehungsarbeit machen, ihnen eine emotionale Basis bieten usw. Dass Männer gelernt haben, genau das abzulehnen und sich davon befreien zu wollen, und gleichzeitig darauf angewiesen sind, um ihre Souveränität herzustellen.«

13 für Hintergründe und Analyseansätze vgl. z.B. Illouz 2012.

14 Auch viele Männer erleben eine Verunsicherung und eine Leerstelle, wenn sie keine Liebesbeziehung haben. Auch Männer sehnen sich nach (langfristigen) Liebesbeziehungen. Die gesellschaftliche Abwertung, wenn sie eine solche nicht haben, ist allerdings eine andere.

15 Ich habe die Vorstellung, wenn ich alt bin mit meinen Freund*innen in einer WG zu wohnen, gemeinsam zu kochen und uns zu umsorgen (und einen Schaukelstuhl auf einer schönen Terrasse zu haben und guten Whiskey zu trinken). Es hat mich

Die zentrale Anforderung, in einer Liebesbeziehung zu sein, wirkt auf mich. Trotz allen Widerstands und aller Reflexion über deren patriarchalen Kern merke ich deutlich die Erleichterung, die ich erfahre, wenn ich in einer Liebesbeziehung bin. Diese Erleichterung kommt nicht aus der Beziehung selbst. Eine meiner Liebesbeziehungen war in weiten Teilen schrecklich. Ich war noch nie einsamer als in dieser Beziehung und habe nie stärker an mir und meinem Selbstwert gezweifelt. Trotzdem verschaffte mir die Tatsache des In-Beziehung-Seins an sich enorme Erleichterung. Wovon? Von der permanent angetragenen und internalisierten Anforderung, salopp gesagt, keine alte Jungfer zu werden.[16]

Was kommt hier also zusammen?

Zum einen ein Machtungleichgewicht, eine Weiterführung patriarchaler Strukturen, in denen Frauen weiterhin stärker auf Liebesbeziehungen angewiesen sind als Männer. Und zum anderen die immer noch wirkmächtigen vergeschlechtlichten Sozialisationen, wer für das Bestehen von und die Arbeit in Beziehungen zuständig ist. Wobei Letzteres natürlich massiv durch die Hierarchie der Bedürftigkeit (also wer auf eine Liebesbeziehung angewiesen ist, um gesellschaftliche Anerkennung und Selbstwert zu erfahren) mitbestimmt wird.

5. Fatale Dynamiken

Allein hieraus ergibt sich schon eine (vielleicht einigen bekannte) fatale Beziehungsdynamik. Ich bin verunsichert und möchte die Bestätigung, geliebt zu werden und ›gut genug‹ zu sein, von meinem Partner erhalten,

---

viel Zeit gekostet, mir dieses Bild zu erlauben und mich um diesen Zukunftswunsch zu kümmern. Einen Wunsch, der sich nicht um Kinder oder eine Liebesbeziehung dreht. Solche Bilder fehlen! Und darin muss ich viel Neues üben: Wie gestalten wir dauerhafte, enge Freund*innenschaften? Wie plane ich eine Zukunft mit ihnen? usw.

16 Mir ist der antiemanzipatorische Inhalt solcher Aussagen und Denkweisen sehr bewusst. Sie spielen aber trotz aller Reflexion und Auseinandersetzung eine Rolle für mich. Leider. In ihrer Show *Nanette* spricht Hannah Gadsby über eine Beziehung, die Picasso mit einer 17-jährigen jungen Frau hatte, als er selbst 46 Jahre alt war. Seine hanebüchene Aussage, warum das passen würde, sei folgende gewesen: er sei in seinen besten Jahren gewesen und sie sei in ihren besten Jahren gewesen. Als die Anfang 40-jährige Hannah Gadsby vor Wut fast schreit: »*I'm* in my prime!« (»*Ich* bin in meinen besten Jahren«), musste ich gleichzeitig lachen und weinen. Vor Erleichterung, endlich so einen Satz zu hören, und vor Scham, die Idee, es ginge seit spätestens Anfang 20 ohnehin nur bergab, so internalisiert zu haben.

der sich aber durch die ständige Einforderung dieser Bestätigungen belästigt und unter Druck gesetzt fühlt. So distanziert er sich weiter und ich brauche die Bestätigung noch mehr. Auch wenn ich mich selbst als sehr autonome Person verstehe und viel Freiraum brauche, habe ich mich in einigen solcher Dynamiken erlebt.

Meiner Beobachtung nach befinden sich in Heterobeziehungen oft Frauen in der Rolle der Person, die mehr Nähe und Bestätigung braucht. Trotzdem ist ein Teil auch der Beziehungsdynamik an sich geschuldet. Ich habe z.B. auch Heterobeziehungen geführt, in denen ich die Person war, die mehr Distanz brauchte und Forderungen nach Nähe durch meinen Partner als überfordernd oder nervig erlebte. Was in der gleichen Dynamik mündete: Sein Wunsch nach Bestätigung und Zuneigung; bei mir Aufkommen von Genervtheit und das Gefühl, mir werde zu viel abverlangt; Streitereien, wie oft wir uns sehen sollten, wie schnell auf Textnachrichten zu antworten sei; mein Rückzug und weitere Distanzierung; sein erhöhtes Bedürfnis nach Nähe und Bestätigung usw. Und damit verbunden auch die Frage, wer ›Problemgespräche‹ einfordert: in diesem Fall mein Partner. (Dies liegt auch an der enormen emotionalen und kommunikativen Kompetenz dieser Person.)

Wie gesagt, ein Grund für diese Struktur und für das dazugehörige Gefühl, die*der Partner*in sei unnahbar und emotional unzugänglich, liegt in den Beziehungsdynamiken und Vorstellungen davon, wie eine Liebesbeziehung sein sollte. Ein anderer Teil ist vergeschlechtlicht. Und in Heterobeziehungen verknoten und verstärken sich diese Ebenen.

Eva Illouz (2012) analysiert, dass Männer heute Macht und Souveränität (und damit Männlichkeit) in Heterobeziehungen über emotionale Distanziertheit herstellen. Das bedeutet beispielsweise, sich nicht emotional auf eine Partner*in einzulassen oder keine dauerhaften und verbindlichen Beziehungen einzugehen. Diese Männer betonen ständig ihr Bedürfnis nach Autonomie und Freiheit – und ich möchte hinzufügen: Kontrolle. In einer meiner Ex-Beziehungen ging es mir nicht sonderlich gut und ich bat meinen Partner darum, ein Wochenende bei mir zu bleiben, statt zu seiner Affäre zu fahren. Er begann mit einer ausgiebigen (und sehr suggestiven) Befragung, warum ich das wolle und ob hier versteckte Eigentumsansprüche geltend gemacht würden. Abschließend sagte er: »Ich bleibe schon da. Aber ich will es dir nicht zu leicht machen, mich mit solchen Ansprüchen einzuschränken.« Seine Reaktion hat einen bitteren Geschmack hinterlassen. Gewünscht hätte ich mir eine warme, einfühlsame und liebende Bejahung unserer Nähe und unserer Beziehung. Bekommen habe ich ein gnädiges Zugeständnis, dass seine emotionale Autonomie untermauerte. Die Bitte überhaupt zu formulieren, war mir nicht leichtgefallen. Ich machte mich damit verletzlich, zeigte den Wunsch nach Nähe und gab ihm die Macht, diese zu gewähren oder zu versagen. Nicht nur in dieser Situation habe ich gelernt, mir den Wunsch nach emotionaler Nähe und Verbindlichkeit zu verbieten. Einerseits, weil es weniger verletzend ist, von vornherein nichts zu wollen, als zu wollen und nichts zu bekommen.

Andererseits, weil es cooler ist. Wie Liv Strömquist schreibt, sind Verhaltensweisen von Männern im Patriarchat immer statushöher und mit mehr Prestige versehen als Verhaltensweisen von Frauen: »Aus diesem Grund [...] müssen Frauen ihr Begehren verschweigen und die Distanziertheit der Männer und ihren Drang nach Autonomie imitieren.«[17] Und so werden sie selbst als attraktiv und begehrenswert wahrgenommen.

Ich fühle mich in keiner dieser Rollen wohl. Weder in der nähebedürftigen noch in der distanzsuchenden Position. Ich möchte eine Beziehung auf Augenhöhe. Johanna Montanari beschreibt diese Art der Augenhöhe als radikale Annahme des Andersseins:

> »Insbesondere in unseren nahen Beziehungen wollen wir keine Hierarchien zwischen uns und imaginieren uns als Gleiche, die eine Wahrheit teilen. Ich glaube, dass viel Feindseligkeit aus der Enttäuschung entsteht, eben nicht gleich zu sein und sich der Möglichkeit der Interaktion beraubt zu sehen. Mit der Politik der Beziehungen und der Präzision beziehen wir uns als zwei Personen mit eigenen Wahrheiten aufeinander. Für eine wohlwollende Haltung nehme ich dich als radikal anders ernst.«[18]

Für mich heißt das auch: Ich möchte mich hart verknallen und krass lieben! Das bedeutet nicht, dass sich mein Partner immer im gleichen emotionalen Zustand befinden muss. Vielmehr will ich in Beziehungen sein, in denen nicht alles immer genau deckungsgleich sein muss und trotzdem gut sein kann. In denen ich mich nicht durch Distanziertheit vor Verletzung schützen muss, sondern meine und deine Verletzlichkeit und mein und dein Wollen Teil der Beziehung sind.

17 Strömquist, 2019, S. 55.
18 Montanari 2017, S. 33.

6. Veränderte Ansprüche

Wie bereits beschrieben, haben sich die Bilder von Männlichkeit und Weiblichkeit und damit auch die Ansprüche, die ich an meinen Partner, mich selbst und unsere Beziehung stelle, verändert. Die Unnahbarkeit und kommunikative Unfähigkeit meiner Beziehungspartner stören mich ja überhaupt nur, weil ich den Anspruch habe, wir sollten uns tatsächlich begegnen und gleichermaßen für das Gelingen einer Beziehung zuständig sein. Sie stören meine Beziehungspartner selbst, da sie sich nahe, gleichberechtigte Beziehungen wünschen und sich nicht mit emotional oberflächlichen Beziehungen zufriedengeben wollen. Gleichzeitig sehe ich mich ungern zu sehr in Abhängigkeit von einem Mann und möchte und sollte selbstständig und cool sein. Genau das wird allerdings auch von mir erwartet. Cool und selbstständig zu sein, zählt in meinem Umfeld als attraktiv und liebenswert (im Sinne von ›der Liebe wert sein‹, also geliebt zu werden). Im Umkehrschluss werden Frauen, die unselbständig, bedürftig und verletzlich sind/wirken, in diesem Umfeld als unattraktiv wahrgenommen.

> »In einem falsch verstandenen Feminismus zeichnen ›männliche‹ Eigenschaften wie Toughheit, Souveränität und Härte eine Feministin aus, während Beziehungsarbeit eine Abwertung erfährt.«

Die Herausforderung, der ich mich in meinen Liebesbeziehungen gegenübersehe, könnte so zusammengefasst werden: Männer befinden sich in einem Dilemma zwischen:

- den erlernten (traditionellen) Männlichkeitseigenschaften und -anforderungen – z.B. permanent die Kontrolle zu behalten (z.B. durch emotionale Distanziertheit von sich selbst und anderen) oder die Unfähigkeit, sich auszudrücken und Beziehungsarbeit zu leisten – und
- dem modernen Anspruch, als reflektierter Mann gleichberechtigt an der Liebesbeziehung mitzuwirken, Verantwortung zu übernehmen und nahegehende Beziehungen (in denen es immer auch Abhängigkeiten gibt) zu führen.

Ich selbst befinde mich im Dilemma zwischen:

- der alten und immer noch aktuellen Anforderung und dem damit einhergehenden enormen Druck, eine Liebesbeziehung führen zu sollen/

wollen, der zu Abhängigkeit und Bedürftigkeit gegenüber dieser Liebesbeziehung führt, und

- dem modernen Anspruch von Selbstständigkeit und Unabhängigkeit, aufgrund dessen ich mir, meinem Partner und allen anderen diese Abhängigkeit nicht eingestehen und sie damit auch nicht bearbeiten oder mich daraus befreien kann.

Alte und moderne Geschlechteranforderungen haben in meinen Liebesbeziehungen solche Spannungsverhältnisse und Sackgassen hervorgebracht.

In unserem Zine beschrieben wir die Struktur, dass Beziehungsarbeit weiterhin einseitig von den Frauen in Beziehungen geleistet wird. Dem möchte ich hinzufügen, dass die moderne Weiblichkeitsanforderung, unabhängig und unverletzbar zu sein, dazu führt, dass Frauen den Kern von Problemen häufig nicht thematisieren zu können: die Hierarchien in einer Beziehung, die sich aus unterschiedlichen, persönlich und strukturell begründeten Bedürfnissen und Abhängigkeiten ergeben. Das wiederum verhindert die Suche nach tatsächlichen Lösungen. Zum Beispiel wurde in meinen Beziehungen häufig über Kommunikation geredet: wie sie schief-lief, was wir anders besprechen sollten, was wann gesagt werden sollte usw. Das ist auch enorm wichtig, verdeckte aber teilweise das Problem, dass auch mit der offensten und besten Kommunikation das bestehende Grundproblem unterschiedlicher Bedürfnisse nach Nähe bzw. Distanz nicht gelöst werden würde. Statt zu sagen: ›Es verletzt mich, dass du mich heute Abend nicht sehen willst‹, wurde darüber gesprochen, wann wir diese Absprache hätten treffen sollen.

Für mich ergaben sich daraus Ängste und Verletzungen, die ich nicht formulieren konnte. Verstärkend bewege ich mich in einer Szene, in der es sehr normative Vorgaben gibt, wie Liebesbeziehungen zu führen seien. Liebesbeziehungen sollten demnach nicht-monogam sein, Eifersucht, Besitzansprüche und Exklusivität sollten nicht vorkommen. Ein solches Umfeld erleichtert ein Sprechen über Verunsicherungen, Ängste oder Eifersucht nicht gerade. Meine Liebesbeziehung war aus mehreren Gründen also mit Schweigen belegt: der Unfähigkeit meines Partners, seine Gefühle wahrzunehmen oder gar auszudrücken, meinem Versuch, stark und souverän (und damit liebens-wert) zu sein, und der Orientierung an einem Außen, dessen moralischer Kodex meine Gefühle von Angst und Eifersucht als konservativ ablehnt.

In meiner Verunsicherung und (persönlichen?) Unfähigkeit, einen Ausweg hieraus zu finden, wählte ich zeitweise einfach den Rückzug innerhalb meiner damaligen Liebesbeziehung. Zunächst auf eine enorm selbstverletzende Art (und damit im klassischen Schema von Weiblichkeit bleibend): Ich erlaubte mir selbst nicht, mir meine Bedürfnisse und Wünsche einzugestehen, um das Bild der unabhängigen, modernen, starken Frau nicht zu beschädigen. Stattdessen fing ich an, ganz real zu verschwinden. Ich aß nicht mehr. Erst als ich an einem körperlich kritischen Punkt der Unterernährung angekommen war, musste ich aus dieser Lähmung ausbrechen. Dieser Moment war ein entscheidender Wendepunkt in meinem Leben und in meiner Beziehungsführung. Die Erkenntnis, dass ich mich selbst körperlich und psychisch zugrunde richte, um den (von mir internalisierten) Anforderungen der Gesellschaft bzw. meiner Subkultur und den (vermeintlichen) Wünschen meines Partners zu entsprechen, war hart für mich. Stück für Stück musste ich mich trauen, meine eigenen Bedürfnisse zu formulieren, und mich so mit meiner großen Angst konfrontieren, eventuell verlassen zu werden bzw. die Beziehung beenden zu müssen. Strömquists These, es ginge Frauen ohne Liebesbeziehung emotional besser, hat sich in meinem Fall bestätigt. Als diese Beziehung Jahre später schließlich endete, bewahrheiteten sich meine Ängste nicht. Vielmehr erlebte ich das Beziehungsende als große Befreiung und als Abwesenheit von Angst.

Der wichtigste und emanzipatorischste Akt dieser Veränderung war das Eingeständnis meiner eigenen Verletzlichkeit und meiner Bedürfnisse nach Beziehung (nicht nur Liebesbeziehung!). Diese anzuerkennen und mich damit zu zeigen, hat meine (Liebes-)Beziehungen (auch die Beziehung zu mir selbst) radikal verändert und verbessert. Damit verbunden ist aber auch das radikale Einfordern eines fähigen Gegenübers. Damit meine ich einen Beziehungspartner, der bereit ist, sich mit sich selbst und mit mir auseinanderzusetzen, empathisch zu sein und ebenso für die eigenen Bedürfnisse einzustehen. Ich bin nicht mehr bereit, Beziehungsarbeit allein zu übernehmen und ahme tatsächlich in Affären, in denen mein Partner keinerlei Können oder Wollen zeigt, Beziehungsarbeit zu leisten, solches Verhalten nach: emotional nicht zugänglich zu sein, nicht zu sprechen usw.[19]

19 Hierauf bin ich nicht stolz. Das ist nicht die Art des Umgangs, die ich mir in einer emanzipatorischen Gesellschaft vorstelle. Aber ich bin müde und frustriert

Der Versuch, sich von traditionellen Rollenbildern freizumachen, hat in meinen Beziehungen zeitweise dazu geführt, sich noch stärker in vergeschlechtlichten Machtstrukturen zu bewegen. Erst als ich den Fokus weg von klassisch männlichen (aber in modernen Geschlechterverständnissen allgegenwärtigen) Anforderungen wie Selbstständigkeit und Unabhängigkeit rückte, hin zu Verbundenheit und emotionaler Nahbarkeit (und damit Verletzbarkeit), konnten diese Muster aufgebrochen werden.

Was hat es für mich und uns gebraucht, um Verbundenheit und Nahbarkeit herzustellen?

Es braucht viel Mut. Mut, uns die Verletzlichkeiten und Ängste, die Scham für das, was wir wollen, einzugestehen und sie zu kommunizieren. Und dabei die Bedürfnisse und Grenzen der anderen Person wahrzunehmen. Grenzen zu achten, heißt dabei für mich nicht, nichts zu wagen oder sich immer zurückzuhalten. Es heißt vielmehr, auch Fehler zu machen. Vorsicht allein führt meiner Erfahrung nach nicht weiter, sondern alle bleiben aus Angst, womöglich etwas falsch zu machen, in ihrem Schneckenhaus.

Es braucht Mut, zu streiten und uns auseinanderzusetzen. Mut, ein Nein zu riskieren oder die andere Person mit den eigenen Bedürfnissen vielleicht zu überfordern oder zu verletzen. Den Mut, die Erwartungshaltungen der anderen Person nicht zu erfüllen, und ja, den Mut, vielleicht eine Beziehung durch das Einstehen für die eigenen Gefühle zu verlieren. Das heißt nicht, dass ich immer genau das bekommen muss, was gerade mein Bedürfnis ist. Oder auch nur, dass ich immer ganz genau weiß oder wissen muss, was ich will und brauche. Ich stecke voller Ambivalenzen: Manchmal sehne ich mich nach Nähe und kann es trotzdem nicht ertragen, Personen um mich zu haben. Oder ich weiß nicht genau, ob ich Sex haben will oder welchen und brauche die Zeit und ein vortastendes Herausfinden. Es braucht den Mut, mir diese Ambivalenzen einzugestehen und in ihrer ganzen Unperfektheit zuzulassen. Weder ich noch meine Partner*innen müssen immer alles schon klar haben.

Wir alle haben gelernt, es sei schlecht, Fehler zu machen. Fehler zu machen und sich mit all den eigenen Schwierigkeiten zu zeigen, den eigenen (manchmal nicht so moralisch perfekten) Wünschen oder Bedürfnissen,

---

von einseitigen Beziehungsbemühungen und ruhe mich auf der Inkompetenz der anderen aus.

mit dem, was mir vor mir selbst peinlich ist, das ist nicht leicht und braucht viel Mut. Um aus den Strukturen, Geschlechterhierarchien und Beziehungsdynamiken auszusteigen, müssen wir uns den Raum und die Zeit geben, zu lernen, zu verlernen und neu zu lernen. Wir wissen ja nicht unbedingt schon, wie es besser geht. Hier müssen wir offen sein, Neues auszuprobieren. Lernen braucht Fehlerfreundlichkeit.

Mich kostet es Mut, mich zu öffnen und zu sagen, was ich an dir mag. Die Größe zu haben, Liebe auszudrücken – auch verbal! Und mich damit aus dem Schneckenhaus des Bloß-nicht-zu-viel-Wollens herauszutrauen.

Und es braucht Lust. Lust an der Perspektive der anderen Person, an deren Bedürfnissen. Lust, die andere Person tatsächlich zu sehen und nicht nur eine Projektionsfläche für meine Wünsche.

Wir alle sind darin nicht geübt, wir alle sind unterschiedlich und verstehen uns nicht. Um es trotzdem irgendwie gelingen zu lassen, braucht es Wohlwollen miteinander. Auch das Wohlwollen, die nicht so schönen, die schwierigen Seiten der anderen Person zu akzeptieren.

7. Mutige neue Zärtlichkeit

Dass in einer patriarchalen Gesellschaft, in der Männlichkeit höher bewertet wird als Weiblichkeit, im Versuch der Veränderung zunächst männlich konnotierte Eigenschaften und Umgangsstrategien in den Vordergrund rücken, ist nicht verwunderlich. Tatsächlich sind Eigenschaften und Fähigkeiten wie Durchsetzungsfähigkeit, Coolness, körperliche und Willensstärke, Freude am Lautsein und eine gewisse emotionale Abgebrühtheit für mich wichtig. Sie bringen mir viel und machen mich als Person aus.

Wichtig ist aber, Geschlechterhierarchien auch in der Bewertung von Eigenschaften zu erkennen und den weiblich konnotierten die Relevanz zukommen zu lassen, die in einer gleichberechtigten Liebesbeziehung und darüber hinaus in einer solidarischen Gesellschaft notwendig ist.

Die oben formulierten Spannungsverhältnisse, in denen mein Partner und ich uns damals befanden, sind hoffentlich nur die tollpatschige Übergangsphase, das Rausschälen aus den verkrusteten, aber beharrlichen traditionellen Anforderungen, hin zu einem tatsächlich gleichberechtigteren, besseren Miteinander für alle. Um patriarchale Strukturen (in Liebesbeziehungen und der Gesellschaft im Ganzen) zu bekämpfen, ist es meiner Meinung nach zentral, mutig verletzlich zu sein. Ich meine damit nicht, meine Verletzlichkeit zum zentralen Angelpunkt all meines Handelns zu machen.[20] Stattdessen plädiere ich dafür, uns selbst und uns gegenseitig mit weniger Angst zu begegnen, auch mit weniger Angst vor der eigenen Verletzlichkeit. So könnten wir weniger mit Abgrenzung als mit Gemeinsamkeit beschäftigt sein. Bini Adamczak formuliert, eine heutige Revolution müsse solidarische Beziehungen (alle Beziehungen, selbstverständlich nicht nur Liebesbeziehungen) nicht nur als Mittel zum Zweck verstehen, sondern zum Ziel haben. Dafür braucht es Mut zur Verletzlichkeit bei allen Beteiligten.

Quellenverzeichnis

Adamczak, Bini (2017): *Beziehungsweise Revolution.: 1917, 1968 und kommende* Frankfurt a.M.: Suhrkamp.

bell hooks (2004): *The Will to Change. – Men, Masculinity, and Love.* New York: Washington Square Press, 2004

Debus, Katharina (2012): *»Und die Mädchen?« – Modernisierung von Weiblichkeitsanforderungen.* In: Dissens e.V. / Debus, Katharina / Könnecke, Bernard /Schwerma, Klaus / Stuve, Olaf (Hg.), *Geschlechterreflektierte Arbeit mit Jungen an der Schule* (S. 103-124). Berlin: Dissens – Institut für Bildung und Forschung e.V. (Eigenverlag)

Debus, Kahtarina, Stuve, Olaf (2012): *Männlichkeitsanforderungen. – Impulse kritischer Männlichkeitstheorie für eine geschlechterreflektierte Pädagogik mit Jungen.* In: Dissens e.V. / Debus, Katharina / Könnecke, Bernard /Schwerma, Klaus / Stuve, Olaf (Hg.), *Geschlechterreflektierte Arbeit mit Jungen an der Schule* (S. 43-60). Berlin: Dissens – Institut für Bildung und Forschung e.V. (Eigenverlag)

Illouz, Eva (2012): *Warum Liebe weh tut.* Frankfurt a.M.: Suhrkamp

Illouz, Eva (2019). *Warum Liebe endet. – Eine Soziologie negativer Beziehungen.* Bonn: Bundeszentrale für politische Bildung.

Messner, Michael Alan (2000): *Politics of Masculinities. Men in movements.* Lanham, MD: Altamira Press.

Montanari, Johanna (2017): *Kein Käfig, keine Grenze. – Für eine Politik der Beziehungen und der Präzision.* In Montanari, Johanna, Holst, Sina (Hrsg.), *Wege zum Nein – Emanzipative Sexualitäten und queer-feministische Visionen* (S. 31-46). Münster: Edition Assemblage

Speck, Sarah (2016): *Unterschiedliche Sauberkeitsstandards.* Analyse&kritik (ak), April 2016 (Nr. 615), https://www.akweb.de/ak_s/ak615/24.htm [abgerufen 5.1.2019]

20 Ich habe oft erlebt, dass eine Fokussierung allein auf Verletzlichkeit und Bedürfnisse eine dramatisierende Bauchnabelschau wird, aus der heraus ich mich ständig schützen und abgrenzen muss.

Strömquist, Liv (2018): *Der Ursprung der Liebe*. Berlin: Avant Verlag

Strömquist, Liv (2019): *Ich fühl's nicht*. Berlin: Avant Verlag

Utt, Jamie (2016): *5 Common Behaviours Cis Men May Not Realize Are Abusive (And How to Change Them)*. http://everydayfeminism.com/2016/07/cis-men-socialized-to-be-abusive/ [abgerufen 5.1.2019]

Gruppe besser als nix

Keine Sondertörtchen für Männlichkeit!

Gedanken zu unseren Erfahrungen aus der transformativen Arbeit mit cis Männern, die sexualisierte Gewalt ausüben

> »Ein Mann, mit dem ich transformative Arbeit gemacht habe, hat mich mal gefragt, warum ich das mache und nicht etwas Befriedigenderes, mit mehr Erfolgsaussicht. Da habe ich geantwortet, er könne sich ja Mühe geben, dass ich Erfolgserlebnisse in der Arbeit mit ihm habe.« (Autor*in 1)

Wir[1] haben knapp drei Jahre lang transformative Arbeit mit einer gewaltausübenden Person[2] aus unserem Umfeld gemacht und sind zu einem wenig überraschenden Schluss gekommen: Verantwortung für dich und dein Verhalten musst du schon selbst übernehmen – das kann dir niemand abnehmen. Oder: Wir wollen keine Sondertörtchen mehr für Männer und Männlichkeit backen. Reißt euch zusammen, übernehmt Verantwortung und hört auf ständig zu verschieben, um wen und was es eigentlich geht – ihr seid nicht der Mittelpunkt des Universums.

In diesem Text schreiben wir über unsere Erfahrungen mit transformativer Arbeit und was sie mit Männlichkeit(en) in unserer Gesellschaft zu tun haben (könnten). Dabei bewegen wir uns zwischen verschiedenen

---

1 Wir haben uns entschieden, diesen Text nicht unter unseren Klarnamen zu schreiben, da es um sexualisierte Gewalt geht, wir die transformative Arbeit nicht in einem professionalisierten Lohnarbeitskontext machen und wir uns als Einzelpersonen nicht für ggf. gewaltvolle Reaktionen angreifbar/erreichbar machen wollen. Trotzdem wollen wir gern ansprechbar für Fragen, Rückmeldungen, Kritik, Wunsch nach Austausch etc. sein. Ihr erreicht uns dazu unter besseralsnix@mail36.net.

2 Wir verwenden in diesem Text die Bezeichnung ›gewaltausübende Person‹. Im Gegensatz zum Label ›Täter‹ betont der Begriff die Veränderbarkeit der Handlung und formuliert sie nicht als Eigenschaft (vgl. Response, 2018, S. 53). Wenn wir von konkreten Personen aus unserer Arbeit berichten, kürzen wir die gewaltausübenden Personen mit P ab.

Ebenen hin und her: (1) unseren individuellen Erfahrungen als einzelne Gruppenmitglieder mit transformativer Arbeit, (2) den kollektiven Erfahrungen als Gruppe, die transformative Arbeit macht, und (3) analytischen Gedanken bezüglich transformativer Arbeit und Männlichkeit(en) in unserer Gesellschaft.

In diesem Text beschreiben wir, wie transformative Arbeit funktioniert, reflektieren unsere eigenen Erfahrungen damit und versuchen, diese gesellschaftspolitisch einzuordnen – insbesondere mit Bezug auf Männlichkeit(en). Wir schreiben über Erfahrungen mit cis Männern, die sexualisierte Gewalt ausgeübt haben oder ausüben. Wir gehen erstens davon aus, dass es einen strukturellen Zusammenhang zwischen Männlichkeit / Patriarchat / (sexualisierter) Gewalt gibt. Zweitens erstrecken sich unsere Erfahrungen in der transformativen Arbeit ausschließlich auf die Arbeit mit gewaltausübenden cis Männern – sowohl in unserer eigenen Gruppe als auch in den Gruppen, mit denen wir im Austausch stehen.

Was verstehen wir unter transformativer Arbeit?[3]

Transformative Justice (dt. Transformative Gerechtigkeit) und *Community Accountability* (dt. gemeinschaftliche/kollektive Verantwortungsübernahme) sind zwei ineinander verschränkte Konzepte, die versuchen, Sicherheit für marginalisierte Communitys jenseits von staatlichen Institutionen zu schaffen (z.B. Polizei, Gefängnisse, psychiatrische Institutionen, Kinder- und Jugendhilfe, Migrationsregime). Sie wurden und werden vor allem in den USA von FLINTA*-Personen of Color[4] entwickelt und getragen. Diese zeigen immer wieder die Zusammenhänge zwischen staatlicher, zwischenmenschlicher und struktureller Gewalt auf. Sie machen deutlich, dass es für sie keine Unterstützung, sondern weitere Gewalt mit sich bringt, sich an staatliche Institutionen zu wenden. Die Erfahrung, dass z.B. die Polizei nur für einige wenige Menschen mehr Sicherheit schafft, teilen auch

3 Wir beziehen uns im kompletten folgenden Teil auf CARA-Community Against Rape and Abuse (2014).

4 FLINTA* steht für Frauen, Lesben, Inter, Nonbinary, Trans, Agender. Das Sternchen kann Menschen einschließen, die in der Abkürzung nicht explizit erwähnt werden, die sich nicht in eine der eben genannten Bezeichnungen einordnen oder (mit) gemeint sind. ›People of Color‹ ist eine politische Selbstbezeichnung von Menschen, die von Rassismus betroffen sind.

marginalisierte Menschen hier in Deutschland.[5] Die Notwendigkeit eines selbstorganisierten, verantwortlichen Umgangs mit verschiedenen Formen von Gewalt (struktureller, häuslicher, rassistischer, sexualisierter) und die bestehenden Theorien, Praktiken und Erfahrungen speisen sich also aus den Erfahrungen und der Arbeit marginalisierter Personen.

Basis der Konzepte ist ein selbstorganisierter, community-basierter und nicht-staatlich strukturierter Prozess zur Unterstützung von gewaltbetroffenen Personen und zur Prävention zukünftiger Gewalt. Es geht darum, dass gewaltausübende Personen sowie deren Umfelder und Communitys lernen, Verantwortung für die ausgeübte Gewalt zu übernehmen. Die transformative Arbeit erfolgt auf verschiedenen Ebenen:

- Unterstützung und Empowerment der von Gewalt betroffenen Personen
- Community-Arbeit, die ermöglicht, dass normalisierte Gewalt aufgedeckt werden kann und betroffene Personen auf Raum und Rückhalt vertrauen können, um über die erfahrene Gewalt sprechen zu können
- Transformative Arbeit mit gewaltausübenden Menschen.

Wir schreiben in diesem Text über unsere Erfahrungen mit transformativer Arbeit mit einer gewaltausübenden Person und darüber, wie sich diese transformative Arbeit mit den anderen beiden Ebenen verbindet. Und auch, warum sie das gerade im Fall von Community-Arbeit bei uns bisher zu wenig getan hat.[6]

Worüber schreiben wir (nicht)?

Wir wurden angefragt, über unsere Erfahrungen mit transformativer Arbeit zu schreiben, am besten emotional und persönlich. Gleichzeitig richtet sich dieser Sammelband in erster Linie an →*weiße*[7] cis Typen, die potenziell selbst übergriffig sind. Mit denen – euch (?) – wollen wir gar nicht alle unsere Erfahrungen und Gefühle teilen. Transformative Arbeit zu machen, bedeutet für uns auch, viel über uns, unser Miteinander und unseren Umgang mit →Sexismus und sexualisierter Gewalt zu lernen. Diese Lernprozesse,

5 Thompson (ohne Jahr).

6 Leseempfehlungen zur Einführung ins Thema: Response (2018), CARA (2014), Brazzell (2018), Transformative Hilfe Reader (ohne Jahr).

7 Alle mit einem → gekennzeichneten Begriffe werden im Glossar erläutert.

die Gefühle, Schwierigkeiten und Flachwitze, die uns dabei bewegt haben, teilen wir gerne mit solidarischen Menschen, die Unterstützungsarbeit oder transformative Arbeit machen, aber nicht mit Typen, die gerade in ihrem eigenen Prozess sind. Bevor ihr euch nun bestraft und ungeliebt fühlt: Es geht nicht darum, einzelnen Personen Wissen vorzuenthalten (das können wir auch gar nicht, denn wenn wir in einem anderen Rahmen etwas veröffentlichen und sich das an Unterstützer*innen richtet, können das ja auch alle lesen), sondern es geht darum, wer mit wem in welcher Rolle und mit welcher Haltung redet. In Gesprächen mit gewaltausübenden Personen versuchen wir, eine politisch kritische und in Teilen persönlich distanzierte Haltung einzunehmen. Das heißt nicht, dass wir nicht auch mal persönliche Erfahrungen, Gefühle, Haltungen etc. mit übergriffigen Personen teilen. Sondern wir gehen nicht in erster Linie als Einzelpersonen in die Arbeit, sondern als Gruppe, in unserer Funktion als Teil dieser Gruppe und dieses transformativen Prozesses. Unsere Selbstfürsorge und wie wir es für uns ermöglichen, diese Arbeit überhaupt zu machen, findet dann unter uns statt – ohne die übergriffige Person.[8] Und so würden wir es auch in diesem Text halten.

Wir haben uns entschieden, diesen Text aus verschiedenen Perspektiven und mit unterschiedlichen Graden von Emotionalität zu schreiben. Einige Passagen sind in der Wir-Form, dort schreiben wir aus unserer Sicht und Erfahrung als Gruppe. An anderer Stelle schreiben wir persönlich, erfahrungsbasiert, emotional und teils unfertig und widersprüchlich. Persönliche Zitate sind eingerückt. Diese zweite Ebene ist uns wichtig. Oft kommen in Reflexionen und Texten unsere Gefühle gar nicht mehr vor. Gerade im Denken und Schreiben über Männlichkeit wünschen wir uns da etwas anderes und testen es im Folgenden aus.

Wer schreibt und warum?

Wir, die diesen Text schreiben, sind drei Personen, die drei Jahre lang transformative Arbeit mit einem gewaltausübenden cis Mann aus unserem Umfeld gemacht haben. Es ging dabei um wiederholte sexualisierte Gewalt in Cis-hetero-Beziehungen. Der Prozess war von mehreren betroffenen

8 Unsere persönlichen Erfahrungen, unsere Strategien zur Selbstfürsorge und die TOP3 unserer witzigsten Comic-Relief-Momente könnt ihr hoffentlich irgendwann in einem Zine über unsere Arbeit nachlesen.

Personen eingefordert worden, mit deren Unterstützungsgruppe wir in kontinuierlichem Kontakt standen.

In unserer Gruppe waren vier Personen: zwei cis Frauen und zwei cis Männer, alle vier *weiß* positioniert.[9] Die gewaltausübende Person war cis männlich, hetero und *weiß*. Als wir mit unserer Arbeit begannen, waren zwei von uns mit der gewaltausübenden Person befreundet, zwei kannten sie wenig bis kaum. Ein transformativer Prozess braucht Nähe und Distanz: Sich persönlich zu kennen, kann helfen, um Vertrauen aufzubauen, einfühlsam zu sein und das Gegenüber als Person wahrzunehmen. Sich nicht zu kennen, macht es einfacher, Dinge kritisch zu hinterfragen, zu konfrontieren, die eigene potenzielle Verwicklung kritisch zu betrachten. Auch bestimmte Verhaltensweisen und Strategien der gewaltausübenden Personen ließen sich in dieser Gruppenkonstellation besser erkennen, benennen und analysieren. Die Gender-Zusammensetzung unserer Gruppe war absichtlich gemischt, sodass cis Männer Verantwortung übernehmen konnten, aber auch kein ›transformativer Männerbund‹ entstand.

»Als ich damit konfrontiert wurde, dass sich ein Mensch aus meinem näheren Umfeld in intimen Beziehungen übergriffig, intransparent und dominant seinen Partnerinnen gegenüber verhalten hatte, fühlte ich mich mitverantwortlich, einen Prozess anzustoßen. Eine der betroffenen Personen hatte das in unserem Umfeld öffentlich gemacht. Mir ging es darum, Verantwortung dafür zu übernehmen, dass solches Verhalten auch in meinem Umfeld stattfinden konnte, und da ich es nicht hinbekommen hatte, das im Vorfeld mitzuschneiden und aktiv zu werden, war es mir wichtig, wenigstens im Nachhinein mit daran zu arbeiten, dass solches Verhalten nicht wieder von diesem Menschen ausgeht.« (Autor*in 2)

»Ich glaube, dass wir als Umfeld mitverantwortlich sind: dafür, wie wir unser Umfeld gestalten, wem wir zuhören, welche Grenzen wir setzen und respektieren, welche präventive Arbeit wir machen oder nicht, wie bereit wir sind, kollektiv Verantwortung zu übernehmen. In diesem Sinne war mir auch die Arbeit mit der gewaltausübenden Person wichtig. Im Laufe unseres Prozesses habe ich

9 Zudem sind einige von uns ›behütet‹ aufgewachsen, wir alle ringen mit unseren familiären Biografien – einige von uns stärker als andere. Einige von uns haben studiert, andere eine Ausbildung gemacht. Wir sind in unseren Biografien sehr unterschiedlich von sexualisierter Gewalt betroffen. Einige von uns gelten als neuronormal, andere als neurodivers, einige kommen aus bildungsbürgerlichen Familien, andere nicht. Niemand von uns ist/wird be-hindert, alle von uns sind ablebodied. Einige sind hetero andere queer.

aber immer mehr gemerkt, dass mir die Arbeit mit dem Umfeld nähersteht.« (Autor*in 3)

»Ich wollte auf keinen Fall allein mit einer gewaltausübenden Person und zwei weiteren Typen über sexualisierte Gewalt reden. Mir war wichtig, dass eine weitere FLINTA*-Person dabei ist. Auch wenn wir ganz unterschiedliche Erfahrungen haben und machen, können wir einander besser unterstützen, weil sich unsere Betroffenheit von patriarchalen Verhaltensweisen mehr ähnelt. In der transformativen Arbeit hat sich immer wieder gezeigt, wie gut es war, dass wir zu zweit waren.« (Autor*in 1)

Wie haben wir die transformative Arbeit gestaltet?

Unsere Arbeit wollte und sollte an keiner Stelle professionelle Arbeit ersetzen. Wir haben im Gegenteil darauf bestanden, dass die gewaltausübende Person eine therapeutische Auseinandersetzung beginnt und sich an Männer-Beratungsstellen wendet. Die eigene Männlichkeit ist ein tiefgehendes und zentrales Persönlichkeitsmerkmal, das früh angelegt und das gesamte Leben über ›gepflegt‹ wird. Deshalb braucht es auch eine tiefgehende, langfristige Auseinandersetzung mit diesen Persönlichkeitsstrukturen, um zu verstehen, was in einem selbst vor sich geht, und um übergriffiges Verhalten beenden zu können. In der Folge und aus unserer Erfahrung heraus betrachten wir therapeutische und/oder professionelle Begleitung als Voraussetzung für transformative Arbeit mit gewaltausübenden Personen.

Unsere Aufgabe haben wir darin gesehen, die transformative Arbeit mit einer politischen Haltung anzugehen, sie zu initiieren, kritisch zu begleiten, zu strukturieren und sicherzustellen, dass sie passiert. Voraussetzung dafür war die Anbindung an die Unterstützungsgruppe der betroffenen Personen sowie an das Umfeld der gewaltausübenden Person. Die beiden Hauptziele der transformativen Arbeit waren,

- dass die gewaltausübende Person nie wieder übergriffig wird und
- dass sich betroffene Personen im Umgang mit ihm wieder sicher(er) fühlen können.

Beide Ziele wurden nicht oder nur zum Teil erreicht.

Voraussetzung für einen transformativen Prozess ist aus unserer Sicht die Einsicht und der Wille der gewaltausübenden Person zur Veränderung.

Denn: Grenzverletzungen passieren wahrscheinlich immer – auch wenn wir noch so motiviert und wach sind, sie vermeiden zu wollen. Den Unterschied macht die Fähigkeit, Kritik anzunehmen und am eigenen Verhalten zu arbeiten.[10]

Auf dieser Grundlage versuchten wir, die gewaltausübende Person[11] soweit zu stabilisieren, dass sie sich sicher genug und in der Lage fühlte, sich mit seinem Verhalten kritisch auseinanderzusetzen. Dabei ging es uns nicht darum, ihn nicht herauszufordern oder zu konfrontieren, aber er war oft panisch. Und in einem Gefühl von Panik kann kein Lernen und keine Transformation eigenen Verhaltens stattfinden.

> »Wir haben Menschen aus dem Umfeld angeregt, den Kontakt nicht abzubrechen. Ihn nicht fallen zu lassen, auch mal nette Zeit mit ihm zu verbringen, ohne die Tatsache der ausgeübten Gewalt zu negieren oder zu verdrängen. Aber eben auch davon wegzukommen, dass es nur noch die Gewaltvorwürfe und sonst nichts mehr in seinem Leben gab. Dazu haben wir zwei Mal zu Treffen ohne P eingeladen, um dem Umfeld von unserer Arbeit zu berichten und für Rückfragen und Kritik ansprechbar zu sein.« (Autor*in 2)

Der Hauptteil unserer Arbeit bestand aus Treffen mit der gewaltausübenden Person, abwechselnd mit unseren Gruppentreffen. Im Laufe der Arbeit haben wir einen Ablauf mit Aufgabenverteilung (Gesprächsführung, Protokoll) für die Treffen entwickelt. Sie fanden meist im wöchentlichen Wechsel statt. Die Treffen mit der gewaltausübenden Person führten wir in der Regel mit zwei Personen aus unserer Gruppe durch. Dies taten wir vor allem, um Kapazitäten zu sparen, aber auch um der gewaltausübenden

10 Unserer Erfahrung nach haben viele cis Männer in unserem Umfeld genau dies nicht geschafft: ihnen zurück gemeldete Grenzverletzungen oder übergriffiges Verhalten (wenn gewünscht, mit der betroffenen Person) zu reflektieren und nicht zu wiederholen. Die cis Männer in unserem Umfeld, die den betroffenen Personen viel Schmerz und den transformativen Gruppen viel Arbeit bereiteten, haben sich einer Auseinandersetzung entzogen und das Verhalten jahrelang wiederholt. In solchen Fällen war/ist eine Aufarbeitung durch transformative Arbeit nicht möglich und es kommt dann doch zu einem notwendigen Ausschluss der Person aus der Community.

11 Wir verwenden bewusst die Pronomen ›er, ihm, ihn‹ in Kombination mit ›gewaltausübende Person‹, obwohl dies grammatikalisch falsch ist. Wir möchten damit aufzeigen, dass zwar alle Gender gewaltausübende Personen sein können, aber in unserer Arbeit und in den Zusammenhängen, in denen wir uns bewegen, sind es in den meisten Fällen cis Männer.

Person nicht eine Überzahl von Menschen gegenüberzusetzen. Wir können uns aber Settings vorstellen, in denen eine andere Konstellation sinnvoll ist. Einigen von uns war es wichtig, die gewaltausübende Person nicht alleine zu treffen – auch, weil es schwierig ist, allein das Gespräch zu führen und sich gleichzeitig Notizen zu machen, die wir bei der Weiterarbeit zumeist brauchten. Aber auch, weil es uns wichtig war, sich in Bezug auf unsere Eindrücke, Empfindungen und Zweifel miteinander auszutauschen, sie kritisch zu reflektieren und uns ggf. beieinander rückversichern zu können. Zu bestimmten Anlässen, z.B. Auswertungen, trafen wir uns alle gemeinsam.

Neben rein verbalen Settings haben wir versucht, auch andere Methoden wie z.B. Körperübungen anzuwenden, um Gefühle und den eigenen Körper wahrzunehmen. In Gesprächen haben wir versucht, bewusst darüber zu entscheiden, wie wir in Dialog treten: Fragen, kritische Rückmeldungen, Konfrontationen, Unterstützungsangebote, emotionale Rückmeldungen, Gesprächsabbruch, Unterbrechung usw.

Zusammenfassend könnten Bausteine der transformativen Arbeit u.a. sein:

- Arbeit zu Zielen: Was will die gewaltausübende Person in dem Prozess lernen, verändern, erreichen? Was braucht es dazu von ihm selbst, vom Umfeld, von der transformativen Gruppe?
- Verschiedene Gewalthandlungen und Formen der Gewalt (physisch, psychisch, ökonomisch, sexualisiert) besprechen. Welche davon hat die gewaltausübende Person bereits ausgeübt?
- Eigene Gefühle wahrnehmen und ausdrücken lernen
- Eigene Gewalterfahrungen (Aufarbeitung eher auslagern an professionelle Therapie)
- Eigene (sexuelle) Sozialisation und Rollenbilder beleuchten (Männer, Frauen): Was habe ich erlernt? Was daran ist problematisch?
- Kommunikationsübungen: Ich-Kommunikation, aktives Zuhören, Feedback

Aus diesen Bausteinen ergaben sich in unserem Prozess die folgenden konkreten Anforderungen an die gewaltausübende Person: Er sollte Verantwortung für sein Handeln übernehmen. Aber was genau heißt das? Ein Zwischenziel war, dass er die Kommunikation mit seinem Umfeld bezüglich seines transformativen Prozesses selbst hinbekommt: Also lernt, auszudrücken, was er gemacht hat, und einzuschätzen, wann es (un)angebracht ist, das anzusprechen. Eine konkrete Absprache war, nicht Menschen ungefragt Details von seinem Prozess zu erzählen und sich damit unter Umständen erneut grenzüberschreitend zu verhalten. Ein weiteres Zwischenziel war, eine verantwortliche Kommunikation zu den betroffenen Personen (die das wollten) herzustellen und so Aufarbeitungsprozesse und Absprachen bezüglich der Nutzung von (sozialen) Räumen wie Kneipen und der Besuch von Veranstaltungen wie Konzerten etc. zu ermöglichen. Verantwortungsübernahme hieß in diesem Zusammenhang auch, sich um Alkoholabstinenz und einen Therapieplatz zu kümmern und sich weitere Unterstützung bei uns und im Freund*innenkreis zu suchen; aber auch Kleinigkeiten, wie sich Notizen bei den Treffen zu machen, sich Gedanken aufzuschreiben, Arbeitsaufträge zwischen den Treffen zu erledigen …

Unsere Treffen ohne die gewaltausübende Person nutzten wir zur Vor- und Nachbereitung der anderen Treffen, zur Reflexion des Prozesses und für organisatorische Dinge . Darunter fiel z.B., den Kontakt zu betroffenen Personen, Unterstützer*innen und Umfeld zu besprechen, zu bearbeiten und teilweise auch erst zu initiieren. Eine häufige Aufgabe war Forderungen von betroffenen Personen an die gewaltausübende Person zu kommunizieren und mit ihm deren Einhaltung zu besprechen und zu überprüfen.

Um nicht nur auf unsere Perspektiven zurückgreifen zu können, haben wir uns alle paar Monate auch mit anderen Gruppen, die in transformativen Prozessen steckten, getroffen und versucht, uns gegenseitig kollegial zu beraten. Es war interessant, hilfreich und frustrierend zu sehen, dass es in den verschiedenen Gruppen ähnliche Erfahrungen mit Mustern und Verhalten der gewaltausübenden Personen gab. So konnten wir uns über Methoden austauschen, wie z.B. eine Gesprächsführung stattfinden kann, in der die Gruppe und nicht die gewaltausübende Person das Ruder in der Hand behält.

Schwierigkeiten und Herausforderungen in der transformativen Arbeit

Der Prozess war zeitlich und emotional immer wieder intensiv. Wir haben uns mehrfach entschieden, der gewaltausübenden Person ›hinterherzulaufen‹, Verantwortung für den Prozess zu übernehmen und dranzubleiben.

Im Nachhinein fragen wir uns, ob das wirklich unsere Aufgabe gewesen ist. Es gab positive Entwicklungen in den Erkenntnissen und Verhaltensweisen der gewaltausübenden Person und Zwischenziele wurden erreicht. Es gab aber auch Rückschläge, die viel infrage gestellt haben. Obwohl es uns ein wichtiges Anliegen in der transformativen Arbeit war, ist es der gewaltausübenden Person – innerhalb des Prozesses mit uns – nicht gelungen, Empathie mit den betroffenen Personen zu entwickeln. Wir haben uns entschieden, den Prozess nach drei Jahren strukturiert zu beenden (nicht abzubrechen), da wir das Gefühl hatten, beigetragen zu haben, was wir beitragen konnten und wollten. Ob die gewaltausübende Person nochmal übergriffig werden würde, konnten wir zu dem Zeitpunkt nicht wissen. Mit dieser Ungewissheit die Arbeit zu beenden – und in diesem Fall ein Jahr später zu erfahren, dass es einen weiteren Übergriff gab –, ist schwer auszuhalten.

Wir hatten, ohne das bewusst entschieden zu haben, unsere Arbeit hauptsächlich auf die gewaltausübende Person und die Wünsche der betroffenen Personen und ihrer Unterstützer*innen fokussiert. Ein politischer Aufarbeitungs- und Präventionsprozess mit dem Umfeld kam zu kurz. Für weitere transformative Prozesse würden wir diese Ebenen stärker priorisieren.

Insgesamt stießen wir in der transformativen Arbeit immer wieder auf Fragen wie: Welche Arbeit können wir als Gruppe, wir als Umfeld, wir als Einzelpersonen überhaupt leisten? Welche sollten wir sinnvollerweise (an Beratungsstellen, Therapie) abgeben? Welche Teile der transformativen Begleitung leisten offizielle Stellen nicht, z.B., weil sie nicht wissen wie unsere Hausprojekte, Szeneräume oder Strukturen funktionieren oder weil sie unsere politische Analyse nicht teilen? In welchen Tätigkeiten sind unsere Ressourcen sinnvoll investiert? Was sind Aufgaben, die die gewaltausübende Person selbst übernehmen sollte, die gerade an uns hängen bleiben? Dies sind z.B. der Kontakt zu einer Unterstützungsgruppe über den transformativen Prozess und über die Nutzung von sozialen Räumen, um betroffene Personen nicht aus Räumen zu verdrängen. Oder sich eigene Notizen über die Treffen zu machen. Warum war das nicht unsere erste Frage? Und ganz zentral: Was will die gewaltausübende Person eigentlich von der transformativen Arbeit?

Um das zu klären, versuchten wir zwar mehrfach in unserem transformativen Prozess, gemeinsam mit der gewaltausübenden Person Zielvorstellungen zu formulieren. Dabei war es aber sehr schwierig zu durchschauen, was die Ziele der gewaltausübenden Person selbst waren, was unsere Ziele als transformativ arbeitende Gruppe waren und was nur vorgeschoben war, um auf den Druck von außen und die ›Drohung‹ des Ausschlusses aus (linken Szene-)Räumen zu reagieren.

> »Aber was wird denn erwartet? Natürlich sagen gewaltausübende Personen immer, dass sie sich ganz dolle bemühen, und bekräftigen bei jeder Gelegenheit, dass es freiwillig ist und dass sie wirklich ein besserer Typ werden wollen. Dabei ist doch oft klar, dass das Bullshit ist! Wenn Personen übergriffig waren, müssen sie diesen Prozess machen, um eine Chance zu haben, in linken Räumen und dem sozialen Umfeld zu bleiben. Und das wird beobachtet und beurteilt, und wenn sie es nicht hinkriegen, fliegen sie doch raus (wie so oft) und das zu Recht.« (ein Freund von uns)

Dieses Zitat bezieht sich auf gewaltausübende Personen, deren Verhalten öffentlich gemacht wird und die aufgrund eines starken Drucks von Unterstützer*innen, Szene, Räumen etc. einen transformativen Prozess beginnen. Es gibt auch gewaltausübende Personen, die nach einer oder mehreren kritischen Rückmeldungen aus eigener Motivation einen solchen Prozess anstreben. Das ist unserer Erfahrung nach aber eher die Ausnahme. Die Mehrzahl der Fälle wird wahrscheinlich nie öffentlich. Die Fälle von transformativen Prozessen, die wir kennen, wurden fast alle erst nach starkem (öffentlichen oder persönlichen) Druck begonnen. Und das, obwohl Veröffentlichungen und Ausschluss aus Räumen in der Regel Mittel sind, die erst spät und nur ungern von Unterstützer*innen und betroffenen Personen gewählt werden.

Transformative Arbeit und Männlichkeit

Aus unseren Erfahrungen mit transformativer Arbeit gibt es trotz unserer einleitenden Worte, was wir in einem solchen Text (nicht) teilen möchten, Erkenntnisse, Kritik und Empfehlungen an cis Männer und diejenigen, die mit ihnen zu tun haben oder transformativ arbeiten. Diese Gedanken lassen sich für uns sowohl ›gefühlt‹ als auch analytisch kaum von generellen Analysen zu Männlichkeit(en) trennen.

Also: Was wollen cis Männer eigentlich in →(pro)feministischen Debatten, Auseinandersetzungen und Prozessen? Und warum wollen sie von

FLINTA*-Personen hören, was sie jetzt machen sollen? Haben Männer eine eigene positive Vorstellung davon, wo ›wir‹ eigentlich gemeinsam, kollektiv, gesellschaftlich oder individuell hinwollen? Sind cis Männer wirklich glücklich in den Verhältnissen, in denen wir leben? Hören sie so wenig anderen zu, dass sie sich kein Bild davon machen können, wie es anders sein könnte?[12]

(Nicht nur) für transformative Prozesse gilt: Die gewaltausübende Person muss wissen, warum er das macht. Wenn Männer keine Vision davon haben, wohin sie mit der transformativen Arbeit wollen, können sie den Weg dorthin auch nicht finden. Auf keinen Fall sollte der Eindruck entstehen (und glaubt uns, der entsteht in der Praxis ständig), die transformative Gruppe würde irgendwas von der gewaltausübenden Person wollen. Es ist genau umgekehrt: Die transformative Gruppe könnte in der Zeit wahrscheinlich gut Eis essen gehen, die gewaltausübende Person nicht.

Gewaltvolles Verhalten von Männern ist gesellschaftlich anerkannt bzw. wird selten sanktioniert oder ist sogar positiv besetzt. So wird es Männern einfach(er) gemacht, Macht auszuüben. Sexismus, Macht, Sexualität und Übergriffigkeit sind in dieser patriarchalen und heterosexistischen Gesellschaft so eng mit Männlichkeit(en) verflochten, dass Übergänge und Unterschiede nicht immer trennscharf und für diesen Text vielleicht gar nicht notwendig oder sinnvoll sind. Ständig werden Männern in ihrer Sozialisation Verhaltensweisen als ›normal‹, ›cool‹ oder ›männlich‹ verkauft. Diese tragen am Ende zu wahnsinnig viel Scheiße im Miteinander bei:

> »Als ich es das erste Mal hörte, fand ich das Oberkörperfrei-Verbot eine Unverschämtheit. Ich war unfassbar empört. Ich erlebte das erste Mal, meiner Individualität beraubt zu werden und einfach nur noch Mann zu sein. Unverschämt!!! Es ging nicht mal um mich, sondern um einen Mitbewohni, aber meine unfassbare Empörung lässt tief blicken.« (ein Freund von uns)

Die Kombination von *weiß*-Sein, Hetero-Sein und Cis-Männlichkeit bringt Menschen in eine so →privilegierte Position, dass sie glauben und erfahren, sie wären die Norm, Individuen, frei von gesellschaftlicher Zurichtung, Zuschreibungen und Einschränkungen. Die Konfrontation mit

12 Auftrag an den Leser: 1. Schreibe drei Wünsche oder Visionen (d)einer weniger patriarchalen Gesellschaft auf. 2. Rede mit Leuten drüber. 3. Mal gucken, was passiert.

Gegenwehr, anderen Vorstellungen, Bedürfnissen, Weltbildern, Grenzen und Erfahrungen scheint darin nicht vorgesehen – und verläuft dementsprechend im besten Falle holprig.

Stellen wir uns ein Kontinuum des Verhaltens von cis Männern vor: von irgendwie erträglich, ›nur‹ anstrengendem Redeverhalten, über keine Verantwortung für Care- und Repro-Arbeit übernehmen, ungefragt Dinge erklären, bis hin zu Einschüchterung, Vergewaltigung, Mord. Die Vorstellung des Kontinuums hilft, Muster, Mechanismen und Übergänge im patriarchalen Verhalten wahrzunehmen und zu verstehen, dass alle Männer – nicht nur die, die als gewaltausübend benannt werden – ihr Verhalten ändern müssen. Das bedeutet für cis Männer zuallererst, sich selbst ›mit in den Topf zu werfen‹ und sich einzugestehen, patriarchales Verhalten erlernt und verinnerlicht zu haben.

Auch wenn oft so darüber gesprochen und gedacht wird, ist es nicht eine zufällige, unvorhersehbare Situation, in der ein ›guter‹ zu einem ›schlechten, übergriffigen‹ Mann wird. Vielmehr ist in den gesellschaftlichen Verhältnissen und ihrer patriarchalen Zurichtung die Gewalt bereits angelegt. Übergriffe passieren nicht im luftleeren Raum, sondern innerhalb einer Gesellschaft, einer Community, einer Politgruppe. Das soll nicht das Individuum von der eigenen Verantwortung entbinden, aber: Übergriffiges Verhalten hat Struktur und wird geduldet.

> »Gewalt wird [in der transformativen Arbeit] als sozial erlernte Verhaltensweise betrachtet und damit nicht als Resultat einer ›kranken‹, ›verrückten‹ oder ›schlechten‹ Person angesehen. Dies stellt uns vor die Herausforderung, sich damit zu konfrontieren, dass wir alle die Fähigkeit dazu haben, Gewalt in verschiedenen Kontexten auszuüben und von verschiedenen Unterdrückungssystemen zu profitieren.« (CARA, 2014, S. 6).

Umso wichtiger ist es, davon wegzukommen, vorrangig auf die anderen zu schauen, die ja viel schlimmer sind, sondern bei sich selbst und seinen erlernten patriarchalen Verhaltensweisen anzufangen. Zu verlockend scheint der Griff in die Trickkiste: Wenn ich mich oder den anderen als abweichend von der gesellschaftlichen Norm darstelle und abwerte, z.B. als Monster, brauche ich nicht den umständlichen Weg gehen, daran zu arbeiten, die patriarchale Norm zu verändern. Keinen größeren Schaden anzurichten (also sich z.B. nicht explizit grenzüberschreitend zu verhalten), kann nur der erste Schritt sein. Weniger oder nur kleinen Schaden anzurichten (die kleinen Ärgernisse im patriarchalen Alltag: von ungefragt ›die Welt erklären‹ bis zur aktiven oder passiven Deckung und Unterstützung von patriarchalen Strukturen), wird dann schon herausfordernd genug. Aber wirklich produktiv wird es erst, wenn sich cis Typen aktiv daran beteiligen, diese Verhältnisse zu ändern: sich selbst und ihr Verhalten, aber auch den Umgang in ihrem Umfeld. Es ist nicht damit getan, ›nicht so doll zu nerven und mal den Müll rauszubringen‹, sondern es geht darum, sich langfristig, ernsthaft und produktiv in ein emanzipatorisches Miteinander einzubringen.

Eine Auseinandersetzung mit Männlichkeit, die sich im Über-Männlichkeit-Reden erschöpft, ist eine Pseudo-Auseinandersetzung: Sie ermöglicht es, sich selbst als reflektiert, überlegt, wohlwollend und ein bisschen kritischer als der Rest der Männer darzustellen. Sie ändert aber nichts an der Verteilung von reproduktiver Arbeit im Haushalt, Emo-Arbeit in Freund*innenschaften und Liebesbeziehungen, erlernten Umgangsmustern mit (zugeschrieben männlicher und weiblicher) Sexualität.[13]

Aber nochmal zur Trickkiste: Selbst wenn du es schaffst, tatsächlich sinnvoll etwas beizutragen, macht dich das nicht weniger zum Mann: *weißer* cis Mann zu sein, bedeutet, Privilegien zu haben, die Teil von dir sind. Du wirst sie nicht los, du kannst nur mit ihnen umgehen (lernen). Eine Unterscheidung in kritische vs. toxische Männlichkeit suggeriert, es gäbe die ›richtige‹ Männlichkeit. Unsere Analyse und Erfahrungen sagen jedoch etwas anderes:

> »Es war ein unangenehmer Moment, zu realisieren, dass es ›die gute Seite‹ nicht gibt, bzw., dass sie unerreichbare Utopie bleiben wird, weil die Prozesse, die dort hinführen, Jahre bzw. ein Leben lang dauern und einer stetigen Beschäftigung bedürfen, wenn sie in sichtbarer Weise Früchte tragen sollen. Ich treffe mich jetzt seit über vier Jahren mit einer Gruppe, um meine patriarchalen Verhaltensweisen und Muster für mich erkennbar zu machen und Handlungsoptionen dagegen zu

13 Kleiner Selbstcheck an die (hetero) cis Männer, die diesen Text lesen: Mit wie vielen cis Männern redest du regelmäßig darüber, wie es dir geht, wie du dich fühlst? Wann hast du das letzte Mal einer FLINTA*-Politgruppe, einer Freundin, deiner Freundin den Rücken freigehalten, damit sie die Dinge tun können, die sie tun wollen? Und nicht, indem du einmal gekocht hast, sondern auch mal den Mental Load berücksichtig hast? (s. zu Mental Load den Beitrag von Sascha Verlan) Wann hast du das letzte Mal einen Freund von dir auf unangenehmes oder übergriffiges Verhalten im persönlichen Gespräch (nicht beim Rausschmiss zusammen mit deiner Polit-Gruppe) angesprochen?

> entwickeln. Ich verletze Menschen durch diese Verhaltensweisen, da nützt es auch nichts, dass mein Selbstbild ist, ein einigermaßen sensibler, einfühlsamer Mann zu sein. Ich will meine Verantwortung wahrnehmen und mit den betroffenen Menschen versuchen, Lösungen zu finden, dass ein gutes Miteinander stattfinden kann.« (Autor*in 2)[14]

Was macht aber nun einen Mann zur gewaltausübenden Person? Wann ist transformative Arbeit mit Begleitung einer Gruppe nötig? Für uns: In erster Linie, wenn eine betroffene Person einen Wunsch, eine Forderung nach dieser Arbeit stellt. Dies kann z.B. sein, wenn sie sich mit einer gewaltausübenden Person nicht in den gleichen Räumen bewegen möchte. Wir würden aber bevorzugen, wenn es dazu nicht immer und immer wieder kommen müsste und wir alle – und insbesondere cis Typen – endlich zumindest einen pragmatischen Umgang finden würden, der ein ganz bisschen weniger schlimm ist. Es gibt ja diverse Angebote, sich zu bilden, miteinander zu sprechen, Therapien zu machen, Workshops zu besuchen etc. Diese nicht nur punktuell wahrzunehmen, sondern daraus tatsächlich Änderungen mit in den Alltag zu nehmen – das wäre doch mal was.

Gleichzeitig haben nicht alle Männer die gleichen Voraussetzungen für die hier geforderten Lern- und Auseinandersetzungsprozesse. Männlichkeit(en) können auch zur Kompensation eigener Marginalisierung dienen. *weiße* hetero cis Typen können es sich leisten (vorzugeben), ihre Männlichkeit kritisch zu reflektieren, weil sie weniger auf sie angewiesen sind. Ihnen steht die Welt offen (die ja von ihnen für sie gemacht ist) und sie haben zahlreiche Quellen, aus denen sie Selbstbewusstsein ziehen können. Marginalisierten Männern hingegen sind diese Quellen in unterschiedlichen Ausmaßen beschränkt bis nicht zugänglich, sodass eine Möglichkeit, zu Bestätigung und Selbstbewusstsein zu gelangen, sein kann, sich mit einer machtvollen, dominanten Männlichkeit zu ›schmücken‹. Das soll nichts entschuldigen und auch nicht Menschen labeln. Stattdessen versuchen wir vielmehr, mitzudenken, dass es – wie auch alles andere im Leben – sehr viel leichter wird, sich mit der eigenen Männlichkeit auseinanderzusetzen, je mehr Privilegien man hat, und dass es daher für verschiedene Männer unterschiedlich möglich und risikobehaftet ist.

14 FICKO Magazin (2019).

Es ist kein Geheimnis – ihr müsst nur euren Arsch hochkriegen. Oder: Geil, die haben mir erlaubt, über meine Gefühle zu schreiben![15]

[*der folgende Teil ist aus der Perspektive von Autor*in 3 geschrieben.]

Wir hatten ja am Anfang angekündigt, aus verschiedenen Perspektiven und mit verschiedenen Stimmen zu schreiben und dass es uns wichtig ist, dass in der Auseinandersetzung mit Männlichkeit(en) und sexualisierter Gewalt Gefühle vorkommen. Hier kommen sie.

Transformative Arbeit ist keine Serviceleistung, sondern in ihrem Ursprung eine Überlebensstrategie und vielleicht der letzte Versuch, überhaupt noch Chancen auf ein emanzipatorisches Miteinander mit cis Männern offen zu halten. Aber dass gerade so viel Energie in die emotionalen Prozesse von cis Männern investiert wird, und ich das auch selber tue, heißt nicht, dass es uns gut damit geht oder dass das des Rätsels Lösung ist. Für mich heißt das vielmehr, dass sich einige Dinge grundsätzlich ändern müssen.

Mann (geworden) sein und Männlichkeit sind keine unerklärlichen, mystischen Phänomene, von denen der Einzelne in ganz besonders schrecklicher Weise betroffen ist. Deswegen: Lasst uns aufhören, Sondertörtchen für Männer und Männlichkeit zu backen. Männlichkeit und Patriarchat, das Leiden darunter und der Widerstand dagegen, sind Alltag – für uns alle, wenn auch mit unterschiedlichen Perspektiven. Es gibt sehr viele Anhaltspunkte, wie mensch und mann mit diesem Alltag umgehen könnte. Diese einfach zu ignorieren und hilflos und leidend in einer sogenannten ›kritischen Männlichkeitsgruppe‹ zu sitzen, ist womöglich nicht die Lösung.

> »Am meisten herausgefordert hat mich, meine Geduld zu behalten. Wir haben uns in den Treffen mit P immer wieder im Kreis gedreht, mussten Dinge wieder und wieder besprechen. Ich kann verstehen, dass er ›es richtig machen wollte‹, um sich nicht noch tiefer in die Scheiße zu reiten. Und er war einfach wahnsinnig nervös und verunsichert. Auch verständlich, es gab schließlich den Vorwurf sexualisierter Gewalt gegen ihn – das Aus für seine Kontakte in der linken Szene, das Aus für sein Wohnumfeld und die Gefahr des Verlustes ihm wichtiger Kontakte.

15 Einige Personen (durchaus nicht alle), die diesen Text vorab gelesen haben, gaben zu diesem Abschnitt die Rückmeldung, dass er vielleicht wenig pädagogisch wertvoll sei ... soll er auch nicht sein: denn ich befinde mich mit ›euch‹ nicht in einem pädagogischen Verhältnis.

> Er versank in Schuld und Scham. Aber nicht, weil ihn plötzlich die Empathie mit den betroffenen Personen ereilte und überwältigte. Nein, er hatte in erster Linie Angst um seine Haut.« (Autor*in 1)

> »Manchmal hätte ich ihn schütteln können oder schreien. Mir ist das in dieser Arbeit nicht nur mit ihm, sondern mit mindestens zwei weiteren cis Männern so gegangen, dass sie mir gegenübersaßen, in Selbstmitleid versanken, völlig auf sich fixiert waren, auf ihr ›Leid‹, und unfähig, Mitgefühl mit betroffenen Personen zu fühlen oder zu artikulieren.« (Autor*in 1)

Das führt mich zu meiner Lieblingsfrage: Wer ist hier eigentlich das Opfer? Ich werde regelmäßig wütend, wenn mir Typen vorjammern, wie schlimm das jetzt alles ist, wie verunsichert sie sind und wie leid ihnen das alles tut und dass sie ja jetzt auch nicht wissen, was zu tun ist. Wirklich wütend. So richtig. Und damit ist es nicht getan, sondern es passieren dann zwei Dinge: Erstens wird von mir als FLINTA*-Person emotionale Arbeit und solidarische feministische Kritik eingefordert, beides Dinge, die mich Zeit und Energie kosten, die ich dann nicht für andere(s) habe. Zweitens wird ›der kritisierte Mann‹ als die hilfsbedürftige, leidende, unterlegene, vielleicht sogar unschuldige (?) Person konstruiert, anstatt dass Typen Verantwortung für ihr Handeln übernehmen würden und herausfinden, wie sie sich gut und verantwortungsvoll kümmern können.[16]

Wie wäre es, von anderen Kämpfen zu lernen? → Intersektionale Perspektiven mit einzubeziehen? Dass in antirassistischen und LGBTIQ*-Zusammenhängen gut erprobte Allyship-Konzept (und die dafür vorhandenen langen Empfehlungs- und To-Do-Listen) mal praktisch anzuwenden?

Und ist euch aufgefallen, dass im Allyship-Konzept sehr deutlich gemacht wird, dass *weiße* Personen oder in diesem Fall cis Männer nicht die Opfer sind? Und dass sie andere Umgangsweisen finden müssen, als ständig von People of Color (oder in diesem Fall FLINTA*-Personen) Rat, Unterstützung, Kritik, Komfort etc. einzufordern?

Besonders die von Kim Posster (auch in diesem Sammelband) formulierte Frage »Wie können Männer Teil feministischer und emanzipatorischer Bewegungen sein, OBWOHL sie Männer sind?« ist bei mir hängen geblieben. Und in meinen (*weißen* cis weiblichen) Ohren klingt sie auch

16 Aufgabe an den Leser: Welche Inhalte und Punkte unseres Textes lösen Widerstand in dir aus? Sprich mit einer Person darüber. Ergründe, warum sie Widerstand auslösen.

sehr ähnlich zu »Wie können *weiße* Menschen Teil antirassistischer und emanzipatorischer Bewegungen sein, OBWOHL sie *weiß* sind?«.

Ich kann nicht jedes Mal, wenn ich mich unsolidarisch, dumm oder strukturell rassistisch verhalten habe, meine Freund*innen of Color zu jeder Tages- und Nachtzeit anrufen und mich gratis betüdeln und beraten lassen. Das läuft halt so nicht. Und das sollte es für Männlichkeit auch nicht. Keine Sondertörtchen. Kein Rumgeopfer. Keine Verschiebung, um wen und was es eigentlich geht.

Und bestimmt stoßen sich Menschen an dem Wort ›Rumgeopfer‹ und haben Sorge, dass ich damit Vorstellungen von Männlichkeit reproduziere, in denen Männer ihre Gefühle nicht zeigen dürfen, nicht schwach, nicht unsicher sein dürfen etc. Für mich gibt es einen Unterschied zwischen Gefühle zeigen, sich anderen Menschen öffnen, verletzlich sein, sich über Unsicherheiten austauschen und, auf der anderen Seite, nur in einer bestimmten Konstellation, in einem bestimmten Moment verunsichert zu sein und zwar in dem, wo die Alternative wäre, Verantwortung für das eigene Handeln zu übernehmen und tatsächlich etwas zu tun, vielleicht etwas, dass das eigene Selbstbild nicht zulässt oder das im eigenen sozialen Kontext unbequem ist.

Es fällt mir schwer, Menschen Schuld und Scham vorzuwerfen, aber oft ist es (auch) eine Ausweichstrategie. Wenn gewaltausübenden Personen gesagt wird, dass es problematisch ist, dass sie über Schuld und Scham nicht hinauskommen, empfinden sie Schuld und Scham, weil sie Schuld und Scham empfinden. Typen, die sich dauerhaft auf ihre Überforderung zurückziehen, verhindern damit eine tiefere Auseinandersetzung und das hat dann auch Gründe.

> »Manchmal übernahm P die Kontrolle über die Treffen. Nicht mit großem Getöse, sondern subtil und wie zufällig biss er sich an Details fest, die wir als Banalitäten abtaten. Für ihn waren diese Details teilweise nicht so banal. Zusätzlich häuften sich die Situationen, in denen er auf organisatorischen Fragen herumkaute (Wie kontaktiere ich am besten betroffene Person Z, wenn ich in Kneipe X will?) und vermied so, an die für uns spannenden Punkte zu kommen (Wie hast du dich in Situation F verhalten? Was wolltest du da erreichen? Wie hättest du dich alternativ verhalten können?).« (Autor*in 1)

Wie schaffen es Typen, wenn sie kritisiert werden, doch wieder die zu sein, die in ihrem Prozess begleitet, unterstützt und beschützt werden? Wie viel wird darüber geredet, wie es irgendwelchen übergriffigen Typen geht, und wie wenig weiß ich über Prozesse von betroffenen Personen?

Offensichtlich ist den *weißen* cis Typen ihr Privilegien-Konglomerat ordentlich zu Kopfe gestiegen: Wenn mann nie gelernt hat emotionale oder andere Arbeit selbst und wirklich selbst und nicht durch Zuarbeit von anderen zu machen, kommt man vielleicht auch nicht auf die Idee, wie das geht. Aber sorry not sorry: Kein Grund für Mitleid. Das müsst ihr schon auf die Reihe kriegen. Kein Mensch glaubt denen mit den meisten Ressourcen, wenn sie behaupten, das nicht hinzukriegen. Ach nee, wird das anstrengend ... Was glaubt ihr denn, wie unsere Prozesse aussehen? Sekt und Party?

Notwendigkeit und Sinnhaftigkeit transformativer Arbeit

Was bleibt nach all der Wut, dem Frust, der investierten Zeit und Energie? Warum machen wir (trotzdem) transformative Arbeit? Haben wir überhaupt die Wahl? Und bindet diese Arbeit nicht zu viele feministische Kräfte, die an anderer Stelle dringend gebraucht werden? Wer sollte überhaupt Energie in transformative Prozesse investieren und wer hat z.B. aus eigener Betroffenheit andere Prioritäten? Was wäre die Alternative zu transformativer Arbeit? Die einsame Insel für alle (übergriffigen) cis Typen? Es sind eben auch unsere Freund*innen, Liebesbeziehungen und wir selbst, um die es hier geht.

Wir wollen Verhältnisse nicht hinnehmen, in denen FLINTA*-Personen z.B. zur Polizei gehen müssen, um Übergriffe anzuzeigen und dort ggf. vor dem diensthabenden cis männlichen Polizisten in Uniform traumatisierende Details des Übergriffs auspacken und ausführlich beschreiben zu müssen, um dann zu hören zu bekommen, dass der erlebte Übergriff kein offizieller Straftatbestand ist. Oder Verhältnisse, in denen es keine gemeinschaftliche Handhabe für rassistische Übergriffe und Bedrohungen gibt, in denen betroffenen Personen nicht geglaubt wird, sie selbst verdächtigt werden, selbst wenn schon Menschen ermordet wurden.

Wir setzen uns für ein Miteinander jenseits von Polizei, Strafe, Sanktion und Ausschluss ein! Stattdessen wünschen wir uns ein Umfeld, in dem Menschen verantwortlich mit sich selbst und anderen umgehen, und da kommen wir nur hin, indem wir selbst zu diesem Umfeld werden – zusammen.

Wie hätte ich gern, dass mit mir umgegangen wird, wenn ich übergriffig oder grenzüberschreitend war? Wie möchte ich, dass mir als von sexualisierter oder rassistischer Gewalt betroffener Person begegnet wird? Wie können wir verhindern, dass solche Übergriffe überhaupt passieren? Welche Absprachen können wir treffen, welche Texte lesen, welche Workshops besuchen, wem zuhören? ... Die Liste ist lang.

Und: Wer ist eigentlich dieses ›wir‹? Viele Wohnprojekte, autonome Zentren, Bands, Arbeitszusammenhänge etc. verstehen sich gar nicht als Umfeld, als Community, als ›wir‹ und sind daher auch nicht bereit oder kommen gar nicht auf die Idee, sich selbst als Teil transformativer Arbeit zu sehen. Das würden wir gern ändern, denn: ohne Community keine Accountability!

Wie eingangs erwähnt, sind die Kontexte, in denen *Transformative Justice* und *Community Accountability* entwickelt und erprobt sind, andere als unsere *weiß*-deutschen linken Szene-Zusammenhänge. Einerseits profitieren wir von der Arbeit, die marginalisierte Menschen und Communitys bereits geleistet haben, andererseits müssen wir uns auch damit auseinandersetzen, wie und ob diese Konzepte überhaupt übertragbar sind und ob unsere linken Szeneumfelder eine ausreichende Form von Gemeinschaft oder Umfeld sind oder sein wollen.

Für uns ist es keine Option, transformative Arbeit nicht zu machen. Aber wir würden sie in einem neuen Prozess stärkeren, klareren Kriterien unterlegen:[17]

- FLINTA*-Personen begrenzen ihren emotionalen und zeitlichen Aufwand für transformative Arbeit.
- Der transformative Prozess wird auf 25 Treffen mit der gewaltausübenden Person festgelegt und danach mit einer Auswertung beendet, unabhängig davon, was erreicht wurde.
- Auf dieser Grundlage können dann Politgruppen, Wohnzusammenhänge oder andere Community-Strukturen erwägen, ob die gewaltausübende Person in den Strukturen bleiben kann oder ausgeschlossen werden soll.

Insgesamt gilt für uns: Transformative Arbeit können nicht einige wenige als Dienstleistung für die ›Szene‹ machen, sondern, wenn wir etwas verän-

17 Zur Frage, was wir beim nächsten Mal in der transformativen Arbeit anders machen würden, siehe auch ausführlicher unser bereits erwähntes Zine in Arbeit.

dern wollen, dann müssen wir alle ran, die einen mehr, die anderen weniger. Und wir wissen, dass nicht alles gleichzeitig geht, aber irgendwas wird schon gehen und irgendwas ist besser als nix.

Danksagung

Wir danken Ö und der U-Gruppe für das Anstoßen des transformativen Prozesses. Außerdem danken wir T, F, M und N für die hilfreichen Anmerkungen und Ergänzungen zu diesem Text. Und wir danken den anderen Einzelpersonen und Gruppen, die sich mit uns über unsere Prozesse ausgetauscht und uns beraten haben.

Quellenverzeichnis

Brazzell, Melanie (Hg.) (2018): *Was macht uns wirklich sicher? Ein Toolkit zu intersektionaler Transformativer Gerechtigkeit jenseits von Gefängnis und Polizei.* Münster: Edition Assemblage.

CARA (Community Against Rape and Abuse) (2014): *Das Risiko wagen. Strategien für selbstorganisiserte und kollektive Verantwortungsübernahme bei sexualisiserter Gewalt.* Berlin. Zugriff am 02.07.2020 unter https://www.transformativejustice.eu/wp-content/uploads/2017/04/Das-Risiko-wagen.pdf

N.N. (2019): *Männlichkeit und Pro:feminismus: Vom Ende einer Veranstaltung und zum Fehlen einer Praxis.* Zugriff am 31.10.2020 unter https://ficko-magazin.de/mannlichkeit-und-profeminismus/

Response (2018): *Was tun bei sexualisierter Gewalt? Handbuch für die Transformative Arbeit mit gewaltausübenden Personen*, Unrast Verlag.

Thompson, Vanessa E. (ohne Jahr): »*Die Polizei ist Schutz und Gefahr*«. Zugriff am 03.09.2020 unter https://taz.de/Soziologin-ueber-Polizei-und-Rassismus/!5693858/

Transformative Hilfe. Gedanken über gemeinschaftliche Hilfe in Fällen von intimer Gewalt. Zugriff am 15.07.2020 unter http://transformation.blogsport.de/images/TransformativeHilfe.pdf

Till Baumann und Andreas Spading

Anti-patriarchale Lockerungsübungen

Ein Dialog zwischen zwei Aktiven der Theatergruppe Masculinities Lab (Berlin)

Andreas Spading und Till Baumann sind Teil des *Masculinities Lab*, einer Gruppe, die mit *Theater der Unterdrückten (TdU)* aus männlich sozialisierter Perspektive kritisch zum Thema Männlichkeiten arbeitet und in der Berliner Theaterwerkstatt *KURINGA* probt (https://kuringa.org/). In diesem Dialog, der im März und April 2020 stattfand, berichten sie von ihren Erfahrungen nach rund drei Jahren Zusammenarbeit im *Masculinities Lab*.

Andreas: Die Idee und die Notwendigkeit, aus einer männlich sozialisierten Perspektive zu (unserem) Sexismus und Patriarchat zu arbeiten, entstand aus Erfahrungen in verschiedenen gemischt-geschlechtlichen Gruppen. Wir wollten einen Raum schaffen, um die eigene Sozialisation besser zu verstehen, uns für Sexismus weiter zu sensibilisieren und um gemeinsam nach Möglichkeiten zu suchen, wie wir Verantwortung für das gesellschaftliche Problem Sexismus übernehmen können. Wichtig finde ich zu benennen, dass die Notwendigkeit, zu diesen Themen zu arbeiten, nicht (nur) aus uns selbst herausgewachsen ist. Vor allem → FLINT*-Personen[1] aus unserem Umfeld haben immer wieder, ob in persönlichen Gesprächen oder in geschlechtergemischten Workshops und Seminaren zu Genderthemen, diese Auseinandersetzung eingefordert. Unsere Gruppe besteht nun schon gut drei Jahre in großer personeller Kontinuität, unter anderem, weil sich einige Teilnehmende schon aus anderen Gruppen kennen. Mit der Zeit ist dann untereinander Vertrauen gewachsen – auch darin, dass wir uns kritisch-solidarisch in der Bearbeitung unseres Sexismus begleiten. Das ist für mich wirklich etwas Besonderes.

1 Alle mit einem → gekennzeichneten Begriffe werden im Glossar erläutert.

Till: Unser Berliner *Masculinities Lab* ist Teil einer vertieften Auseinandersetzung mit Sexismus und Geschlechterverhältnissen, die aktuell im internationalen *Theater der Unterdrückten* stattfindet. In der global vernetzten TdU-Szene haben sich in den letzten Jahren mehrere Gruppen gegründet, die sich kritisch aus (meist) → cis-männlicher Perspektive mit dem Thema Männlichkeiten auseinandersetzen. Dies geschah zunächst insbesondere in lateinamerikanischen Kontexten und damit dort, wo → feministische Bewegungen in den letzten Jahren eine besondere Stärke entwickelt haben: zum Bespiel in Argentinien, Kolumbien, Zentralamerika … Auch im TdU gibt es seit inzwischen rund zehn Jahren eine starke Organisierung feministischer Gruppen und Aktivistinnen: das internationale *Ma(g)dalena Netzwerk*. Die *Ma(g)dalenas* haben vieles von dem infrage gestellt, was in der TdU-Szene lange Zeit als selbstverständlich galt, z.B. die große Bedeutung, die → *weißen* und männlich sozialisierten TdU-Praktikern aus dem Globalen Norden zugeschrieben wurde, also Leuten wie dir und mir. In der lateinamerikanischen TdU-Szene hat die Auseinandersetzung mit dem Thema Geschlechterverhältnisse auch deswegen eine besondere Intensität erreicht, da alle zwei Jahre große kontinentale TdU-Treffen stattfinden (*ELTO – Encuentros Latinoamericanos de Teatro de las Personas Oprimidas*), bei denen Machismo und männliche Dominanz auf scharfen Gegenwind stoßen. Für Einzelne aus dem *Masculinities Lab* war die Teilnahme am letzten ELTO in Uruguay eine wichtige Erfahrung, genauso wie es hier in Berlin die Auseinandersetzung mit der Gruppe *Madalena-Berlin* ist.

Andreas: Ja, ich denke, wenn es das *Ma(g)dalena-Netzwerk* und *Madalena-Berlin* nicht gäbe, gäbe es wohl auch kein *Masculinities Lab* in Berlin.

Warum Theater der Unterdrückten?

Till: Manchmal werden wir gefragt, warum wir zum Thema Männlichkeiten ausgerechnet mit dem *Theater der Unterdrückten* arbeiten. Einmal liegt das natürlich deswegen nahe, da einige aus der Gruppe sowieso mit TdU arbeiten bzw. ihnen diese Art der Auseinandersetzung mit Themen vertraut ist. Ich habe beispielsweise über Jahre hinweg Forumtheaterprojekte mit männlichen Jugendlichen und Heranwachsenden im Jugendstrafvollzug geleitet. Wir haben Stücke zu unterschiedlichen Themen entwickelt, irgendwann dann auch expliziter zum Thema Männlichkeiten bzw. → Männlichkeitsanforderungen. Und obwohl mich die Gefängnistheaterarbeit persönlich berührt hat wie kaum eine andere, war die Auseinandersetzung mit dem Thema Männlichkeiten in diesem Zusammenhang eher die der anderen, nicht meine eigene. Die Lebenswelt jugendlicher Inhaftierter war von der meinen jedenfalls weiter entfernt, als das jetzt im Masculinities Lab der Fall ist, wo ich auf eine ganz andere Weise Teil des Prozesses bin.

Andreas: Ich erinnere mich, wie wir einmal auf einem selbstorganisierten Kongress zum Thema kritische Männlichkeiten ganz belesen diskutiert haben, verschiedenste feministische Theoretiker*innen zitiert usw., und ich fand's natürlich spannend und erhellend – gleichzeitig blieb der Eindruck, dass wir uns durch diese akademische Art der Auseinandersetzung das Thema auch vom Halse halten. Und deswegen damit auch nicht so recht weiterkommen. Wir sind beim Versuch der Dekonstruktion immer wieder in der Reproduktion patriarchaler Muster und der Ausübung unserer → Privilegien gelandet. Das passiert uns natürlich auch so ständig, auch mit der Theaterarbeit. Aber unsere Körper entlarven uns und zeigen vieles, das wir selbst über uns nicht sehen wollen oder können.

Till: Und gerade weil unsere Körper die primären Ressourcen in unserer Theaterarbeit sind, wird vieles möglich. Das bedeutet auch nicht selten, Neuland zu betreten, die gewohnten Komfortzonen der Verbalisierung zu verlassen, und das kann einiges an Verunsicherung auslösen – wobei eine solche Verunsicherung ja auch produktiv sein kann, solange man damit nicht alleine ist. Auf jeden Fall erlaubt uns die körperliche Darstellung, Dinge auf eine andere Weise sichtbar zu machen, als dies nur mit Worten möglich wäre. Hinzu kommt, dass Theater ein riesiges metaphorisches und imaginatives Potenzial besitzt. Wenn wir Theater machen, können wir spielerisch und kreativ mit Realität umgehen und auch mal versuchen, andere Versionen von Realität zu imaginieren. Gerade beim Forumtheater geht es ja um das kritische Hinterfragen des Status Quo und die gemeinsame Suche nach Alternativen – letztlich genau das, was wir mit den herrschenden Geschlechterverhältnissen tun wollen. Augusto Boal hat viele künstlerische Methoden entwickelt, die uns dabei helfen können, gesellschaftliche Macht- und Herrschaftsverhältnisse infrage zu stellen. Der Unterschied ist, dass das normalerweise im Theater der Unterdrückten, wie der Name schon sagt, aus der Perspektive der Unterdrückten geschieht. Die Unterdrückten in dieser patriarchal strukturierten Gesellschaft sind jedoch andere als wir.

Andreas: Ein Forumtheaterstück entsteht in einem gemeinsamen Entwicklungsprozess aus den Alltagserfahrungen und Lebenswelten der am Stück Beteiligten. Es gibt also kein vorgeschriebenes Skript und wir sind alle Laienschauspieler. Es ist ein Forschungsprojekt, bei dem durch verschiedene Theaterübungen, gemeinsames Lesen, Diskutieren und Recherchieren Material auftaucht, welches sich dann über die Zeit zu einem Stück zusammensetzt. Wenn wir dann das Stück zeigen, findet über die Aufführung, die anschließende Diskussion im Forum und die Interventionen aus dem Publikum ein Dialog in der Öffentlichkeit statt. Hierbei kommen Menschen aus dem Publikum auf die Bühne und spielen ihre Handlungsvorschläge selbst. Das hilft uns einerseits, nicht nur im eigenen Saft zu schmoren und andere Perspektiven und Reaktionen zu hören, aber auch Debatten anzustoßen oder an Orte zu tragen, wo diese gerade so noch nicht stattfinden. Die Rückmeldungen und Vorschläge aus dem Publikum können dann wiederum ins Stück einfließen, sodass die Fragestellungen im Stück ständig aktuell bleiben. Da wir uns in unseren Stücken immer auch selbst meinen und unser Verhalten problematisieren, kann dies Diskussionen anstoßen (sowohl bei uns als auch im Publikum), in denen bei der Thematisierung von Sexismus aus männlich sozialisierter Perspektive nicht nur auf andere gezeigt wird. Gleichzeitig kann nach ganz konkreten Handlungsoptionen gesucht werden.

Es ist leichter, über den Sexismus der anderen zu reden

Andreas: Ein ganz wesentlicher Impuls ging für uns vom ELTO in Uruguay aus, und damit vom Austausch mit anderen Männern*, die mit dem TdU kritisch zum Thema Männlichkeiten arbeiten. Ein ELTO-Teilnehmer hat Gruppen wie das Masculinities Lab mit Selbsthilfegruppen der Anonymen Alkoholiker verglichen. Es gelte, sich also jeden Tag neu vorzunehmen, persönlich anti-patriarchal zu agieren. Für mich verdeutlicht das, dass wir als männlich Sozialisierte aus der Nummer nicht so schnell rauskommen. Es ist ganz wesentlich, dass, wenn immer ich Sexismus kritisiere, ich auch schaue, was ich davon – wenn auch vielleicht nur in Spuren – in mir finde. Das ist natürlich schmerzhaft und aufwendig. Aber ich denke, auf dieser Grundlage kann ich glaubhaft Sexismus thematisieren. Es macht auch deutlich, dass es nicht um einen Wettlauf geht, wer von uns ›der am wenigsten Sexistische‹ ist – sondern eher darum, uns gemeinsam unserem Problem zuzuwenden.

Und auch das mussten wir lernen. Erst in der Reflexion unseres ersten Stücks, das wir nur im kleineren Rahmen gezeigt haben, haben wir bemerkt, dass dieses – obwohl wir ja von unseren Erfahrungen ausgegangen waren – am Ende gar nichts so richtig mit unseren Lebensrealitäten zu tun hatte. Es war irgendwie mal wieder leichter, über den Sexismus der anderen zu reden. Erst im zweiten Stück – über patriarchale Dominanzstrategien – sind wir näher an uns selbst und unseren Sexismus gekommen. In der Stückentwicklung sind wir von Situationen ausgegangen, in denen wir selbst dominant agieren. Oder auch von Situationen, in deren Dynamik wir uns selbst hilflos gefühlt haben: in denen wir scheinbar auf Dominanz nur mit noch mehr Dominanz oder Rückzug reagieren konnten. Anzuerkennen, dass alle diese Rollen in unserem Verhaltensarsenal angelegt sind und auch von jedem von uns ausgeübt werden (können), habe ich als wichtigen Baustein für das Gelingen der Gruppenarbeit erlebt.

Till: Das war ein spannender, gelegentlich auch anstrengender Prozess, zumal das Thema männliche Dominanzstrategien natürlich auch im ganz realen Gruppenprozess einer gemeinsamen Stückentwicklung präsent ist. Wer hat die beste Idee, wer den originellsten Impuls für die Szene? Wer setzt sich mit seiner Idee durch? In der konkreten Situation im Theaterraum heißt das, gleichzeitig auf mehreren Ebenen unterwegs zu sein: du arbeitest gemeinsam an einem Stück, das männliche Dominanz und die ganze Palette an bescheuertem männlichen Wettbewerbsverhalten thematisiert, und erlebst Aspekte dieses Verhaltens live vor Ort, in der Gruppe, an dir selbst. Diese Arbeit ist voller Widersprüche und Ambivalenzen, das ist manchmal gar nicht so einfach auszuhalten. Auch die Situation auf der Bühne ist ja irgendwie paradox: Wir als männlich sozialisierte Personen nehmen uns den Raum, die Bühne auszufüllen, um männliche Dominanz, männliches Zuviel-Raum-Einnehmen zu thematisieren. In den besseren Momenten des Stückes gelingt es uns, diese Widersprüche auch sichtbar zu machen bzw. zu verkörpern. Aber nicht immer.

Andreas: Nach dem ELTO waren wir dann so eingenommen von der Idee, dass wir komplett verstrickt und durchzogen von Sexismus sind, dass die ersten Versionen unseres zweiten Stücks gar keinen richtigen Protagonisten hatten – also im Forumtheater-Sinne keine Figur, die wirklich etwas an den problematischen Situationen verändern will. Ich denke einerseits hatten wir wirklich keine klare Idee, wie wir die Situationen verändern können, und andererseits haben wir uns selbst misstraut, ob wir wirklich glaubhaft einen anti-sexistischen Protagonismus verkörpern können. Und ob es den gibt und falls ja, wie der aussieht, bleibt für uns eine riesige Frage – ich denke, wir begeben uns gemeinsam mit dem Publikum auf die Suche danach.

Till: Ja, und deswegen ist Forumtheater auch so eine interessante Theaterform für uns. Wir haben im Laufe der Zeit mit unterschiedlichen Methoden aus dem TdU gearbeitet, gruppenintern auch immer wieder mit den introspektiven Techniken aus dem *Regenbogen der Wünsche,* was sehr inspirierend war. Aber Forumtheater erlaubt uns, unsere Fragen und Zweifel mit einem Publikum zu teilen und zu einer gemeinsamen Suchbewegung einzuladen. Bei den Veränderungsideen und konkreten Interventionen aus dem Publikum, die auf der Bühne gezeigt und dann gemeinsam reflektiert werden, geht es dabei nicht um schnelle Lösungen, nicht um die eine Idee, die alles verändert – so einfach ist es nicht, weder auf der Bühne noch in der Realität. Aber einen Dialog über Sexismus, über real existierende Geschlechterverhältnisse und die Möglichkeiten ihrer Transformation, den möchten wir gerne anregen. Unsere Erfahrung ist, dass es auch vom konkreten Aufführungskontext abhängt, wie gut das gelingt.

Andreas: Ja, die Wahl von Ort und Publikum ist wesentlich für unser Stück. Es muss einen guten Grund geben, warum wir uns die Bühne nehmen, z.B., weil wir als männlich Sozialisierte mit anderen männlich Sozialisierten über Sexismus ins Gespräch kommen wollen. Meist haben wir allerdings vor gemischt-geschlechtlichem Publikum gespielt. Dabei haben wir die Erfahrung gemacht, dass Menschen, die sich als männlich sozialisiert sehen, eher selten auf die Bühne gekommen sind. Woran das liegt, müssen wir noch besser verstehen. Aber eine Vermutung ist, dass es viel mit Scham zu tun hat oder mit der Angst vor Beschämung. Nicht nur wegen der Bühnensituation, sondern auch, weil es heikel sein kann, wenn der eigene vielleicht noch unentdeckte Sexismus sichtbar wird.

Till: Wir haben einige Forumtheateraufführungen vor geschlechtergemischtem Publikum erlebt, in denen sich deutlich mehr FLINT* in die Diskussion einbrachten bzw. auf die Bühne kamen, um ihre Ideen zu zeigen, als männlich sozialisierte Personen. Da kann dann manchmal eine ganz schön schräge Dynamik entstehen, finde ich, die grundsätzliche Fragen aufwirft: Für wen machen wir das eigentlich? Wer sorgt dafür, dass wir nicht zu sehr ›im eigenen Saft schmoren‹, und was haben die eigentlich selbst davon?

Hinzu kommt, dass wir Macht und Privilegien, mit denen wir in einer patriarchalen Gesellschaft ausgestattet sind, nicht einfach an der Garderobe abgeben bzw. backstage lassen können. Nur weil wir uns kritisch mit Macht und Privilegien auseinandersetzen wollen, heißt das nicht, dass wir weniger davon hätten. Das gilt übrigens nicht nur für das Thema Männlichkeit. Die derzeit Aktiven im *Masculinities Lab* sind alle *weiß*, viele von uns sind auch in anderen Bereichen eher privilegiert.

Andreas: Paradoxerweise verschafft uns die Auseinandersetzung mit unserer gesellschaftlichen Position und unseren Privilegien sogar noch mehr Privilegien, z.B. indem wir uns neue Handlungsmöglichkeiten erarbeiten und dadurch erstmal reflektierter erscheinen. Auf ›alte‹ patriarchale Strategien können wir bei Bedarf halt trotzdem zurückgreifen (und das machen wir ja auch). Und es ist ja durchaus komfortabel, als geschlechterreflektiert wahrgenommen zu werden. Deswegen finde ich es wichtig, immer wieder die Motivation für mein Agieren zu hinterfragen, um zu bemerken, wenn ich auswendig gelernte Floskeln und Reaktionen abspule, weil diese als antipatriarchal gelten. Natürlich ist es für mein Umfeld angenehmer, wenn ich in Gesprächen meinen Mitteilungsdrang angemessen drosseln kann, und es ist auch sehr wichtig, dass wenn ich mich z.B. dabei ertappe, wie ich im Kontakt mit einer Frau ihren Körper bewerte, das dann zu lassen. Eine ganz andere Qualität bekommt mein Handeln aber dann, wenn ich aus Interesse an der Verbindung und den Gedanken der anderen gar nicht mehr die ganze Zeit reden will oder mir das Bewerten von Körpern gar nicht erst in den Sinn kommt, weil ich es übergriffig und unpassend finde. Wenn das gelingt, ist meine Haltung eine andere geworden, etwas das einmal eingeschrieben war, hat meinen Körper verlassen. Das passiert bei mir nicht so sehr über das Lesen von Texten, sondern durch viel Üben und Umlernen, und immer wieder durch Gespräche mit FLINT*. Unsere Art, Theater zu spielen, empfinde ich als anti-patriarchale Lockerungsübungen auf diesem Weg.

Till: Lockerungsübungen, die wir uns übrigens auch deswegen leisten können, weil wir von anderen dabei unterstützt werden. Einige von uns leben in heterosexuellen Beziehungen und haben Kinder. Oft sind es die Partnerinnen, die sich um die Kinder kümmern, wenn wir uns zur Theaterprobe treffen, um uns kritisch mit Männlichkeiten zu beschäftigen. Wie gesagt, diese Arbeit ist voller Widersprüche und ich persönlich erlebe auch Momente, in denen ich mich frage, wie viel Sinn sie für mich in dieser konkreten Form angesichts all dieser Widersprüche macht. Aber was mich noch interessieren würde: was wünschst du dir als nächsten Schwerpunkt unserer Theaterarbeit zum Thema Männlichkeiten?

Andreas: Ich finde es nach wie vor wichtig, dass wir Dominanz- und Konkurrenzverhalten thematisieren, einfach, weil es so präsent in unserer Gruppenarbeit ist. Und dann gibt es da große, wichtige Themen wie Gewalt von Männern und sexualisierte Gewalt, an die wir uns als Gruppe nur langsam heranwagen. Im Grunde zweifle ich auch immer wieder, woran ich Sinn und Unsinn unserer Gruppe festmachen will. Aber es tut mir unglaublich gut, anti-sexistische Solidarität mit Männern* zu erleben. Es hilft mir, das (Selbst-)Zerstörerische meiner gelernten sexistischen Strategien zu erkennen – und damit meine Motivation, für eine post-patriarchale Welt zu streiten, zu festigen.

Till: Das geht mir ganz ähnlich. Ich habe in diesen Jahren viel gelernt, vor allem über mich selbst. Und ich habe gelernt, wie viel ich auf diesem Weg noch zu verlernen habe. In eine patriarchale Gesellschaft hineinsozialisiert zu werden, das hinterlässt Spuren, mit denen wir auch dann – und vielleicht gerade dann – konfrontiert werden, wenn wir eigentlich für eine post-patriarchale Welt streiten wollen. Meinst du, die werden wir noch erleben?

Andreas: In diese Richtung zu gehen, erlebe ich als eine Suche, auf der wir einzelne Puzzlesteinchen finden. Neulich habe ich ein Stencil mit der Aussage ›Empathie ist ein Muskel‹ gesehen. Für mich ist das wirklich zentral. Empathie schützt mich davor, andere anzugreifen oder zu verletzen, und hilft mir dabei, in Verbindung zu gehen. Viele meiner Sozialisationserfahrungen haben durch Abstumpfung und Verrohung eher zur Verkümmerung des Muskels geführt. Diesen wieder zu trainieren, ist ein mühseliger, jahrelanger Prozess für mich.

In unserer Gruppe bin ich immer wieder damit konfrontiert, dass mich kleinere oder größere Mackrigkeiten meiner Mitspielenden annerven oder bedrängen – und ich gehe davon aus, dass es ihnen mit mir genauso geht. Mich in solch einer Situation emotional wieder an einen Zustand der Offenheit, Weichheit und Sanftheit heranzuarbeiten und erneut die Verbindung zu suchen, empfinde ich als eine Möglichkeit, aus der oben beschriebenen ›Dominanz-oder-Rückzug‹-Dynamik auszusteigen. Emotional ist das zum Teil sehr viel Arbeit, aber wenn es gelingt, empfinde ich es als sehr lohnend, heilend und irgendwie auch utopisch. Ich habe es als ebenso heilend erlebt, wenn andere Menschen, aber insbesondere Männer*, mir so zugewandt begegnen können.

Auf dem Weg in eine post-patriarchale Welt wünsche ich mir zudem, dass wir uns mit vielen anderen Akteur*innen verbinden und so Teil einer breiten anti-patriarchalen Bewegung sein können. Was männlicher Größenwahn und absolute Notwendigkeit gleichzeitig ist.

Sascha Verlan

»Ich sorge, also bin ich!«
Care-Biografien fördern und wertschätzen, für alle Geschlechter

Vor ein paar Jahren kam ich mit der Mutter einer Schulfreundin von Luka ins Gespräch: beide Elternteile promovierte Ärzt*innen und auch kein, wie oft üblich, großer Alters- und damit Karriere- und Gehaltsunterschied, ganz ähnliche Voraussetzungen also, eigentlich. Trotzdem steckte sie zurück und kümmert sich um die drei gemeinsamen Kinder, während er in Vollzeit weiter arbeitet und beim Abholen und im Beisein der Tochter nachfragt, ob sie auch brav gewesen wäre. Ich habe also ein bisschen erzählt, wie es bei uns – ähnlich gleichberechtigte Voraussetzungen, wenn auch auf einem finanziell niedrigeren Niveau – zu der 50-50-Aufteilung kam, wie wir zurechtkommen, Widerstände, Chancen ... ein sehr angenehmes Gespräch – bis zu ihrem Fazit: »Deine Frau ist wohl emanzipierter als ich.«

Es mag überinterpretiert und unfair sein, aber für mich blieb übrig, dass unsere gleichberechtigte Aufteilung von Familienverantwortung und Erwerbstätigkeit eine Emanzipationsleistung meiner Frau sei, ihr Erfolg ... und ich mal wieder der begossene Pudel, der halt irgendwie mitspielen muss, aber selbst nichts auf die Gleichstellungsreihe kriegt, fragile Männlichkeit eben. Natürlich ist es wichtig und entscheidend, wie sich Frauen verhalten in diesen biografisch wegweisenden Situationen um gemeinsame Wohnung, Kinderwunsch und Familie, Krankheit und später dann, wenn die Eltern oder andere Angehörige so viel Unterstützung brauchen, dass es sich mit einer Vollzeitbeschäftigung beim besten Willen nicht mehr vereinbaren lässt. Aber welche Rolle spielen eigentlich Männer und Väter in dieser Gemengelage? Schließlich gehören doch Unabhängigkeit und Selbstständigkeit zu den wahrhaft männlichen Idealen. Wie kommt es, und warum scheint es so normal und in Ordnung, dass Männer hier kaum Verantwortung übernehmen?

Wenn wir das Leben von seinem Ende her betrachten, sollte es eigentlich ganz einfach sein: Viele, vor allem erfolgreiche Männer jenseits der Berufstätigkeit bedauern, dass sie nicht mehr Zeit mit ihren Kindern verbracht haben, mit Familie und Verwandten, Freund*innen und Bekannten. Warum es auch heute nicht so einfach ist, sich die eigenen Wünsche einzugestehen und umzusetzen, welche Hindernisse sich auftun, was es zu gewinnen gibt, stellt man sich den überlieferten und nach wie vor gängigen Erwartungshaltungen entgegen, davon handelt der folgende Text, geschrieben aus einer sehr persönlichen Perspektive als Vater von drei Kindern. Da es dieses medial viel gepriesene neue Väterideal statistisch (noch) gar nicht gibt, ist es der einzige momentan mögliche Weg, dass wir uns diesem Ideal in individuellen Geschichten annähern, die dann einmal ein Gesamtbild ergeben mögen: Wie bin ich eigentlich geworden, wer ich bin?

Selbst ist der Mann

Ich bin 50 Jahre alt, männlich, hetero und weiß, akademischer, geisteswissenschaftlicher Bildungsabschluss. Als ich 14 Jahre alt war, haben sich meine Eltern den Traum vom eigenen Haus erfüllt. Mein Vater war Ingenieur mit eigenem Büro, meine Mutter Hausfrau und dann noch seine Buchhaltung und sein Sekretariat und hat ihm zudem den Rücken freigehalten. Das ganz normale, steuerlich und gesellschaftlich geförderte und geforderte Alleinverdienermodell – wobei mein Vater durch seine Selbstständigkeit deutlich anwesender war als andere Väter, auch im Haushalt.

Vielleicht erinnere ich mich falsch, aber wir Kinder waren nicht wirklich eingebunden in die alltägliche Familienarbeit. Ich hatte meine regelmäßigen Aufgaben, mittags mit dem Hund rausgehen, Tisch decken und abräumen, mein eigenes Zimmer regelmäßig aufräumen. Ich war Spezialist für besonders dünne Pfannkuchen und hin und wieder auch für den (schwäbischen) Kartoffelsalat zuständig. Wenn unsere Eltern mal beide abends unterwegs waren, dann war ich auch für meine drei Jahre jüngere Schwester verantwortlich. Stärkere Erinnerungen habe ich aber an handwerkliche Aufgaben im Garten, Straße kehren, vor allem aber mitzuhelfen, wenn irgendjemand in der Verwandtschaft gerade wieder ein Haus baute.

Wie es in meiner frühen Kindheit war oder als meine drei Jahre jüngere Schwester auf die Welt kam, weiß ich nicht. Für die Jahre danach kann ich mich jedenfalls an keine Puppen- und Haushaltsspiele erinnern, es gibt auch keine Fotos aus der Zeit, dafür viele Autos und ausgedachte Abenteuerspiele, mit den nach wie vor gängigen Spielfiguren und Bausätzen. Vieles von dem, was ich heute mache, habe ich als Kind nie gespielt, meine Schwester allerdings schon. Und allen Fortschritten der Gleichstellungspolitik zum Trotz hat sich an der Aufteilung der Spiel- und Lebensbereiche bis heute nichts geändert, im Gegenteil. Ob Spielwarenindustrie oder Werbung, Kinderbücher oder Filme, vor allem aber die Reaktionen von Erzieher*innen und Erwachsenen zeigen den kleinen Jungen von heute sehr deutlich, dass Haushalt, Körperpflege und Puppen – also Kinder – nicht ihr Aufgabenbereich sind. Und wenn sie sich über diese Regeln und Ausgrenzung der Erwachsenenwelt hinwegsetzen und doch mit Puppen spielen, dann steht schnell der Verdacht im Raum, mit dem Kind könne etwas nicht stimmen. Und dann sind Begriffe und Zuschreibungen wie Homosexualität, Transidentität nicht weit ... Warum dürfen Jungen nicht spielerisch nachvollziehen, was sie selbst in ihren Familien erleben, einfach so? Und warum wird es von den Mädchen erwartet? Warum wird es kleinen Jungen so schwer gemacht, sich spielerisch in die Rolle einzufühlen, die sie doch, so die aktuelle gesellschaftliche Erwartungshaltung, später einmal ausfüllen sollen können. Ein verantwortungsbewusster Vater, ein fürsorglicher Mann, diese Rollen fallen einem nicht in den Schoß, sie müssen mit Leben gefüllt, eingeübt werden. Und je früher Jungen damit beginnen dürfen und können, desto selbstverständlicher, normaler fühlt es sich dann an. Das ist mit dem eingangs eingeführten Begriff der Care-Biografie gemeint: Sorgearbeit muss ein integraler Bestandteil des Lebens werden, für alle Geschlechter.

Gleichberechtigung muss gelebt, sie kann nicht bloß abstrakt gefordert werden

Heute mache ich in meinem alltäglichen Leben vieles, was gemeinhin als weiblich gilt. Ich trage rosa Shirts und Pudel-Turnschuhe, aber das ist nur oberflächlich. Ich bin bei uns in der Familie fürs Kochen und Einkaufen gerne zuständig und verantwortlich. Waschen und Putzen, Hausaufgaben und Elternabende, Trösten und Pflegen, Krankheiten und Fahrdienste ... wir haben uns von Anfang an so gleichberechtigt und fließend im Übergang um unsere drei Kinder gekümmert, dass die mitunter ein wenig verwirrt waren, wir waren MaPa und PaMa, und die Kinder haben schnell gelernt und ein gutes Gespür dafür entwickelt, wer wofür gerade am besten ansprechbar ist ... oder so abgelenkt, dass ein »Ja, okay« sehr wahrscheinlich wird.

Wir hatten da kein klärendes Grundsatzgespräch im Vorfeld, wie wir uns die Familienarbeit aufteilen würden. Wir haben uns wohl einfach darauf verlassen, dass sich die alltäglichen Situation insgesamt zwar stark verändern würden, aber eben nicht unsere Art des Austausches. Und im Rückblick lässt sich jetzt leicht behaupten, dass das alles reibungslos lief, aber das wäre zu einfach. Denn leider hat die klassische Aufgabenverteilung einige Vorteile zu bieten. Da wäre zunächst die gesellschaftliche Normalität und Akzeptanz, während wir uns immer wieder rechtfertigen müssen, konfrontiert werden. Und auch wenn es positiv gemeint sein mag, es reißt uns aus der Selbstverständlichkeit. Zudem, und für uns entscheidend, benötigt man bei der klassischen Aufgabenverteilung nur in seltenen Fällen eine genauere Absprache. Wir hingegen sind ständig am Reden und Verhandeln, wer was machen kann, sollte, versäumt hat. Und hin und wieder betrifft das dann nicht nur uns als Familie, sondern auch Außenstehende: wir vergessen Termine abzusagen oder schreiben doppelt Entschuldigungen, wir kommen nicht dazu, uns gegenseitig zu informieren, was beim Elternabend, im Sportverein, auf dem Spielplatz besprochen wurde und ja durchaus wichtig zu wissen wäre. Das alles sind Reibungsverluste, Anlass für Streit und vor allem Zeit, die ohnehin immer knapp ist. Und es gibt einfach keine positiven Vorbilder, keine bewährten Konzepte und Tipps, es ist tatsächlich ein sehr individueller Lebensentwurf, den jede Verantwortungsgemeinschaft für sich finden muss. Wichtig ist, dass beide Eltern möglichst das machen können, was auch Freude bringt, und dass die Kinder von Anfang an mit einbezogen werden und mitlernen können.

Ich war auf jeden Fall der festen Überzeugung, dass es zentral wichtig ist, was wir selbst vorleben, dass sich unser offenes, gleichberechtigtes Vorbild direkt und unmittelbar übertragen würde. Doch als die Kinder in die Kita kamen, Bücher, Filme, Werbung im öffentlichen Raum, die Angebote der Spielwarenindustrie, in den Supermärkten bewusster wahrnahmen, selbst auswählten, wurde immer deutlicher, dass wir selbst nur selbst die Ausnahme sein können, die die ungeschriebenen Regeln bestätigen. Normal ist, auch für unsere Kinder, dass die Mütter zu Hause sind und sich kümmern, kochen und Haushalt, all das, Väter spielen da keine wirkliche Rolle. Weil sie es nicht gelernt haben, weil es niemand von ihnen erwartet und fordert, auch sie selbst nicht. Weil die ›*Idiot Dads*‹ so lustig sind. Weil sich die

Menschen in den Entscheidungspositionen nicht vorstellen können, dass Männer Sorgeverantwortung übernehmen könnten oder wollen. Aber reicht das als Ausrede?

Mittags beim Abholen aus der Kita, im Lebensmittelgeschäft, nachmittags auf dem Spielplatz, bei Verabredungen, Kinderturnen, Schwimmkurs ... wenn dann mal ein anderer Vater dabei war, dann blieb das die Ausnahme, weil Urlaub, weil Mutter krank, keine Selbstverständlichkeit jedenfalls, keine Gewohnheit und Beiläufigkeit, was besonders den Kindern anzumerken war, die sich allzu oft anders verhielten, gehemmter. Und in den Gesprächen mit andern Vätern wurde mir schnell klar, dass die meisten gar nicht wirklich wussten, was es konkret bedeutet, eigenverantwortlich zu sein für Kinder und Haushalt. Da war schon so viel Vorarbeit geleistet, Listen, die abzuarbeiten waren, vorgekochte Mahlzeiten und keine Spur vom alltäglichen Haushalt, der nebenbei noch zu erledigen wäre. Vater und Kind(er) sollten es schließlich schön haben, wenn sie dann mal mehr Zeit miteinander verbringen. Das mag überzogen, möglicherweise zynisch klingen, weil wir alle diese wunderbaren Beispiele kennen, wo es anders funktioniert, auch damals schon, als meine Kinder klein waren. Und diese Väter sind wichtig, weil sie Zeichen setzen, weil sie andere zum Nachdenken bringen. Aber die Statistik erzählt eine andere Geschichte, da hat sich in den vergangenen Jahrzehnten einfach sehr wenig zum Positiven hin entwickelt.[1]

Gesellschaftliche Verhältnisse vs. individuelles Verhalten

Seit einigen Jahren schreibe ich verstärkt über Sorgearbeit. Ich halte Vorträge, organisiere mit dem *Equal Care Day*[2] einen Aktionstag und bin politisch aktiv geworden, nutze meine Reichweite und Stimme, um aufzuklären und zu sensibilisieren, dass eine faire Verteilung der Sorgearbeit die Voraussetzung und Grundlage bildet für eine gleichberechtigte Gesellschaft, auch international. Solange Frauen hier die Hauptlast und Verantwortung tragen, übernehmen müssen, wird es keine Gleichberechtigung geben, werden all die Bemühungen um gleiche Bezahlung, Repräsentation und politischen Einfluss allenfalls kurzfristige Erfolge bringen. Gleichberechti-

1 Vgl. https://equalcareday.de/equal-care-eine-bestandsaufnahme/.
2 Vgl. https://equalcareday.de/.

gung ist kein Selbstläufer, der sich aus Artikel 3 des Grundgesetzes ergeben würde. Und wer es ernst meint, beginnt, sich um andere zu kümmern, in einem ganz basalen Sinn.

Ein erster und wichtiger Schritt ist dabei, sich bewusst zu machen, was Care-Arbeit eigentlich ist, nämlich nicht nur ein höherer Aufwand an Kraft und Zeit, sondern vor allem Verantwortung, Wissen und Organisation. In Gesprächen mit anderen Männern (und Frauen) bekomme ich oft und immer wieder zu hören, wie sehr er sie doch unterstützen würde. Und genau darin liegt das Problem: es geht nicht um Unterstützung und Mithilfe, es geht um Verantwortung und Eigenständigkeit. Da die meisten Männer das nicht von Kindheit an mitbekommen (und es ist nicht die Schuld ihrer Mütter!), ist das ein mitunter schmerzhafter Lernprozess, Empowerment.

Ich versuche es einmal im Rückblick: Der entscheidende Wendepunkt war sicher die Geburt meiner Kinder und die berufliche und finanzielle Freiheit, in dieser wichtigen Phase dabei sein zu können, für Almut, für meine Kinder. Zeit zu haben für mich, um mich selbst zu finden in dieser neuen Konstellation. Mika war gerade drei Monate alt, als Almut wieder ihre ersten Seminare gab. Ich bin einfach mitgefahren, war viel spazieren und kam alle zwei bis drei Stunden zum Veranstaltungsort, Stillen für das Kleine, Pause und Essen für die Mutter. Es gab kein Smartphone und auch in den Hotels und Ferienwohnungen war 2002 an einen Internetanschluss nicht zu denken. Ich war die Tage allein mit mir und einem Säugling, der viel im Tragetuch und Kinderwagen schlief. Ich musste und wollte nichts tun, kein Geld verdienen, das übernahm ja Almut gerade für mich, im Rückblick einfach paradiesisch und mit der Allgegenwart von Internet und damit potenzieller Erwerbstätigkeit und Ablenkung nicht zu vergleichen.

2004 und 2006 dieselbe Situation, dann mit zwei, drei Kindern und weniger Ruhe und Zeit für mich, aber immer noch und jedes Mal wieder eine angenehme und willkommene Auszeit. Bei einem genaueren, ehrlicheren Rückblick erinnere ich natürlich auch die schwierigen Situationen, wenn ein Kind einfach nicht aufhören wollte zu weinen, alle Ablenkungsmanöver, die mir zur Verfügung standen, nichts halfen, nur Stillen, diese Überforderung, Hilflosigkeit und Anstrengung. Aber das ging Almut ja auch nicht anders. Darüber reden zu können, zu wissen, wovon der*die jeweils andere spricht, stärkt die Beziehung und Anerkennung, das Verständnis füreinander. Das ist beileibe kein Selbstläufer, aber die Grundlage für eine Beziehung auf Augenhöhe, gerade auch im Bezug zu und auf die Kinder.

Ich hatte das Privileg und habe mir die Freiheit genommen, meine Kinder von Anfang an auf ihrem Weg aktiv zu begleiten, ich war dabei, habe miterlebt, wie sie groß geworden und gewachsen sind! Ich habe ein gutes Gewissen, weil wir uns als Paar diese Familienarbeit fair aufgeteilt haben, obwohl ich oft das Gefühl hatte, irgendwie ein Anrecht zu haben, dass mir jemand den Rücken freihält, damit ich mich ganz und gar auf meine Erwerbstätigkeit, meine Karriere konzentrieren kann. Und es hat einige Zeit gedauert, bis ich dieses Gefühl, und dessen Unrechtmäßigkeit erkannt und überwunden habe und heute das gleiche Ansinnen als mein Bedürfnis (anstatt als Anspruch) äußern kann, gerade jetzt zum Beispiel. Es ist Sonntag, und ich muss und möchte diesen Text schreiben. Ich kann es als Bitte äußern, und Almut und die Kinder haben für sich entschieden, dass sie mich darin unterstützen können, und kochen und machen, was eben so ansteht und sich nicht auf Morgen verschieben lässt.

Das alles hat seinen Preis. Wie hoch der ist, kann und möchte ich gar nicht wissen. Das hat aber nichts mit uns zu tun, sondern ist eine gesamtgesellschaftliche Ungerechtigkeit. Der ungebundene Mensch ohne Sorgeverantwortung, der jederzeit verfügbar ist, Termine auch am späten Abend noch wahrnehmen, Urlaubszeiten verschieben und auch über einen längeren Zeitraum 50, 60 und mehr Stunden in der Woche arbeiten kann, das ist der allgemeine Maßstab, dem ich nicht genügen kann und will. Natürlich haben Kollegen in ihrem bisherigen Berufsleben mehr erreicht, mehr Bücher geschrieben, mehr Radiosendungen produziert, mehr Vorträge gehalten, mehr Geld verdient. Ich hätte da durchaus mithalten können, wenn ich meine Sorgeverantwortung abgegeben hätte, wenn ich den Regeln des Systems gefolgt wäre. Denn es ist ja durchaus sinnvoll, finanziell zumindest, die familiäre Care-Arbeit auszulagern an schlechter bezahlte Menschen, meist Frauen, oft mit Migrationsgeschichte. Was mir dann heute fehlen würde: dieses gefestigte Verhältnis zu meinen Kindern, eine Paarbeziehung auf Augenhöhe im Privaten wie Beruflichen und das ermächtigende Gefühl, in allen Bereichen des Lebens selbst Verantwortung übernehmen zu können, um es abgedroschen zu formulieren: meinen Mann zu stehen. Und genau das bedeutet für mich Unabhängigkeit und Sicherheit.

Tatsächlich scheitern viele Paarbeziehungen an der ungleichen Verteilung der Sorgearbeit. Und wie Männer nach einer Trennung leben oder wenn die Partnerin gestorben ist, wie sie sich ernähren, wie ihre Wohnungen aussehen, wie oft im Vergleich zu Frauen sie Selbstmord begehen, ist durch Studien gut erforscht und einfach nur traurig.[3] Diese männliche Unabhängigkeit ist letztlich eine Illusion: Wer sich nicht gesund ernähren, nicht haushalten kann, wer jenseits der Berufstätigkeit kaum in der Lage ist, tragfähige Beziehungen aufzubauen und zu pflegen, wer jede Sorgeverantwortung ablehnt (»Das könnte ich nicht, toll, dass du das machst.«), ist nicht selbstständig, sondern in höchstem Maße unfrei, angewiesen auf die eigenen finanziellen Möglichkeiten und das Wohlwollen anderer Menschen, vor allem anderer Frauen.

Care-Biografien – Sorgeverantwortung muss erlernt werden

Immer früher in der Schule lernen Kinder, sich auf die spätere Berufstätigkeit vorzubereiten: Lebenslauf, Bewerbungsschreiben, diverse Praktika, Besuche in den Arbeitsagenturen und immer wieder Berufsberatung. Kinder lernen dadurch, was gesellschaftlich als wichtig gilt und von ihnen erwartet wird. Erfolg bedeutet: erfolgreich zu sein in einem angesehenen, gut bezahlten Berufsfeld, also im technisch-naturwissenschaftlichen Bereich, in Jura oder BWL. Natürlich geht es inhaltlich auch um zwischenmenschliche Beziehungen, Gesundheit oder Ernährungslehre, insgesamt aber spielen Fürsorge und Sorgearbeit in der Schule keine Rolle, schon gar nicht strukturell. Care-Arbeit wird von Beginn an als private Angelegenheit ausgegrenzt, verschwiegen und dadurch unsichtbar gemacht. Damit degradiert sich Schule zu einem verlängerten Arm der Wirtschaft. Kinder werden nicht auf das Leben insgesamt, sondern nur auf die Berufstätigkeit, das Erwerbsleben vorbereitet, als sei das ein Garant für späteres Lebensglück. Damit reproduziert Schule eine gesellschaftliche Situation, die sich längst als unbefriedigend, ungerecht und lebensfeindlich erwiesen hat.

Der italienische Bildungsminister Lorenzo Fioramonti hat im November 2019 einen Gesetzesentwurf vorgelegt, demzufolge Klimawandel und Nachhaltigkeit nicht nur als reguläres Unterrichtsfach einzuführen wäre, sondern auch andere Fächer wie Geografie, Physik und Chemie auf diesen Fokus hin neu auszurichten seien.[4] Natürlich ist das eine Reaktion auf die Proteste und möglicherweise auch nur ein Anbiederungsversuch an die *Fridays for Future*-Bewegung. Es bleibt dennoch ein wichtiger Vorstoß, der

3 Vgl. https://gendermedwiki.uni-muenster.de/mediawiki/index.php/Geschlechterunterschiede_bei_Suizid_und_Suizidalit%C3%A4t/Fachartikel.

4 Vgl. https://www.tagesschau.de/ausland/klimawandel-schulfach-101.html.

hoffentlich von vielen anderen Ländern aufgegriffen und umgesetzt wird. In Deutschland leider vorerst nicht, wie Bundesbildungsministerin Anja Karliczek kurz nach dem italienischen Vorstoß in einem Interview mit der *Augsburger Allgemeinen* klarstellte: »Es werden immer wieder Wünsche laut, neue Fächer einzuführen, generell sehe ich das skeptisch. [...] Schule muss eine gute Grundbildung zum Ziel haben und dabei sollten die Bezüge zu den Herausforderungen der Zeit hergestellt werden.« Wie wäre es, den Vorstoß des italienischen Bildungsministers konsequent weiterzudenken und Care, Fürsorge insgesamt zum Maßstab schulischer Bildung zu machen? Dann wären Nachhaltigkeit und Umweltschutz ebenso Thema wie Gleichberechtigung, Selbstsorge und was es eigentlich bedeutet, sich zu kümmern.

Vor allem Jungen müssen lernen, dass Care-Arbeit eine wichtige und erfüllende Lebensaufgabe ist. Und wer kleine Kinder beim Spielen zuschaut, weiß, dass sie das nicht lernen müssen, dass es vielmehr ein Grundbedürfnis ist, gerade auch für Jungen. Sie müssen es also nicht lernen, wir müssen es als Gesellschaft, in unseren Bildungsinstitutionen schaffen, dass Kinder diese Grundfähigkeit behalten und ausbauen können, dass sie nicht um des beruflichen Erfolges willen darauf verzichten müssen, dass sie es nicht verlernen und später dann, Männer sehr viel mühsamer, wieder neu lernen müssen. – Und das gesellschaftliche Ziel muss sein, dass all die Ausreden, vor allem von Männern, warum sie keine oder weniger Sorgeverantwortung übernehmen könnten, einfach nicht mehr gelten, weil es so viele Beispiele von Männern gibt, die das Gegenteil beweisen. Denn das Gegenteil von Fürsorge ist und bleibt Rücksichtslosigkeit, vielleicht sollten wir das auch so benennen.

Mental Load – die Last der Verantwortung

Der Begriff ›Mental Load‹ ist in den vergangenen Monaten auch einer breiteren Öffentlichkeit bekannt geworden. Care-Arbeit ist eben nicht nur ein Zeit- und Kraftaufwand, sondern erfordert Wissen, Verantwortungsbereitschaft, eigenständiges Handeln und Organisationstalent: Wenn ein Kind Kopfschmerzen hat, welches Medikament ist dann in welcher Dosierung angeraten? Aspirin ist es nicht! Wer wird angerufen, wenn ein Kind krank wird in Kita oder Schule? Wer weiß, welche anderen Kinder und Erwachsenen den eigenen Kindern nahestehen? Welche Kleider- oder Schuhgrößen haben die Kinder? Und wann steht der nächste Geburtstag an? Es ist eben nicht damit getan, dass Männer (und Kinder) im Haushalt mithelfen und

Aufgaben abarbeiten, die ihnen, von der Mutter oder Partnerin, zugeteilt wurden. Es geht darum, selbst Verantwortung zu übernehmen, am besten ganze Aufgabenbereiche, nur das bringt eine wirkliche Entlastung für die hauptverantwortliche Person.

Sich die Familien- und Sorgearbeit und dann noch die Mental Load fair zu teilen, ist ein wichtiger Schritt hin zu einer gleichberechtigten Beziehung, und eigentlich schon Aufgabe genug für männlich sozialisierte Menschen, das kann ich aus eigener Erfahrung sagen und zugleich mit einem gewissen Stolz behaupten: Es ist möglich und machbar. Das eigentliche Ziel ist damit aber leider noch immer nicht erreicht. Der öffentliche Diskurs wird damit zum Spiegelbild meiner eigenen Sozialisation und Entwicklung. Worüber nämlich gar nicht geredet wird und ich mir lange Zeit keine Gedanken gemacht habe, ist die sogenannte emotionale Arbeit: Wer weiß und kümmert sich darum, wie es den jeweils anderen geht? Wer stellt die passenden Fragen, regt Gespräche an und bereitet eine Stimmung vor, dass alle gleichberechtigt zu Wort kommen können, wer schafft Ausgleich, geht von sich auf andere zu?

Auch wenn ich selbst inzwischen und immer öfter spüre, dass es an der Zeit wäre, etwas anzusprechen, meine Suche und mein Abwarten auf die passende Gelegenheit – die doch nur ein Ausweichen ist – führt viel zu oft dazu, dass mir jemand, eine Frau, zuvorkommt oder das Gespräch eben gar nicht stattfindet. Aber reagieren ist eben etwas anderes als selbst aktiv zu werden und damit Verantwortung zu übernehmen. Und wenn ich dann einmal agiere, kostet mich das sehr viel Überwindung und Kraft, auch im engsten Familienkreis. Um dieses Ungleichgewicht in der emotionalen und Beziehungsarbeit auszugleichen, müsste ich noch sehr viel mehr praktische Sorgearbeit und Mental Load übernehmen.

Equal Care – die Grundvoraussetzung für gleichberechtigte Beziehungen!

Für mich selbst ist in dieser Entwicklung immer entscheidend gewesen, zu wissen, dass ich nichts für die Vergangenheit kann, ich bin sozialisiert wie so viele andere Jungen und Männer auch, das ist so. Und es hilft auch nicht weiter, den eigenen Eltern oder der Gesellschaft die Schuld dafür zu geben (auch wenn das hin und wieder sehr befreiend ist!). An der Vergangenheit kann ich nichts ändern, was ich allerdings anders gestalten kann, ist die

Zukunft, meine eigene und die meiner Kinder, insbesondere die meines Sohnes. Die bisherige Ungleichverteilung von Sorgearbeit mit all ihren individuellen und sozialen Folgen verlangt eigentlich, dass Männer den ersten Schritt machen und ihren Teil der Verantwortung übernehmen. Und da ist mitunter auch Widerstand seitens der ebenfalls sozial geprägten Partnerin zu erwarten. Aber das gehört notwendig zum Aushandlungsprozess.

Ich muss mich selbst verändern, damit sich auf lange Sicht auch die Gesellschaft ändern kann, das ist das eine. Aber solange die gesellschaftlichen Verhältnisse sind, wie sie sind, solange es dem einzelnen Jungen und Mann sozial, juristisch und beruflich so schwer gemacht wird, Sorgeverantwortung zu übernehmen und fürsorglich zu leben, ist es mit der persönlichen Veränderung eben nicht getan. Wir müssen gemeinsam die gesellschaftlichen Verhältnisse verändern, und Kita, Schule und allgemein die Bildungsinstitutionen sind dafür ein geeigneter Bereich.

Grundvoraussetzung dafür ist, dass wir anerkennen, dass eine faire Verteilung und Wertschätzung von Sorgearbeit die Basis darstellen für eine gleichberechtigte Gesellschaft, und dabei geht es nicht nur um Geschlecht, sondern auch um Herkunft und soziale Schicht. Dass dies neben all den weichen Faktoren wie Zufriedenheit oder gute Beziehungen auch ganz handfeste Vorteile für Männer hat, mag das folgende Beispiel verdeutlichen: Männer leben im Durchschnitt in Deutschland fünf Jahre kürzer als Frauen. Und die Hauptursache für diese Ungleichheit ist Care, nämlich Fürsorge und Selbstsorge. Männer kümmern sich nicht nur weniger um andere Menschen und ihre Beziehungen, sie kümmern sich vor allem zu wenig um sich selbst, um ihre Gesundheit, ihr Wohlbefinden und ihre körperliche Unversehrtheit. Und auch das ist etwas, was wir als Gesellschaft und vor allem in den Medien, in Büchern, Filmen und Computerspielen an die nächsten Generationen weitergeben. Und für diese fehlenden fünf Jahre durchschnittlicher Lebenszeit ist nicht der Feminismus verantwortlich, nicht die Frauen, sondern wir Männer, die wir die Hauptverantwortung beanspruchen in dieser Gesellschaft. Und sind wir es nicht insbesondere unseren Söhnen schuldig, daran etwas nachhaltig zu verändern?

PS: Wer einmal selbst überprüfen möchte, wie groß der eigenen Anteil an Sorgearbeit und Verantwortung innerhalb einer Paarbeziehung oder Wohngemeinschaft ist, mit dem Mental-Load-Test haben wir dafür ein passendes Tool entwickelt (equalcareday.de/mentalload-test.pdf).

Inga Zimprich

»Wenn man sich gegen herrschende Normen verändern will, braucht man Unterstützung«

Gespräch mit Andreas Hechler

Andreas Hechler ist Softwareentwickler und assoziiertes Mitglied bei *Dissens – Institut für Bildung und Forschung e.V.* mit inhaltlichen Schwerpunkten auf mehrdimensionale → Diskriminierung/Privilegierung[1], NS-›Euthanasie‹, Neonazismus, algorithmische Diskriminierung, → Intergeschlechtlichkeit, sexualisierte Gewalt, geschlechterreflektierte Pädagogik und Männlichkeit. Über eine politisierte Hardcore-Szene kam er Mitte der 1990er-Jahre zum → (Pro-)Feminismus und der kritischen Auseinandersetzung mit Männlichkeit, die ihn bis heute begleitet. Das Interview ist in gewisser Hinsicht eine Fortsetzung seines Artikels »Den Zweifel nähren«[2], in dem persönliche Erfahrungen theoretisiert und gesellschaftlich eingeordnet werden. Da Andreas auch noch die Ausläufer der autonomen Männerbewegung mitbekommen hat, ist es auch ein (persönlicher) Beitrag zu einer Geschichtsschreibung. Aufhänger des Gesprächs waren u.a. die Männerrundbriefe und Männer Radikale Therapie, mit der sich die *Feministische Gesundheitsrecherchegruppe* beschäftigt hat.

Inga Zimprich ist ebenso Teil der Feministischen Gesundheitsrecherchegruppe[3] sowie der *Sickness Affinity Group*. Als Teil der Feministischen Gesundheitsrecherchegruppe hat sie die Archiv-Ausstellung »Practices of Radical Health Care« (seit 2018) mitgestaltet. In der Ausstellung werden frühere (etwa in Westberlin in den 1970er- und 1980er-Jahren) sowie aktuelle feministische und gesundheitspolitische Bewegungen mit Verbindungen zur Radikalen Therapie, Antipsychiatrie und queeren Selbstsorge

1 Alle mit einem → gekennzeichneten Begriffe werden im Glossar erläutert.
2 https://ficko-magazin.de/den-zweifel-naehren/.
3 http://www.feministische-recherchegruppe.org/.

beleuchtet. Sie wurde im Rahmen der 11. Berlin Biennale gezeigt.[4] Für diese Ausgabe der Rechercheausstellung habe ich das Interview mit Andreas am 14. Oktober 2019 in Berlin geführt.

Inga: Ich dachte, ich erzähl dir zu Anfang von meiner Beobachtung, dass es in der Rechercheausstellung, die wir zur Gesundheitsbewegung gemacht haben, in der wir uns viel mit der zweiten Welle der Frauenbewegung in Westdeutschland und mit der Gesundheitsbewegung West-Berlins befassen, eigentlich nur an einer Stelle um die geschlechtsspezifische Unterdrückung von Männern und die verletzenden Aspekte von männlicher Sozialisation ging, nämlich beim BILAG – *Berliner Infoladen zu Arbeit und Gesundheit*. Ich würde mit dir gern grundlegend über den Komplex sprechen, wie verletzend auch geschlechtliche Sozialisation für Männer, auch für → cis Männer ist, und was es bedeutet, sich mit diesen (stereotypen) Rollenzuschreibungen zu identifizieren.

Andreas: Ich würde bei Männern nicht von Unterdrückung reden. Das halte ich für einen falschen Begriff. Ich denke, dass Männer Nachteile haben im Patriarchat, sie sind aber nicht benachteiligt.

Inga: Ich meine, das es Teil der Rolleninformation für Männer ist, bestimmte Aspekte von sich zu unterdrücken.

Andreas: Aspekte, die man nicht lebt?

Inga: Genau. Zum Beispiel Affektivität, Trauer, Zuneigung.

Andreas: Ich würde es unter Bezugnahme auf Diskussionen, die wir bei *Dissens* hatten, so theoretisieren: Es gibt auf Männer bezogene → Männlichkeitsanforderungen, die auch nach anderen Ungleichheitskategorien, also beispielsweise nach Klasse, race und Behinderung, differenziert werden. Ich würde sagen, alle Menschen in Deutschland haben relativ klare Vorstellungen davon, wie ein Junge oder ein Mann zu sein hat. Das sind Bilder von Männlichkeit, die alle kennen. Und die lernen Jungen im Rahmen ihrer Sozialisation. Mit diesen Anforderungen kann man unterschiedlich

4 exp. 2 vom 30. November 2019 bis zum 8. Februar 2020: https://11.berlinbiennale.de/de/austellung/exp2-virginia-de-medeiros-die-feministische-gesundheitsrecherchegruppe/.

umgehen: Ich kann mich damit identifizieren und sie annehmen und sie sozusagen überaffirmieren. Ich kann auch versuchen, sie zu verändern. Ich kann versuchen, zu bestimmten Formen dieser Männlichkeitsanforderungen eine kritische Distanz zu entwickeln, mir bestimmte Nischen suchen, Umdeutungen vornehmen oder bestimmte Spezialisierungen herausbilden. Aber was ich nicht machen kann, ist zu sagen: »Diese Männlichkeitsanforderungen sind ja schön und gut, aber ich habe damit nichts zu tun«. Wenn man das als Junge macht, kriegt man die Grenzen dieser Männlichkeitsanforderungen sehr schnell zu spüren, vor allem von anderen Jungen, aber auch von Mädchen, die einen abwerten. Die Abwertung Nummer eins ist nach wie vor, als ›schwul‹ zu gelten. Diese Grenzen sind meistens sehr eng gesteckt. Wenn man die Grenzen übertritt, ist das ›schwul‹, z.B. wenn man die Beine über Kreuz schlägt. Ich habe Jungenarbeit gemacht und da erzählt, dass ich eine Schmusedecke zu Hause habe. Da kam gleich die Frage: »Bist du schwul?« Man lernt also sehr schnell, was ›schwul‹ ist, welche Farben ›schwul‹ sind etc. Es geht nicht um schwul im eigentlichen Sinn, sondern ›schwul‹ immer verstanden als Code für ›unmännlich‹. Wenn man zu weit rausfällt, kriegt man das zu spüren. Es bleibt häufig nicht nur bei einer symbolischen Abwertung, sondern es kann auch sehr schnell sehr gewalttätig werden.

Ich würde also sagen, dass es ganz viele Entwicklungswege gibt, die man gehen kann. Im Rahmen von männlicher Sozialisation werden bestimmte Wege unzugänglich. Man könnte es symbolisch so ausdrücken: Sie wachsen zu. Das führt zu einer Verkümmerung. Und andere Wege werden sehr breit getreten. Vermutlich ist es das, was du mit Unterdrückung meinst. Meine Formulierung wäre eher: Ich kann ganz viele Dinge nicht leben. Ich mache da was zu. Und zwar ganz viel, was mit Emotionalität zu tun hat – außer Wut, das ist die akzeptierte Ausnahme. Und alles, was mit Beziehungen zu tun hat. Es sind also riesige Bereiche, die da zugeschüttet werden.

Das ist aber ein Unterschied zu weiblicher Sozialisation. Auf einer individuellen Ebene ist das bei Jungen und Männern nachteilig. Aber auf der gesellschaftlichen Ebene hat das ganz viele Vorteile. Das ist glaube ich die Ambivalenz, mit der sich alle beschäftigen müssen, die hier als Männer leben und sich kritisch mit Männlichkeit beschäftigen. Das ist etwas Spezifisches, was generell auf Privilegierte zutrifft, die sich kritisch mit ihrem Dasein in der Welt beschäftigen. Es gibt etwas zu gewinnen – tiefere Beziehungen, erweitertes Gefühlsspektrum etc. –, aber auch etwas zu verlieren, nämlich bestimmte Vorteile, zumindest situativ. Und noch mal: Das ist keine freie Entscheidung, sondern jeder Schritt hin zu etwas anderem kann mit Ausschlüssen, Demütigungserfahrungen und allen möglichen Formen von Gewalt einhergehen. Dazu kommt, dass der Leidensdruck bei Männern schlichtweg nicht so groß ist wie bei Frauen, weil Erstere eben auch von ihren Privilegien profitieren.

Genau dieser ganze Zusammenhang zwischen Nachteilen und Privilegien wird übrigens ganz systematisch von Männerrechtlern verschwiegen. Die Nachteile von Männern sind häufig ein Ergebnis der Geschlechterhierarchie, beides hängt unmittelbar miteinander zusammen. Männer sind Unterdrückte ihrer selbst – so kann man den Begriff der Unterdrückung vielleicht sinnvoll auf Männer anwenden ...

Inga: In den Interviews, die wir im Rahmen unserer Recherchegruppe geführt haben, sprachen wir mit zwei Therapeutinnen, die feministische Therapie in Westdeutschland mitgeprägt und mitentwickelt haben. Sie sprechen vom ›Doppelstandard seelischer Gesundheit‹ und sagen, dass männliches Verhalten in Krisensituationen gesellschaftlich viel akzeptierter ist, wie zum Beispiel aggressiv werden oder Kontakt abbrechen oder Alkoholismus. Wohingegen als weiblich gelesene Reaktionen auf Krisen, wie z.B. vermehrtes Bedürfnis nach Kontakt und Gesprächen oder viel zu weinen, schnell pathologisiert werden und auch vermehrt zu Psychiatrisierung führen.

Andreas: Ich glaube, dass es die gesellschaftliche Erlaubnis für Jungen und Männer gibt, mehr ›über die Stränge zu schlagen‹, es ist mehr möglich. Frauen und Mädchen werden viel eher sanktioniert.

Und zugleich würde ich sagen, traditionell landen Frauen in der Psychiatrie und Männer im Knast. Das ist das Äquivalent. Auch Männer werden irgendwann sanktioniert, auch wenn die Spielräume da größer sind und mehr entschuldigt wird. Allein schon, was Gewaltausübung angeht, gibt es eine Vielzahl von Argumentationen, Gewalt zu rechtfertigen.

Inga: Ich habe auch in meinem Umfeld bei cis Männern erlebt, dass die Gewahrwerdung von dem, was in einem ›verkümmert‹ ist, um in deinem Bild zu bleiben, eine sehr erschütternde Erfahrung sein kann. Es braucht eine lange Zeit, diese Zugänge zu verschütten, aber es braucht eben auch unheimlich viel Arbeit, sich diese Zugänge wieder zu erschließen.

Andreas: Ja, auf jeden Fall. Man kann individuell Schritte gehen, aber das ist begrenzt. Du kannst nicht einfach machen, was du willst, weil du gesellschaftlich sanktioniert wirst. Diese Geschlechteranforderungen sind gesellschaftlich da. Das finde ich wichtig festzuhalten.

Um den Begriff der Emanzipation zu nehmen: Du kannst nicht allein emanzipiert sein. Es geht immer um Gesellschaft und es geht zumindest um Umfelder oder um größere Gruppen, um eine Bewegung, die da mitzieht. Deshalb sind, gerade wenn man über geschlechterreflektierte Pädagogik nachdenkt, Peer-Ansätze total wichtig.

Wenn man sich entgegen der herrschenden Normen verändern will, braucht man Unterstützung. Allein ist das auf Dauer nicht möglich, das hält man nicht aus. Oder nicht durch. Es geht nur gemeinsam. Deswegen würde ich bei so etwas immer ein großes Augenmerk darauf legen, welche Umfelder ich habe und welche Umfelder man sich suchen kann, die einen unterstützen und die man auch selber unterstützt in solchen Veränderungsprozessen. So kann Unsicherheiten auf der einen Seite und Einsamkeitsgefühlen auf der anderen Seite begegnet werden.

Jenseits der Fragen von Gesellschaft und konkreten Umfeldern: Natürlich ist auch ganz viel individuelle Arbeit möglich und absolut nötig!

Inga: Wir sozialisieren ja auch gegenwärtig Jungen in dieser Gesellschaft und das bringt die Frage mit sich, wie wir als Erwachsene die Fortschreibung dieser Rollenvorstellungen aktiv unterbrechen können.

Andreas: Das Unterbrechen wird halt nur funktionieren, wenn man sich selbst verändert hat. Sonst wird man – häufig unbewusst – Dinge fortschreiben.

Inga: Lass uns über diese zwei konkreten Beispiele kritischer Arbeit zu Männlichkeit sprechen, über die Männerrundbriefe und MRT (Männer Radikale Therapie). Ich möchte von dir wissen, wie du konkret zu den Männerrundbriefen gekommen bist. Und im Zuge dessen vermutlich auch zu MRT (Männer Radikale Therapie)? Wie kam es letztlich zur Entscheidung, die Männerrundbriefe zu digitalisieren?

Andreas: Zwischen dem ersten Kennenlernen und der Digitalisierung liegen zwanzig Jahre. Ich habe immer viele linke Zeitschriften gelesen und habe ein großes Archiv. Seitdem ich mich für linkes Politzeugs interessiere, kenne ich vermutlich auch den *Männerrundbrief*, so wie ich viele andere linke Zeitschriften kennengelernt habe. Die *Männerrundbriefe* erschienen bundesweit.[5]

Es gibt noch zwei weitere linksradikale Zeitschriften, die sich (auch) mit Männlichkeit beschäftigt haben, die ich wichtig finde und deren Digitalisierung noch aussteht. Das ist zum einen die *Tuntentinte* aus einer autonomen/linksradikalen Schwulenbewegung, sozusagen das schwule/bisexuelle Pendant zum *Männerrundbrief*.[6] Zum anderen die *Gigi – Zeitschrift für sexuelle Emanzipation*, die aus dem Schwulenreferat des AStA der Freien Universität Berlin hervorgegangen ist. Die *Gigi* ist ambivalenter. Da fand ich die ersten Ausgaben sehr gut, gerade auch die Texte zu Intergeschlechtlichkeit, die mich bis heute geprägt haben. Dann gab es Konflikte in der Redaktion, mehrere Redakteure haben aufgehört und dann ist die *Gigi* teilweise problematisch geworden.

Was sich als ›Männerbewegung‹ formiert hat, war immer eine heterosexuelle, damals auch cis-geschlechtliche Männerbewegung, weil sich schwule und bisexuelle Männer nicht als ›Männer‹ organisiert haben, sondern als ›Schwule‹. Das ist ganz wichtig zu verstehen. Es gab, glaube ich, wenig Zusammengehen im Vergleich zum Verhältnis Frauen/Lesben, wo das Verhältnis viel enger war und es eine andere Nähe qua Frausein gab.

Ohnehin war die Männerbewegung viel kleiner. Wenn man es mit der Frauenbewegung vergleicht, war sie quasi nicht existent. Wir reden hier über vielleicht ein paar Hundert, maximal ein paar Tausend Leute. Das ist winzig. Eine emanzipatorische Männerbewegung hat in Deutschland nie den Zustand erreicht, ernsthaft Theorie zu produzieren oder eine breite Bewegung zu sein und tatsächlich gesellschaftlichen Einfluss zu haben. Und das, was es gab, war nie wirklich nachhaltig.

Ich war 2001 auf dem bundesweiten MRT-Treffen, zu dem öffentlich eingeladen worden war. In der Ankündigung hieß es: »Auf zur bundesweiten MRT-Offensive!«. Das Treffen richtete sich eigentlich an Männer, die MRT schon kannten und praktizierten. Aber die Männer, die kamen und noch keine MRT-Erfahrung hatten, bekamen einen Blitz-Start. Da war ich. So bin ich zu MRT gekommen. Und auf diesem Treffen war auch die

5 Die Männerrundbriefe sind online als PDFs abrufbar und mit editorischen Informationen versehen unter https://maennerrundbrief.blogsport.de/. Sie sind außerdem als Papierausgabe im Archiv Papiertiger einzusehen: https://www.archiv-papiertiger.de/.

6 Online von 2000 bis 2006 als etuxx fortgeführt: https://etuxx.com/.

Redaktion des damaligen *Männerrundbriefes* aus Münster. Die ersten elf Ausgaben wurden in Hamburg produziert und dann ging das nach Münster. Die Münsteraner Gruppe habe ich kennengelernt – das waren alles (oder überwiegend?) MRTler.

Inga: Wie war denn diese Begegnung für dich?

Andreas: Ich war total geflasht. Ich hatte vier Tage lang leuchtende Augen. Das war total krass für mich. Ich fand den Umgang ... – ich kannte sowas nicht. Ich war dann noch öfter dort und auch bei Extratreffen, die von den bundesweiten MRT-Treffen ausgelagert waren. MRT ist der Bereich, wo ich am meisten männlichen Schmerz mitbekommen habe. Schmerz, den Männer sonst nicht zeigen. Der auch nicht so einfach zugänglich ist. Bei diesen Treffen waren mehrere, denen sexualisierte Gewalt widerfahren war. Das war ein großes Thema. Auch das ist etwas, was sehr schwierig zu besprechen ist und für Jungen und Männer noch mal besondere Dynamiken hat, die das erschweren. Das war gefühlt sehr präsent.

Ich fand das Schmusebuch total krass.[7] Dass mir da einfach irgendwelche Männer so voll nette Sachen reinschreiben – sowas machen Männer ja normalerweise nicht miteinander. Es wurde auch relativ viel gekuschelt. Das war schon ein sehr besonderer Raum. Männer gehen in Beziehungen zueinander in diesem Raum, machen Beziehungsklärungen und so. Das gibt es sonst eigentlich nicht, vor allem nicht in einer Gruppe und so ehrlich und offen. Durch MRT habe ich auch gelernt zu unterstützen.

Auf dieser Ebene arbeitet MRT von der Struktur her gegen die herkömmliche männliche Sozialisation. Ich würde aber nicht sagen, dass MRT per se emanzipatorisch ist. Dafür kenne ich zu viele Beispiele, wo das nicht zutrifft. Ich habe den Eindruck, dass die meisten MRTler in Deutschland keine umfassende Gesellschaftskritik haben.[8]

7 In Radikaler Therapie gibt es mehrere festgefügte Runden, darunter die Schmuserunde, in der einander Anerkennung und Zuneigung ausgedrückt wird, die angenommen oder abgelehnt werden kann. Diese Zuwendung kann im Schmusebuch aufgeschrieben werden.

8 Radikale Therapie: https://radikale-therapie.de/de/. Männer Radikale Therapie: https://www.mrt-maennergruppen.de/. F*ORT Frauen* organisieren Radikale Therapie https://fort-frauen.de/. Informationen zu TIN-Infoabenden und Gruppenstarts unter: trans.inter.rt@gmx.de.

Inga: Kannst du mir sagen, was die Männerrundbriefe besonders gemacht hat?

Andreas: Die *Männerrundbriefe* wurden etwa zehn Jahre lang herausgegeben und waren sozusagen das Sprachrohr der autonomen Männer – zu einem Zeitpunkt, als es auch noch mehrere autonome Männergruppen gab. Im Juni '93 erschien der erste Rundbrief, 2002 der letzte. Die haben sich aus einem sehr radikalen Standpunkt heraus kritisch mit Männlichkeit beschäftigt. Es gab zu diesem Zeitpunkt noch andere Männerzeitschriften, z.B. die *Switchboard*, im Untertitel *Zeitschrift für Jungen- und Männerarbeit*[9]. Mit der hat sich der *Männerrundbrief* vor allem um die Frage der (Nicht-)Identität gestritten. Das ist alles abgedruckt.

Der *Männerrundbrief* hat sehr vereinfacht gesagt: Männlichkeit abschaffen! Oder: Um glücklich zu sein, brauchen wir Männlichkeit nicht. Und zugleich haben die das wieder kritisch reflektiert. Das war die Tendenz, das hat mich angesprochen, das fand ich cool. Heute würde ich das nicht mehr ganz so teilen, weil ich denke, du kannst aus einer reinen Verneinung nicht gut handlungsfähig werden. Darin gibt es die Tendenz zu Selbsthass und auch zu Lähmung. Zugleich finde ich die *Männerrundbriefe* total gut, weil die wirklich wegweisende Texte abgedruckt haben, die bis heute relevant sind; auch vor dem Hintergrund, dass es derzeit meiner Wahrnehmung nach wenig Brauchbares im deutschsprachigen Raum gibt. Wir haben die eingescannt und online gestellt, weil wir den Eindruck hatten, dass viele jüngere Männer diese Diskussionen einfach nicht mehr kennen, dass ganz viel Wissen verloren gegangen ist und es einfach keine Tradierung gibt. Diejenigen, die sich kritisch mit Männlichkeit beschäftigen, müssen das Rad immer wieder neu erfinden – das sollte nicht sein.

Inga: Meinst du, es gibt ein gemeinsames Problemerleben, weshalb es nötig ist, dass sich linke cis Männer austauschen und darüber sprechen, was für Selbstbefragungen, Zwiespälte oder Überlegungen sie erleben?

Andreas: Ja, das denke ich. Ich habe gemeinsam mit Olaf Stuve und Till Baumann einen Workshop mit dem Titel »Im Zweifel für den Zweifel« zur Auseinandersetzung mit Männlichkeit entwickelt. Ich würde sagen, und das war uns zu dem Zeitpunkt vielleicht nicht ganz klar, dass unsere Zielgruppe cis Männer waren, die in ihrer Auseinandersetzung mit Männ-

9 https://www.switchboard-online.de/.

lichkeit schon sehr weit waren. Die Workshops beinhalteten theaterpädagogische Methoden, Inputs, Selbstreflexion. Für den letzten Tag habe ich einen abschließenden Input erstellt, und aus diesem Input habe ich den Text »Den Zweifel nähren« geschrieben, der bei der Online-Zeitschrift *Ficko* erschienen ist (s.o.). Durch die Reaktionen auf diesen Text weiß ich, dass der bei vielen linksradikalen cis Männern einen Nerv getroffen hat.

Linke cis Männer haben potenziell ein eher kritisches Verhältnis zu Männlichkeit. Worüber ich in »Den Zweifel nähren« schreibe ist u.a. Selbsthass. Man erkennt, man ist anders als andere. Nämlich man ist ein Mann und andere Menschen sind keine Männer. Zugleich ist aber Männlichkeit und Mannsein auch ein Problem, wenn man feministische Texte liest. Das hat bei mir auf jeden Fall dazu geführt – und ich glaube, es führt bei vielen dazu –, dass bestimmte Formen von Selbsthass angesprochen wurden und ich stereotype Vermeidungspraxen entwickelt habe. Das ist hinderlich für eine Auseinandersetzung. Viele werden von vornherein einen großen Bogen darum machen, weil es zu kompliziert und zu anstrengend ist.

Inga: Kannst du mir ein Beispiel geben?

Andreas: Ich kenne jemanden, der wurde als junger Jugendlicher politisiert, und der hat früh angefangen, Texte von Andrea Dworkin[10] zu lesen. Ich habe ihre Texte nicht selbst gelesen, aber er hat es mir folgendermaßen geschildert: Dworkin sieht den Penis als Waffe, also schaut dieser Jugendliche an sich runter und denkt ... – und das ist krass, solch einen Selbstbezug zu haben: ›Oh, ich habe da eine Waffe – das ist etwas ganz Schlimmes‹. Das dauert lange, um im Idealfall deinen Penis auch als einen schönen Teil deines Körpers wahrzunehmen. Ich glaube, dass diese Arten von Dynamiken sehr häufig sind.

Es gibt in der Linken immer große Wünsche nach Eindeutigkeit und häufig eine geringe Ambiguitätstoleranz. Allein, wie soll die Auseinandersetzung aussehen, wo soll die stattfinden? Frauen wollen nicht die Erklärbär*innen sein. Total nachvollziehbar. Männergruppen werden sehr kritisch beäugt. Da kann der Vorwurf kommen, das sei ein Männerbund. Immer zu recht! Das hat gute Gründe. Aber wo ist dann der Ort für diese Auseinandersetzung?

10 Andrea Dworkin, Radikalfeministin, Soziologin, Autorin, u.a. Zusammenarbeit mit Alice Schwarzer.

Um es nochmal komplizierter zu machen: Es gibt ja eine reale Verunsicherung. Die Verunsicherung ist ja auch notwendig. Immer wenn man etwas auf einer Herrschaftsebene verändert, wird es eine Verunsicherung geben. Ein Stück weit muss die auch aufrechterhalten werden, wenn man etwas verändern will. Zugleich ist diese Verunsicherung erstmal nicht attraktiv.

Inga: Du sprichst in einem Radio-Interview[11] von Verunsicherung und Verletzlichkeit, die dann schnell mit Gefühlen von Schuld und Scham einhergehen, die eine Blockierung auslösen. Diese Blockierung ist so problematisch, denn wenn ich mir diese Auseinandersetzung wünsche, bedeutet das auch, mit Dingen in Kontakt zu sein, die mir sehr unangenehm sind, und mit sehr unangenehmen Gefühlen umzugehen, die ich in mir trage und reproduziere.

Du hast davon gesprochen, dass ein Ort des Austausches fehlt. Die Frage ist doch: Wohin mit diesem unangenehmen Gewahrwerden, mit diesem Aufbrechen von Dingen, die sich vorher festgefügt angefühlt haben? Wie kann man sich darauf einlassen?

Andreas: Genau, dafür bräuchte es natürlich eine Struktur. Es bräuchte Männer und Männergruppen, die das aushalten, die dann ansprechbar sind und die auch in gewisser Weise als Vorbilder fungieren können. Und wenn ich von Vorbildern spreche, dann meine ich nicht so einen Mainstreamdiskurs, der besagt, Jungen brauchen männliche Vorbilder qua Mannsein. Das ist Unsinn. Vorbild heißt für mich: Männer, die sich kritisch mit ihrer Männlichkeit auseinandergesetzt haben und diese Auseinandersetzung mit anderen teilen.

11 Glottal Stop, feministisches Radio im Bermudafunk (2019): Oktober Ausgabe zu Antifeminismus vom 06.10.2019. https://andreashechler.com/publications #interviews_de

Glossar

Cis: Bei cis Menschen entspricht die Geschlechtsidentität dem Geschlecht, das bei der Geburt in die Geburtsurkunde eingetragen wurde. Das heißt, ein Mensch, der bei Geburt männlich eingeordnet wurde und später als Mann lebt, ist ein cis Mann. Ein Mensch, der bei Geburt weiblich eingeordnet wurde und später als Frau lebt, ist eine cis Frau.[i]

Diskriminierung: Diskriminierung ist die Benachteiligung von Menschen, weil sie einer bestimmten Gruppe angehören oder einer Gruppe zugeordnet werden. Dabei ist es egal, ob die Diskriminierung absichtlich passiert oder unbeabsichtigt ist. Besonders häufig werden Menschen aufgrund ihrer Herkunft, ihrer ›Hautfarbe‹, ihrer Be_Hinderung, ihrer Religion, ihres Geschlechts, ihrer sexuellen Orientierung, [ihrer Klasse] oder ihres Alters diskriminiert. Diskriminierung zeigt sich immer auch in Gesetzen, Medien, Institutionen, etc. Es geht dabei also nicht nur um Beleidigungen und Vorurteile.[i]

Ernste Spiele des Wettbewerbs: Konzept, das auf Pierre Bourdieu zurückgeht und Männlichkeitsdynamiken beschreibt. In den ›ernsten Spielen‹ wetteifern männliche Personen in sich gegenseitig anerkennender Auseinandersetzung darum, sich Männlichkeit anzueignen. Sie etablieren dadurch Hierarchien und üben Macht aus, um bereits im Aufwachsen zu lernen, wie ›ein richtiger Mann‹ zu sein hat. Beispiele dafür können körperliche Auseinandersetzungen wie Prügeleien oder Sport sein genauso wie intellektuelles Kräftemessen oder die Konkurrenz um Sexualpartner*innen.[ii]

Feminismus: Als Feminismus werden Einstellungen und Handlungen bezeichnet, die auf die radikale Gleichstellung von Menschen aller Geschlechter bei gleichzeitiger Wertschätzung individueller Unterschiedlichkeit ausgerichtet sind und sich im Bewusstsein um intersektionale Verschränkungen auch gegen andere Dominanzverhältnisse wie z.B. Rassismus, Klassismus und Ableismus richten. Als Ergänzung wird in diesem Sammelband noch zwischen Feminismus und Pro_Feminismus unterschieden.[iii]

FLINT*: Sammelbegriff für Frauen, Lesben, inter*, nicht-binäre und trans* Personen.

Geschlecht: Die meisten Menschen in unserer Gesellschaft lernen, dass [mensch] Geschlecht am Körper erkennen kann und dass es nur zwei Optionen gibt – männlich und weiblich. Geschlecht ist aber eher ein Spektrum, das heißt es gibt mehr als nur zwei Geschlechter. Hier sind drei Ebenen wichtig: (1) Körper, (2) Geschlechtsidentität und (3) Geschlechtsausdruck. (1) Die Medizin bringt verschiedene körperliche Merkmale mit Geschlecht in Verbindung: u.a. Chromosomen, Keimdrüsen, Genitalien, Körperbehaarung, Form und Größe der Brust. Bestimmte Kombinationen davon gelten als männlich oder weiblich. Es gibt aber auch Menschen, die sich auf körperlicher Ebene nicht in eine dieser beiden Schubladen einordnen lassen. Außerdem kann die körperliche Zuordnung von der Geschlechtsidentität abweichen. (2) Die Geschlechtsidentität ist das innere Wissen, welches Geschlecht man hat. Sie kann mit dem bei Geburt zugewiesenen Geschlecht übereinstimmen oder auch nicht. Sie kann männlich oder weiblich sein oder etwas anderes, z.B. genderqueer, genderfluid, inter* oder nicht-binär. (3) Der Geschlechtsausdruck beinhaltet z.B. Kleidung, Haarstyling, Hobbys und Talente – also Sachen, die eigentlich nichts mit Geschlecht zu tun haben, die aber ganz viel damit in Verbindung gebracht werden.[i]

Geschlechtsanforderungen: Beschreibt die sozialen, kulturellen und politischen Normen, Bedingungen und Prozesse, die an alle Geschlechter herangetragen werden und mit denen sich alle auseinandersetzen müssen. In der bisherigen binären Geschlechterordnung wird zwischen Männlichkeits- und Weiblichkeitsanforderungen unterschieden:

- **Männlichkeitsanforderungen:** sind eine (kulturelle) Anforderung, ein (kulturelles) Muster, mit dem sich all jene auseinandersetzen müssen, die als Jungen und Männer anerkannt werden wollen oder die von ihrem Umfeld als Jungen gesehen werden – selbst wenn sie sich selbst nicht als solche empfinden. [iv]

- **Weiblichkeitsanforderungen:** sind somit jene Anforderungen, die (zumindest in weiten Teilen) erfüllt werden müssen, um als (richtiges)

Mädchen bzw. (richtige) Frau anerkannt zu werden. Dabei können diese Anforderungen sehr widersprüchlich sein und intersektional je nach Alter, Region/Wohnort, Sub-, Peergroup-, Institutionen-, Familien-, Religions-, ost-/westdeutscher, nationaler bzw. ›ethnischer‹ Kultur, historischem Zeitpunkt, Körper, Gesundheitszustand, Behinderung etc. variieren.[iii]

Heteronormativität: Ist eine Norm in unserer Gesellschaft. Es gilt als normal, dass alle Menschen entweder männlich oder weiblich sind, dass sie heterosexuell sind und dass sich die sexuelle Orientierung und die Geschlechtsidentität im Laufe des Lebens nicht ändern. Menschen, die dieser Norm nicht entsprechen, erleben Ausgrenzung und Diskriminierung.[i]

Homofeindlichkeit: Ist die Diskriminierung von homosexuellen Menschen. Oft wird auch der Begriff Homophobie benutzt. ›Phobie‹ bedeutet Angst, da es bei dem Begriff aber nicht um Angst geht, sondern um Ablehnung und Ausgrenzung, wird der Begriff Homofeindlichkeit verwendet.[i]

Inter*, intergeschlechtlich, intersexuell: Sind Menschen, die mit Variationen der körperlichen Geschlechtsmerkmale auf die Welt kommen. Das heißt, sie entsprechen nicht eindeutig den medizinischen *Normen*, die für das weibliche und das männliche Geschlecht festgelegt wurden. Inter* können eine *Geschlechtsidentität* als Inter* haben, sie können aber auch eine weibliche, männliche oder *nicht-binäre* Geschlechtsidentität haben. Das Sternchen bei Inter* steht für viele mögliche Selbstbezeichnungen.[i]

Intersektionalität: Der Begriff kommt aus englischsprachigen feministischen und antirassistischen Diskussionen (englisch: to intersect –{über} schneiden, {über}kreuzen, zusammenlaufen, überlagern) und wurde eingeführt von Kimberlé Crenshaw. Intersektionale Ungleichheitsforschung befasst sich mit der Frage, wie sich unterschiedliche soziale Kategorien wie Geschlecht, soziale Klasse und ›Ethnizität‹/›Hautfarbe‹/ Migration etc., aber auch sexuelle Orientierung, Nationalität, Alter, Religion, Region, Be_Hinderung etc. auf gesellschaftliche Benachteiligungen oder Privilegierungen auswirken. Dabei werden die jeweiligen Kategorien, die sich je nach konkretem Kontext gegenseitig beeinflussen, nicht nebeneinander, sondern als miteinander verwoben gesehen. So können sich verschiedene soziale Differenzen je nach Kontext verstärken oder abschwächen.[iv]

Privilegien: Sind strukturelle Vorrechte oder Vorzüge, die Personen (-gruppen) aufgrund bestimmter Merkmale wie z.B. Klassenzugehörigkeit, Geschlecht, ›Race‹, körperliche Fähigkeiten, sexuelles Begehren etc. haben. Mit der Erfüllung dieser Merkmale, die zum Großteil nicht erworben werden können, haben Menschen bspw. einen einfacheren Zugang zum gesellschaftlichen Leben oder erleben weniger Diskriminierung und Ausgrenzung. Personen sind in unterschiedlichen Stellen privilegiert oder eben auch benachteiligt. Sich der eigenen Privilegien bewusst zu werden, ist häufig ein langer Prozess.[v]

Pro_Feminismus: Profeminismus ohne Unterstrich bezeichnet eine feministische Einstellung, Sichtweise oder Handlung, die meist aus einer kritisch männlichen Position benutzt wird. Die Vorsilbe ›pro‹ weißt dabei auf das Bewusstsein des Risikos hin, dass cis Männer den Begriff ›feministisch‹ aneignen oder vereinnahmen können. Der Unterstrich in Pro_Feminismus weist zusätzlich auf den fließenden Übergang zwischen männlich und weiblich oder profeministischen und feministischen Einstellungen, Sichtweisen oder Handlungen hin. Hierdurch wird versucht, die binäre Sichtweise auf Geschlecht zu vermeiden und alle Geschlechter zu berücksichtigen.

Sexismus:

- Privilegierung von Männern/Jungen gegenüber Frauen/Mädchen bzw. von als männlich konstruierten Eigenschaften/Verhaltensweisen/Geschmäckern/Berufen etc. gegenüber als weiblich konstruierten Eigenschaften/Verhaltensweisen/Geschmäckern/Berufen etc.
- Gewalt gegen und Abwertung bzw. Diskriminierung von Frauen/Mädchen [und Verhaltensweisen, Geschmäckern und Eigenschaften, die als weiblich gelten].
- Sexismus ist verankert in einer langen Geschichte patriarchaler Ordnung und verschränkt mit unter anderem ökonomischer Ungleichheit und einer durch die jahrhundertelange rechtliche Diskriminierung von Frauen geprägte Kultur. Feindliche Einstellungen gegenüber Männern bzw. Jungen, die nicht auf einer sexistischen Abwertung als ›unmännlich‹ empfundener Eigenschaften oder Verhaltensweisen basieren, funk-

tionieren anders und bedürfen einer Benennung, die entsprechende Spezifika fasst und nicht mit Sexismus gleichsetzt.[vi]

Trans*, transgeschlechtlich, transgender, transsexuell, transident: sind Menschen, deren Geschlechtsidentität nicht dem Geschlecht entspricht, das bei Geburt in ihre Geburtsurkunde eingetragen wurde. Das heißt: Ein Mensch, der bei Geburt weiblich eingeordnet wurde und später als Mann lebt, ist ein trans* Mann. Ein Mensch, der bei Geburt männlich eingeordnet wurde und später als Frau lebt, ist eine trans* Frau. Es gibt auch trans* Personen, die sich weder als Mann noch als Frau identifizieren. Das Sternchen hinter trans* steht für viele unterschiedliche Selbstbezeichnungen – einige davon haben wir aufgelistet. Trans* ist also ein Sammelbegriff für ganz unterschiedliche Menschen. Einige der Begriffe sind aber auch umstritten. Deshalb ist es immer wichtig, darauf zu achten, wie eine Person über sich selbst spricht.[i]

Trans*feindlichkeit: Bezeichnet die Diskriminierung von trans* Menschen. Diese äußert sich z.B. durch Ablehnung, Wut, Intoleranz, Vorurteile, Unbehagen oder körperliche bzw. psychische Gewalt gegenüber trans* Personen oder Menschen, die als trans* wahrgenommen werden.[vii]

weiß: ›*weiß*‹ und ›*weißsein*‹ [mit kleinem w und kursiv] bezeichnen ebenso wie ›Schwarz‹ und ›Schwarzsein‹ [mit großem S und nichtkursiv] keine biologischen Eigenschaften und keine reellen Hautfarben, sondern eine politische und soziale Konstruktion. Mit *weißsein* ist die dominante und privilegierte Position innerhalb des Machtverhältnisses Rassismus gemeint, die sonst zumeist unausgesprochen und unbenannt bleibt. *weißsein* umfasst ein unbewusstes Selbst- und Identitätskonzept, das weiße Menschen in ihrer Selbstsicht und ihrem Verhalten prägt und sie an einen privilegierten Platz in der Gesellschaft verweist, was z.B. den Zugang zu Ressourcen betrifft. Eine kritische Reflexion von *weißsein* besteht in der Umkehrung der Blickrichtung auf diejenigen Strukturen und Subjekte, die Rassismus verursachen und davon profitieren, und etablierte sich in den 1980er-Jahren als Paradigmenwechsel in der englischsprachigen Rassismusforschung. Anstoß hierfür waren die politischen Kämpfe und die Kritik von People of Color [und Schwarzen Menschen].[viii]

Quellen

i Dissens – Institut für Bildung und Forschung e.V. (2020): *Genderdings – Gender-Wörterbuch.* Zugriff am 01.11.2020 unter https://genderdings.de/gender-woerterbuch/.

ii Bourdieu, P. (2005): *Die männliche Herrschaft.* Frankfurt am Main. Suhrkamp Taschenbuch Wissenschaft.

iii Debus, Katharina (2015): *Du Mädchen! Funktionalität von Sexismus, Post- und Antifeminismus als Ausgangspunkt pädagogischen Handelns.* In: Hechler, Andreas und Stuve, Olaf (Hrsg.) (2015): *Geschlechterreflektierte Pädagogik gegen Rechts*: S. 91. Opladen. Verlag Babara Budrich. Zugriff am 01.12.2020 unter https://shop.budrich-academic.de/wp-content/uploads/2015/10/9783847408413.pdf

iv Dissens – Institut für Bildung und Forschung e.V. (2012): *Geschlechterreflektierte Arbeit mit Jungen an der Schule. Texte zu Pädagogik und Fortbildung rund um Jungen, Geschlecht und Bildung.* Berlin.

v Queerulant_in e. V. (2018): *Das Glossar.* Zugriff am 01.11.2020 unter https://www.queerulantin.de/?page_id=1007.

vi Dissens – Institut für Bildung und Forschung e.V. (2020): *Glossar zu Begriffen sexueller und geschlechtlicher Vielfalt.* Zugriff am 01.11.2020 unter https://interventionen.dissens.de/materialien/glossar.

vii Queer Lexikon (2017): *Queeres Glossar.* Zugriff am 01.11.2020 https://queer-lexikon.net/2017/06/08/transfeindlichkeit/.

viii Wer anderen einen Brunnen gräbt... (2012): *Glossar.* Zugriff am 01.11.2020 unter https://weranderneinenbrunnengraebt.wordpress.com/2012/09/15/weisweissein/.

Autor*innen und Beteiligte

Fikri Anıl Altıntaş [er] ist freier Autor aus Berlin und *#HeForShe* Botschafter von *UN Women Deutschland.* Er schreibt über (kritische) Männlichkeit(en), Rollenbilder, Konstruktion von marginalisierten, nicht-*weißen* Männlichkeiten und postmigrantischen Themen. In seinen Texten reflektiert er u.a. seine persönliche Sozialisation als auch Narrative über rassifizierte, türkisch-muslimisch gelesene cis-hetero Männer in einer *weißen* Mehrheitsgesellschaft. Seine Texte sind bereits u.a. in der *Taz, der Freitag, Pinkstinks* und *Neues Deutschland* erschienen.

Till Baumann [er] lebt in Berlin und arbeitet freiberuflich als Theatermacher, Trainer und Coach. Sein Schwerpunkt sind die Methoden des Theaters der Unterdrückten. Er hat die Theaterwerkstatt *KURINGA* mitbegründet und ist Teil des *Masculinities Lab.*

besser als nix sind drei Personen, die drei Jahre lang einen transformativen Prozess mit einer gewaltausübenden Person begleitet haben, in verschiedenen antisexistischen und antipatriarchalen Auseinandersetzungs- und Unterstützungsszenarien stecken und sich fragen, was sie mit all dem machen sollen. Erstmal: Transformative Arbeit, Vernetzung und Austausch von Gruppen untereinander, gegenseitiger Support, wo er gebraucht wird. Und jetzt auch einen Text.

Blu Doppe [Pronomen Blu] ist freiberufliche Bildungsreferent_in und Trainer_in im Bereich Antidiskriminierung, Sensiblisierung und Radical Diversity. Hauptsächliche Arbeit zu den Themen Männlichkeiten, sexuelle, amouröse und geschlechtliche Vielfalt, Sexualität und Geschlechterrollen. Blu veröffentlicht regelmäßig in Online-Magazinen und Sammelbänden zu diesen Themen. Zuletzt zu Alkohol(Nicht) Konsum, angenehmem Flirten, Queer_Feminismus und Kritischen Männlichkeiten. Tritt oft unter dem Namen *queer_topia** auf. Website: https://queertopia.blogsport.de.

Ricci Eggemann [sie] lebt, studiert, arbeitet und ist phasenweise depressiv in Köln. Sie ist politische Bildnerin mit einem Schwerpunkt auf queer_feministische Themen, (Anti-)Sexismus, (kritische) Männlichkeiten sowie emotionale Care-Arbeit und Depression. Als Teil des Bildungskollektivs *lila_bunt* steht aktuell besonders die Schaffung von Räumen für queer_feministische und intersektionale (Bildungs-)Praxen im Fokus ihrer Arbeit. Die Auseinandersetzung mit der eigenen psychischen Krankheit und kollektiven Umgängen damit beschäftigen sie nicht nur privat, sondern auch aus einer gesellschaftlichen und machtkritischen Perspektive. Kontakt: ri_e@posteo.de.

Hubert Gotz [kein Pronomen] ist männlich gelesen und beschreibt seine Geschlechtsidentität als vielfältig. Hubert arbeitet im Bereich Geschlechterforschung, Männlichkeiten und Vielfalt und setzt sich seit Jahren in Theorie und Praxis kritisch mit Männlichkeiten auseinander. Kontakt: gotz@systemausfall.org.

Gustavo Hernández [er] ist freiberuflicher Kulturjournalist, Schriftsteller und Sozialforscher im Bereich lateinamerikanischer Kunstgeschichte, Kolonialismus und Gender. Seine Hauptforschungsgebiete sind die Repräsentation von lateinamerikanischen Städten, Diversity in der Stadtplanung und neuer Staatsbürgerschaften. Website: https://fabulampedestrem.wordpress.com.

Andreas Hechler [er] ist Softwareentwickler und assoziiertes Mitglied bei *Dissens – Institut für Bildung und Forschung e.V.* Inhaltliche Schwerpunkte sind u.a. mehrdimensionale Diskriminierung/Privilegierung, NS-›Euthanasie‹, Neonazismus, algorithmische Diskriminierung, Intergeschlechtlichkeit, sexualisierte Gewalt, geschlechterreflektierte Pädagogik und Männlichkeit. Über eine politisierte Hardcore-Szene kam er Mitte der 1990er-Jahre zum (Pro-)Feminismus und der kritischen Auseinandersetzung mit Männlichkeit, die ihn bis heute begleitet. Mehr unter: andreashechler.com.

Daniel Holtermann [kein Pronomen] ist promovierte_r Soziolog_in und arbeitet bei *Dissens – Institut für Bildung und Forschung e.V.* zu den Themen Männlichkeiten, geschlechtliche Ungleichheiten und geschlechterreflektierte Pädagogik. Daniel beschäftigt sich seit Jahren mit der kritischen Auseinandersetzung mit Männlichkeiten und gibt seine_ihre Erfahrungen in Fortbildungen und Veröffentlichungen weiter.

Gabriel_Nox Koenig [kein Pronomen oder er_sie] arbeitet seit rund zehn Jahren zu Themen rund um trans, Diskriminierung, Intersektionalität und (sexualisierte) Gewalt. Gabriel ist Sozialarbeiter_in, gibt freiberuflich Fortbildungen und Seminare und macht ehrenamtlich Peer-Trans-Beratung. Er_Sie hat ein Volontariat zum_zur Tageszeitungsredakteur_in durchlaufen und schreibt seit zwölf Jahren regelmäßig Kindernachrichten, Spoken Word Stücke und hat mehrere Broschüren (mit) verfasst. Themen waren Beratung von trans und queeren Personen, kritische Jugendarbeit sowie eine Handreichung für Sozialarbeiter_innen zum Thema LSBTIQA+ und geschlechtsbasierte Gewalt (zu bestellen bei *Dissens – Institut für Bildung und Forschung e.V.* in Berlin). Gabriel hat Soziale Arbeit und Gender Studies in Berlin studiert.

Kim Möhrs [kein Pronomen/Kim] ist Sozialarbeiter_in und Gewaltforscher_in und arbeitet seit einigen Jahren forschend, fortbildend und in der Prävention mit Kindern zum Thema sexualisierte Gewalt gegen Kinder und Jugendliche. Weitere Arbeitsschwerpunkte sind die Forschung und Bildung zu Männlichkeiten*, Queer und Gewaltbetroffenheit sowie Intersektionalität. Kim hat selbst in der Kindheit sexualisierte Gewalt erlebt und identifiziert sich zurzeit als nicht-binär. Kontakt: kim.moehrs@riseup.net.

Kim Posster [er] publiziert seit drei Jahren zur Notwendigkeit und den Fallstricken von profeministischer Politik, war an mehreren Versuchen der organisierten (Selbst-)Reflexion von Männlichkeit beteiligt, die er mittlerweile als gescheitert bewertet, und unterhält mit anderen zusammen einen Blog zu ›organisierter Männlichkeitskritik‹. Auf Kims Blog finden sich viele seiner bisherigen Veröffentlichung zu Männlichkeitskritik: http://kimposster.blackblogs.org.

Sebastian Schädler [er] lohnarbeitet als Professor für ›Gestaltungspädagogik‹. Schwerpunkt der Lehre ist die ›Bilder-Bildung‹, also die politische Bildung zu und mit ›Bildern‹ bezogen auf race/class/gender/Antisemitismus usw. im Studiengang ›Soziale Arbeit‹. Politisch sozialisiert in autonomen Zusammenhängen der 80er- und 90er-Jahre in Berlin, Schwerpunkte in der feministisch orientierten Männerszene. Pädagogische Projekte der feministisch orientierten Jungenarbeit im Verein *Pat-ex e.V.* und *Dissens e.V.* Lebensgefühl: ebenso neugierig wie skeptisch.

Bilke Schnibbe ist Psycholog_in und Journalist_in in Berlin. Bilke arbeitet aktuell vor allem zu den Themen Männlichkeit, sexualisierte/sexuelle Gewalt und Psychotherapie.

Andreas Spading [er] lebt in Potsdam. Er spielt seit mehreren Jahren Forumtheater und ist Curinga beim *Masculinities Lab Berlin*. Er gibt Theaterworkshops im Bereich kritischer Männlichkeit.

Sascha Verlan [er] hat in Stuttgart und Bonn Neuere deutsche Literaturwissenschaft, Mediaevistik und Geschichte studiert, dazu Politikwissenschaften und Medientheorie. Er schreibt Bücher, ist unterwegs mit Vorträgen und Workshops, produziert Radiosendungen und lässt dabei gerne Menschen zu Wort kommen, die sonst eher keine öffentliche Stimme haben. Seine Themenschwerpunkte sind HipHop und Jugendkultur, Human Beatbox und Spoken Word, Ausgrenzung und Zuschreibungen, Rollenklischees und die freie Entfaltung des Menschen (GG Artikel zwei). Gemeinsam mit Almut Schnerring hat er den ›Equal Care Day – Aktionstag für mehr Wertschätzung, Sichtbarkeit und eine faire Verteilung der Sorgearbeit‹ initiiert (equalcareday.de) Aktuelle Bücher sind: Über Fürsorge und Gesellschaft (2020), Die Rosa-Hellblau-Falle (2014) und 35 Jahre HipHop in Deutschland (2015).

Ulla Wittenzellner [sie] beschäftigt sich privat (oft unfreiwillig), politisch (es muss sich was ändern) und professionell mit Geschlechterverhältnissen. Sie arbeitet freiberuflich und als wissenschaftliche Mitarbeiterin beim Berliner Verein *Dissens – Institut für Bildung und Forschung e.V.* unter anderem zu den Themen Macht und Geschlecht, Männlichkeit(en) und Weiblichkeit(en), Geschlecht und Rechtsextremismus, Antifeminismus und sexuelle und geschlechtliche Vielfalt.

Inga Zimprich [sie] ist Teil der *Feministischen Gesundheitsrecherchegruppe* sowie der *Sickness Affinity Group*. In der *Feministischen Gesundheitsrecherchegruppe* hat sie die Archivausstellung ›Practices of Radical Health Care‹ (seit 2018) miterarbeitet. In der Ausstellung werden Aspekte der Gesundheitsbewegung der 1970er- und 1980er-Jahre Westberlins vorgestellt sowie aktuelle feministische und gesundheitspolitische Initiativen, wie Radikale Therapie und Antipsychiatrie. Sie wurde u. a. im Rahmen der *11. Berlin Biennale* gezeigt.